向卓越标杆学习系列之二

公关策划的策略、技巧、案例

营销造势 II

MARKETING CAMPAIGN

何五元 林景新 著

宁愿给人骂，
也要让消费者记住你。
不造势，毋宁死！

——脑白金创始人史玉柱

在注意力时代，
企业不会造势就是木乃伊

—— 农夫山泉董事长钟睒睒

《营销造势 II》
全方位助你成为
营销“善战者”！

暨南大學出版社
JINAN UNIVERSITY PRESS
中国·广州

图书在版编目（CIP）数据

营销造势Ⅱ／何五元，林景新著．—广州：暨南大学出版社，2010.5
ISBN 978－7－81135－480－5

Ⅰ．①营…　Ⅱ．①何…②林…　Ⅲ．①市场营销学　Ⅳ．①F713.50

中国版本图书馆CIP数据核字（2010）第044131号

出版发行：暨南大学出版社

地　址：中国广州暨南大学
电　话：总编室（8620）85221601
　　　　营销部（8620）85225284　85228291　85220693（邮购）
传　真：（8620）85221583（办公室）　85223774（营销部）
邮　编：510630
网　址：http：//www.jnupress.com　http：//press.jnu.edu.cn

排　版：暨南大学出版社照排中心
印　刷：佛山市浩文彩色印刷有限公司

开　本：787mm×960mm　1/16
印　张：17
字　数：280千
版　次：2010年5月第1版
印　次：2010年5月第1次
印　数：1—4000册

定　价：35.00元

序
注意力时代，企业不会造势就是木乃伊

越来越挑剔的消费者、越来越复杂的市场情况，赋予了市场营销一种充满辩证色彩的理论高度：当一种产品面对着千变万化的消费心理时，什么样的市场营销方式才能行之有效？

我们必须承认，一个营销转型的时代正在到来。一方面，商品的高度过剩加剧了竞争的激烈。以过剩的商品去追逐有限的消费能力，这迫使企业必须不断推陈出新，运用各种各样的营销手段去吸引消费者；另一方面，在经济危机的压力下，消费者更趋理性，消费选择不断地变化，许多经典营销理论指导下的营销策略开始应对无措，企业需要寻求新的营销策略去指导未来市场发展。

在过去了的20世纪中，广告的威力在市场营销中几乎整整影响了一个世纪。无论是新产品上市、市场拓展、企业招商、渠道构建还是打击竞争对手，广告凭借其猛烈的攻势横扫了营销的各个领域。广告的无所不及给人们造成的潜意识就是广告无所不能。

正如任何一种营销理论的适用都有其特定的市场背景，广告的盛行也对应着特定的营销年代——信息传播渠道的单一化致使消费者只能透过广告的表达去了解有关产品或企业的新信息。但是，随着资讯信息的大爆炸、消费者消费观念的更新、市场竞争形势的变化，广告的影响力与营销动力正在日趋减弱。广告边际效应的下降则加重了企业的成本：以前100元广告费可以达到的效果，现在可能需要500元才能勉强做到。而在品牌构建、提升企业美誉度等方面，广告更是显得力不从心。

正是在这种背景下，公共关系作为一种营销利器，在许多方面开始代替广告在市场营销上纵横驰骋。

如果把市场营销比喻成一次攻城略地的争抢战，广告就如枪炮弹弩，依靠着狂轰滥炸向目标堡垒发起猛烈进攻，力求以武力屈人之兵；而公共关系则如怀柔政策，运用多种手段的配合，以目标对象最容易接受的方式，动之以情，晓之以理，最后以最低的成本达成最佳结果。事实表明，广告的强迫性不仅令信息传播成本日渐上升，也令传播效果不断下降。而公共关系则凭借对消费者心理需求的洞幽察微，以及传播方式的精准巧妙，顺利地完成了许多广告无法实现的目标。

广告强势年代的结束，就是以公共关系为主导的营销造势时代的到来。而在经济萧条时代，公共关系营销更是在赢得消费者信任方面体现出特殊的功能。

完美的公共关系，应该是具有强大销售力的。不仅销售良好的品牌形象，也销售产品和服务。而这种销售，因为建基于对消费者心理和信任感的独到把握，更容易赢得消费者的好感与认同。

在产品严重同质化的时代，可通过营销造势传达品牌的利好消息，通过赢得好感和认同，从而赢得消费者的钱包。公共关系主导的营销造势就是让企业有价值的信息进入公众视野，持续为公众关注，成为社会焦点。

而所有这些，都离不开一个强有力的策略。这正是我们长久以来一直倡导的策略导向型公共关系。与传统型公共关系所不同的是，策略导向型公共关系追求以强有力、敏锐而具有远见的公共关系策略，使公共关系成为行销启动和品牌塑造的核心之一；让公共关系具备强大的销售力，借助新闻传播的力量，让产品迅速占有市场，使品牌一举成名。

面对着纯净水阵营的强大势力，主打矿泉水业务的农夫山泉没有用传统的营销思维去应对，而是用公关的策略策划了震惊业界的“世纪水战”，通过纯净水与矿泉水的对比，引发媒体强烈的关注，从而使农夫山泉一炮打响。一手策划此次营销造势事件的农夫山泉董事长钟睒睒也提出了一句名言：注意力时代，企业不会造势就是木乃伊！

因为造势，企业可以在最短时间、以最低的投入获得极高的关注度！

因为造势，产品可以在一夜之间红遍大江南北！

当然，成功的公共关系营销不是短暂的炒作，而是全面系统地向社会传播品牌积极、良性的信息，赢得信任和购买。品牌犹如瓷器，广告让瓷器增值，但不能让它安如磐石；公共关系在增值瓷器的同时，更让它安然无损。

当我们检视近几年来中国市场上极为成功的营销造势案例时，就可以轻易地发现，那些有着强大影响力、高美誉度以及良好市场销售结果的营销事件，莫不是公共关系先行的事件策划：农夫山泉策划的世纪水战、万华联盟事件、老板喝涂料事件、蒙牛赞助超级女声、创维与华帝的家电下乡工程、李宁的"非奥运"营销事件、封杀王老吉事件等。这些事件都以巧妙的策划思路与良好的造势效果，成为经典的营销案例。而新市场环境下，在企业市场推广费用大幅降低的前提下，公共关系营销更突显其强大的作用：以最低的投入获得最大的关注效应。

从营销造势的角度看，市场营销本质不是产品的竞争，而是认知的竞争：某种产品在消费者心目中"是什么"远远重要过其实际上"是什么"——这就决定了企业之间最高层面的竞争不是产品功能的竞争，而是消费者认知的竞争。所以公共关系主导的营销造势在其中体现出强大的作用：以卓越的新闻策划以及良好的沟通手段，让社会公众全方位了解企业，了解品牌背后的人、企业、文化和故事，促成他们对品牌由认识而了解，由了解而无限忠诚，品牌得人心以得天下。

何五元　林景新

2010 年 4 月于广州

目录
contents

第二部分　谋略篇　公关策略与造势思路

第三部分　谋势篇　营销造势实战攻略

第一部分　谋术篇
营销技术与市场趋势

工欲善其事，必先利其器。居是邦也，事其大夫之贤者，友其士之仁者。

——《论语·魏灵公》

第一章
正在裂变的营销环境

概要

我们的营销环境正在发生巨大的变化。网络的全面普及、营销传播新技术的出现，改变着消费者的认知习惯，改变着市场竞争的法则，也改变了品牌的打造路径。企业要谋得市场之势，就必须洞察到正在被改变的一切。

自然界存在着蝴蝶效应：一只蝴蝶在巴西轻拍翅膀，可以导致一个月后得克萨斯州的一场龙卷风。

蝴蝶效应通常用于气象、股票市场等在一定时段难以预测的比较复杂的系统中。此效应说明，事物发展的结果，对初始条件具有极为敏感的依赖性，初始条件极小的偏差，将会导致结果的极大差异。

而在网络传播中，蝴蝶效应同样具有深刻的应用意义：一个微小的坏机制（如危机事件、丑闻），如果不及时加以引导、调节，会给社会带来非常大的危害，最终形成一股强烈的负面舆论“龙卷风”或“风暴”；而一个微小的好机制（或公益号召），只要正确指引，经过一段时间的努力，将会产生轰动效应，汇集成为强大的正面力量。

正因为蝴蝶效应的存在，某些信息一旦进入网络传播的语境中，其关注度可能迅速被提升，从而产生正面或负面的强大影响力——传播加速度改变了一切，既改变了风速，也改变了风力，甚至还改变了风向。

正因为传播加速度的存在，任何小小的话题都可能被迅速放大。如何进行传播借势、如何进行危机管理，这些都成为企业面临着的前所未有的挑战。

一个“传播加速度”的时代已经到来！

传播加速度：来自网络的蝴蝶效应

2008年11月4日，美国民主党总统候选人、伊利诺伊州参议员奥巴马在芝加哥宣布大选获胜，当选为美国新一届总统。

奥巴马的获胜为我们上了一堂精彩的“You”时代营销课——在数字化时代，无论是政治营销还是商业领域的营销，谁掌握了与消费者“分享与互动”的时代脉搏，谁掌握了营销造势的策略，引爆媒体与消费者关注点，使品牌传播产生强大的蝴蝶效应，谁就必然最终获得市场认可。

对于像奥巴马这样一个草根出身的总统候选人，没有背景，没有大财团的支持，所能够仰仗的就只有广大的选民。所以，如何运用营销策略进行造势，借助网络与多媒体的手段去宣扬自己的优势，吸引网民关注与支持，这是奥巴马能赢得大选的关键之一。

借助各种营销传播渠道，奥巴马向全国选民清晰地传递自己的价值观口号："我们能够相信的变革"以及"Yes，we can"（我们能够）。在充分造势的推动下，奥巴马的竞选不仅仅是一场政治争斗，而且是美国人追求梦想的一场运动。

在各大网站、博客和 MSN 上，奥巴马不再是一个人在战斗、在竞选，而是千千万万个"奥巴马"在追逐自己的梦想，结果就是千千万万个"奥巴马"在和麦凯恩竞争。这些支持者和奥巴马分享着共同的目标"Yes，we can"。在各种网络媒体的推动下，奥巴马的梦想与目标产生强大的蝴蝶效应——许多年轻人放弃了对政治不感兴趣的观念，充当起志愿者和组织者。那些已不再年轻的人，也甘愿冒着严寒酷暑，敲开陌生人的家门进行竞选宣传。

互联网成为这次美国大选影响民意的重要工具，那些 2004 年美国大选时还不存在的传播渠道如博客、Myspace、Facebook 社区，以及 YouTube 视频网站显示出巨大的影响力，网上社区将此次大选活动扩散到了美国的各个角落。

网络 Web 2.0 最核心的精神是"分享和参与"，这不仅表现出传播渠道的互动性，更为重要的是品牌建设要真正地由消费者从下至上发起，而不是像以往一样自上而下进行品牌推广。奥巴马深刻领悟到了这一新时代打造强势品牌的杀手锏。

整个竞选活动中，"草根主义"是奥巴马品牌传播策略的主打牌。通过有特色的"创造你的助选活动"、"创建你的奥巴马群"等活动，奥巴马搭建起选民自我组织的草根竞选体系。奥巴马及其团队创造的是一种体验、一种归属感和可触及的品牌体验。他们懂得如何助推与选民对话所产生的力量，这正是草根营销真正的核心所在。

成千上万的选民们借助 YouTube、Mypace 等各种网络媒体表达对奥巴马的支持。

"我等不及 2008 年大选，宝贝，你是最好的候选人！你采取了边境安全措施，打破你我之间的界限。全民医疗保险，嗯，这使我感到温暖……"这是 YouTube 网站十大热门视频《奥巴马令我神魂颠倒》中的一段歌词。在视频中，一名身着性感服装的女模特在纽约大街上昂首阔步，边走边唱。当出现奥巴马穿着泳裤的画面时，这位女模特开始热情展示自己的热舞，毫不掩饰地表达着自己对奥巴马的喜欢。据统计，这段视频在 YouTube 的点击量超过 900 万次，并且被大批网站和传统媒体转载。

奥巴马发表的"Yes，we can"的演讲被支持他的艺人 William 制作成了宣传歌曲。在互联网口碑传播的效应下，该视频在 YouTube 上创造了 600 万的点击量。视频最初只发表在 William 的博客上，之后接到了许多团体的电话，说希望制作自己版本的"Yes，we can"视频。因此，奥巴马的支持者们创建了网站 hope-actchange. com，它成为奥巴马自创内容的社会性团体。

奥巴马在 Facebook 拥有一个包含 230 万拥护者的群组，而在最流行的视频类网站 YouTube 上，仅仅一周的时间，其竞选团队就上传了 70 个奥巴马的相关视频。在 Myspace 和 Facebook 上，奥巴马的专题网站聚集了数以百万计的忠实粉丝，这些人活跃在各个社区，为奥巴马助威。

《纽约日报》称："2008 年，决定总统大选结果的关键因素不是谁更懂政治，而是谁更懂网络。"而奥巴马凭借着对营销造势策略的深刻把握，借助多元化的网络传播手段，使自己的品牌得以传播加速度地扩散，最终赢得了美国人民的支持与认可。

网络传播加速度

作为一场震撼人心的政治选秀活动，奥巴马在选举中的一举一动备受关注，这与马尔科姆·格拉德韦尔在《引爆流行》一书中所阐述的观点相一致。

> 产品、设计、主张、行为的发展和传播模式，其实就和病毒一样。在特定的流行风潮中一切都可能在突然之间令万人跟从、风靡街巷，这种时刻称作“引爆点”。而一件事物达到引爆点变成流行有三大原则，分别是个别人物法则、附着力因素法则和环境威力法则。三法则的共同作用，推动一个产品、设计、主张或行为的流行。这种流行趋势会无限扩大，最终形成一股风潮，变成“大流行”。这就是所谓的“病毒式传播”。

奥巴马对网络传播的卓越运用，对自身品牌知名度的引爆，使所有人都认识到网络传播的威力，一个网络传播加速度的时代已经到来。

传播加速度正在改变我们熟知的一切传播规律，以及政府企业习惯的信息管理方式。同时，传播加速度改变了我们的生活，也改变了我们的工作。

> 网络传播加速度是指话题或事件由于受到一定的关注，在网络中被无数股推动力（如网友或网站）不断诠释与再传播，最终形成一股巨大的传播势能，信息的传播速度迅速提高，在短时间内影响到最广泛的受众。

互联网在中国的迅速成长，使其在短时间内成为资讯的最重要载体，同时更是话题的制造中心与传播力的策源地。更重要的是，网络在传播信息上彻底突破了平面媒体在时间、空间、纵深上的限制，变成了一个全天候、全球性的传播源。任何有吸引力的话题一旦进入网络的语境中，在关注力的推波助澜下，很快就获得一种传播的加速度——就如爱因斯坦著名的 $E=MC^2$ 理论。在网络传播语境中，这个著名的加速度理论依然成立：E（传播力）$=M$（内容）$\times C^2$（网络）。对于内容的策划及网络传播的利用，已经成为话题获得强大传播力的保证。

在网络加速度的作用下，我们的营销环境正处于裂变的状态：碎片化、快时尚、病毒性流行成为一种新的营销趋势。关注网络的力量，研究网络传播的势能，对于任何企业来说无论是进行品牌传播还是负面报道的抑止，都是极为重要的一个命题。

3 亿网民时代的营销机会

2010 年 1 月 13 日，中国互联网络信息中心（CNNIC）发布了《第 25 次中国互联网络发展状况统计报告》。报告显示，截至 2009 年底，中国网民数已达到 3.68 亿，网民人数稳居世界第一。

世界人口数量第一的国家拥有网民数量世界第一——3 亿网民，这个数字不仅让世界认识到中国这个古老的国家正在科技驱动下焕发出全新的活力，更让人深刻感受到互联网时代中国所蕴藏的巨大商机：3 亿网民如果是一个独立的国家，那么它的人口数量将在世界排名第四，巨大的商业购买力毋庸置疑；3 亿网民如果每人每天在网络消费一元钱，一个月就将会诞生一个 90 亿的市场份额，大量新的商业服务与商业机会将被催生出来。

2008 年 6 月 20 日，中共中央总书记胡锦涛在人民网与网民进行网上在线交流。这是中国最高领导人第一次与网民进行网上面对面交流，这不仅是一次有深远意义的创举，也是一个强烈的信号：互联网将全面介入中国的政府管理、社会生活、商业运作之中。从某种程度上讲，胡锦涛总书记的触网可以被视为政治意义上的网络“南方谈话”——在此之后，全国 20 多个省的行政长官们开始纷纷上网，一批新的商业网站随之陆续出现，网络的社会作用以及商业价值不断提升。

3 亿网民的时代已到来，网络生活已不再是虚拟世界的乌托邦，而是现实生活的丰盈补充、一种不断深化的生活新体验，巨大的商业潜能与市场机会正被逐步释放。新与旧、体验与实践、现实与虚拟正在不断交融，一个巨大的裂变时代摆在我们每个人面前，新的营销趋势与营销机会也跃然而出。

商业需求从集中走向多元化

网络发展的前几年，中国网民对于网络的应用需求非常集中——浏览新闻、获取信息、娱乐、收发邮件等。但随着互联网的全面深化，中国互联网的应用正逐渐走向深入，网络商业应用的需求与供给呈现百花齐放的景象：许多之前人们想所未想的新职业、新服务随之诞生。

网络代骂族的诞生正在引发一系列争议——所谓的“网络代骂”就是利用现代信息传输工具，通过互联网代理别人对第三人实施网上辱骂的职业。不论这种貌似无聊、无趣、无德的职业的商业价值如何，值得我们关注的是，这种职业的诞生其实是中国网络发展达到一定成熟程度的标志——网民对于互联网某些特殊需求的深度倚重必然会催生一些奇怪的职业。

威客的诞生与发展则是3亿网民时代网络商业价值体现的一个正面案例。威客的英文是Witkey（wit智慧、key钥匙），指的是在网络时代，凭借自己的创造能力（智慧和创意）在互联网上帮助别人，从而获得报酬的人，通俗地讲，威客就是在网络上出卖自己无形资产（知识商品）的人，或者说是在网络上做知识（商品）买卖的人。威客在中国正如雨后春笋般发展，其实践应用与商业机会必然不断提升。而围绕着威客的发展，一批新的商业机会也随之诞生。

对于企业而言，网络技术的发展与网民需求的多元化都是值得高度关注的。一方面企业必须根据这些变化适时调整产品的功能设计——创维洞察到网络视频的火热，推出中国第一部可以直接播放网络视频格式的酷开电视；另一方面企业也根据这些变化，适时改变自己的商业推广模式，以求更好地与核心消费者进行有效沟通——一向严肃的芯片老大英特尔为改变自己冷冰冰的形象，推出中国第一部博客话剧《破囧英雄形象6+1》，以生动有趣的视频形式在网络上传播IT技术如何协助网民破囧。

在传统生产时代，企业生产围绕着自己的技术与核心能力来展开。在3亿网民时代，卓越企业的生产会围绕着网民的喜好去定制——一个真正以消费者需求为导向的商业时代将真正到来。

新的网络商业应用拓展营销空间

从商业价值的角度讲，3亿网民代表的不仅是量上的数字，更标志着一个真正有价值网络商业市场的诞生——与手机使用市场的成熟一样，只有手机使用者达到一定数量，手机市场细分化的应用价值如短信、彩铃、WAP 浏览等才会产生。

网络应用在走向成熟的过程中，一些新的商业应用或营销工具也随之出现。这些网络商业应用一方面促使网络应用更加深化，另一方面也为企业提供了新的营销空间。

手机上网：与网民的快速增长一样，中国手机上网用户超 1 亿，同时随着运营商的重视和手机硬件成本的不断降低，2008 年使用手机上网的网民较 2007 年翻了一番还多，达到 1.17 亿，手机上网已逐渐成为一种主流的网络接入方式。在“手机 + 网络”技术架构下，一些新的营销机会也随之诞生，如手机博客、二维码、飞信、手机搜索等。其中，任何一种细化的技术应用背后都隐藏着一个巨大的商机。

在线交易：阿里巴巴的巨大成功让所有人认识到 B2B 的商业价值，而淘宝网的成功也使人认识到 B2C 的潜力同样不容小觑。3 亿网民时代的到来，说明了网络已经成为社会生活不可或缺的一部分，人们将更倚重或倾向于网络消费与购物，在线交易将获得更为重大的发展契机。

植入式营销：SNS（社交性）网络满足了网民圈子间交流与娱乐的双重需求，所以获得不断的发展。正因如此，开心网、校内网等一批领先的 SNS 网站的商业价值也已经显现出来，一些先知先觉的品牌已经尝试植入式的营销。

搜索引擎营销

IM 营销：在线交流永远是网络应用最为重要的一部分。在 3 亿网民时代，IM（即时通信）重要性的突出是自然而然的，其领头者 MSN、QQ 将成为更受企业与品牌青睐的营销平台。

搜索引擎营销：海量的信息让我们无所适从，搜索引擎作为网民了解网络信息的入口具有极高地位——与搜索内容相匹配的商业广告由此跃然而生。可惜百度黑暗的竞价排名部分摧毁了企业对搜索引擎营销的期望，但从长远来说，搜索引擎的匹配式商业信息的时代与 Web 3.0 的精准化是一脉相承的，所以其商业价值仍有极大的提升空间。搜索引擎的优化也成为许多企业营销过程中的重要工作。

新的网络商业应用与网络社会的成熟是对应的，我们可以想象在中国进入4亿网民时代、5亿网民时代之时，更多精彩的商业应用与网络营销工具也必然随之而生。对于企业而言，绝不应把这些趋势与技术视为远处的风景，因为任何人也无法预料到什么时候一项貌似不起眼的技术应用就可能摧毁企业赖以生存的根基——网络存储与播放使传统相片冲印业务大为失色，手机智能化发展压缩了PDA的生存空间，电邮与IM工具的流行使传统邮政业务不得不进行痛苦的转型。

新技术与新应用带来机会，同样带来挑战与危机，我们必须在洞察中调整前进的步伐，在前瞻中不断适应新的趋势。

Web 3.0商业实践将加速

技术的发展总是快于我们的想象。当许多人还在惊叹美国网络技术的发展之高度时，却没有意识到我们所处的国家已经进入3亿网民的时代——正如上面所提到的，这标志着中国网络发展新高度分水岭的到来。在此基础上，Web 3.0商业实践将加速由虚拟变为现实，新的商业机会也将假此而诞生。

如果我们将Web 1.0时代视为以海量内容为核心的信息发布的阶段，Web 2.0时代视为以“人”为核心的信息交互阶段，那么Web 3.0则可以视为一个个性化信息聚合服务的时代——用形象的比喻则是：Web 1.0时代是公社食堂，每个人只能按食堂提供的菜谱进行消费，没有自己更多的选择权；Web 2.0时代则是熙攘热闹的食街，每个人面临着超出自己需求的选择压力，美食很多，但选择费时；Web 3.0时代则是专业营养师指导下的私厨享受，一切为个人度身定制。

从技术的层面讲，Web 3.0有以下一些基本特征：融合化（网络的沟通无障碍，在网络平台上，网民可以轻易地与手机、家电、汽车甚至是其他智能化的家居进行互动）；聚合化（网站的功能将更加强大，真正实现一站式全面生活体验）；个性化（信息的呈现根据个人的偏好与特性而设计）。

根据这三个特性，在当下的网络环境中，已有一些商业应用呈现 Web 3.0 的商业雏形——当当网会根据网民以往的浏览记录，在其下次登录时，首页页面呈现的内容基本就会按该网民的偏好进行排列与显示。而淘宝网也在竭力打通供应商、渠道商等各方面的通路，使自己成为真正的网上沃尔玛。

如果说 Web 2.0 让企业明白了营销传播成功的关键就在于与消费者进行有效的双向互动，那么 Web 3.0 的前景则提醒企业：未来的商业推广必然一切围绕消费者个性化需求而设定，千人一面的“他们”消费者会逐渐被面目清晰、个性各异的“他/她”消费者所代替。

网络技术的发展成熟是不可逆转的趋势，我们在关注网络新技术深化生活体验的同时，更关注由此所带来的新营销空间。我们无法预料 Web 3.0 网络社会何时会真正到来，但我们知道，技术发展的驱动力永远来自商业动机与不变的消费需求，只有不断关注技术变革、关注消费变化，企业才能取得市场成功的先机。

网络营销将席卷一切

从《第 25 次中国互联网络发展状况统计报告》中看出，目前中国互联网网民数已约达 3.68 亿人，不仅是网民第一大国，而且中国互联网普及率以 22.6% 的比例首次超过 21.9% 的全球平均水平。

中国网民从 100 万发展到 1 亿，用了七年半；从 1 亿发展到 2 亿，用了两年半；从 2 亿增加到 3 亿，仅仅用了 1 年多的时间。目前，跃居世界第一的还有中国宽带网民数和国家域名注册量。

> IT 技术发展的高速度，不仅使得网络从深度与广度上更加迅速地将社会、企业、消费者连接在一起，而且也大大地推进了网络营销的发展，使其从一个概念性的营销工具，真正变成为一种提升企业竞争力的模式。

CNNIC 的报告显示，中国网民规模继续呈现持续高速发展的趋势。与 2007 年同期相比，中国网民人数增加了 9100 万人，是历年来网民增长最多的一年，同比增长达56.2%。仅2008年上半年，中国网民数量净增量就达4300万人，并一举超越美国，成为世界上网民人数最多的国家。

对于企业而言，网络社会的全面普及化早已是不可阻挡的时代趋势。从来没有一刻如今天这样，网络营销如此深刻地融入企业的运营模式之中。IT技术发展的高速度，不仅使得网络从深度与广度上更加迅速地将社会、企业、消费者连接在一起，而且也大大地推进了网络营销的发展，使其从一个概念性的营销工具，真正变成一种提升企业竞争力的模式。

网络社会的到来彻底改变了许多企业传统的营销思维，打破了营销旧规则。由于网络营销的出现，企业在信息传播上不再存在时间与空间的界限。在一个无边无际的网络海洋中，信息的流通就如海中之鲨，只要它愿意，它就可以出现在任何一个地方，营销的边界延伸跨越一切旧的障碍。

网络营销运用的深度与广度不断成熟，不仅有效地消除了企业、经销商、消费者之间信息流通的障碍，更大大强化了企业与消费者之间的关系。相对于西方，网络营销在中国的发展虽然姗姗来迟，但是强劲的市场需求以及日新月异的技术革新，使得网络营销在中国得到了迅速的发展。

无缝链接，比竞争对手更快速响应

凭借着出色的网络营销发展模式，在20年的时间里，戴尔牢牢确立了自己的独特竞争优势，一举超越所有竞争对手，成为全球销售量第一的计算机公司。

进入中国市场之后，戴尔以“直效营销 Be Direct”的网络营销模式为基础，加以强大的营销推广力度，在中国市场上取得了迅猛的发展，成为中国PC市场的巨头。

在传统行业、传统运营模式当道的时代，戴尔的直效式网络营销是一种革命性的竞争策略。其迅速的流程运作与对客户需求的快速响应，使得戴尔的一大批强大对手空叹却无可奈何，只能眼睁睁地看着戴尔一步步超越自己。

而当新经济席卷一切行业，网络营销成为许多公司重要的营销手段时，戴尔的网络营销模式、网络营销思维却仍然具有强大的竞争力：不是像许多公司对网络营销的运用只是停留在企业信息的发布、与客户进行简单交易的层面上，戴尔借助网络营销技术，将自己重新定位为一个运用长期合约及信息网络，且与供货商系统作密切联结的中枢，让戴尔与顾客之间、戴尔与市场变化之间形成一种无缝的链接，而由此产生的低成本、高效运作、快速响应就是戴尔获得竞争力的来源。

可以说，以消费者需求为中心是戴尔网络营销的核心。戴尔式网络营销成功之处在于以下三方面：

第一，戴尔改变了传统的营销观念，将“能生产什么就去卖什么”改变为“顾客需要什么就生产什么”。一切以市场为导向。

第二，出色的网络营销使戴尔建立了高效、低成本的销售渠道，强化了和客户之间的关系，更直接地得到了客户的反馈信息，为戴尔提供更好服务建立了基础。

第三，戴尔网络营销模式使得企业对市场需求变化更敏锐，从而及时调整企业的经营策略，降低由于库存量或技术革新不足而带来的企业运营风险。

博客营销来势凶猛

2006年6月，全球著名的微处理器厂商AMD公司正式宣布签约国内著名演员徐静蕾，并在其博客投放广告——具有“中华第一博”美誉的徐静蕾，正式成为AMD公司大中华区移动计算技术品牌的形象代言人。AMD除了看中徐静蕾作为演员的知名度之外，更看中其在博客上的超高人气。一向以创新作为企业竞争法则的AMD，开展了一场以博客营销为主导的网络营销。

超过1000万的博客点击量已经使得徐静蕾成为个人化媒体中最引人瞩目的明星，同时她也拥有一大批忠诚的网络读者，而这批读者大都是素质高、文化知识高，同时具有一定小资气质的人士，这批人正是AMD所要影响的消费群。

截至2009年11月7日，中国博客数量已达到1.59亿，网民拥有博客的比例高达42.3%。而世界上最大的博客搜索引擎Technorati日前公布的一份有关博客的报告显示，这种新兴网络文化正以强劲势头挺进人们的现代生活。报告指出，全球目前平均每天新增博客12万个，即每秒1.4个；博客上每天新增文章150万篇，即每秒17篇；全球最受欢迎的100家网站中有22家为博客网站。

当全民写作的宏大叙事成为一种时尚、一种潮流、一种趋势时，其所蕴藏的巨大信息爆发力及舆论影响力，是任何一家平面媒体难以望其项背的。

在Web2.0时代，博客的力量正在被越来越多的人及企业所关注。这股博客流，正在不断推动着民间思想及文化话语进入百花齐放的时代。而对于整个商业社会及企业而言，博客的意义远非只是释放个人话语权利自由那么简单，它所带来的信息传播、话题引导以及可能带来的潜在的舆论危机，正在深刻改变着商业运行规则。而AMD等具有敏锐目光的企业正是看中博客流背后强大的话语力量。

AMD选择徐静蕾博客进行营销推广，不仅仅是开创了一种全新的营销模式，更是精准地圈定了一批特定消费群——这种精准化的营销正是许多企业希望达到的。

可以说，博客营销的不断深入及应用范围的不断扩张，开辟了一个全新的营销平台。这个营销平台强调的是互动、意图、身份识别和精准；而它的核心内容就是与传统意义上“广泛传播”相对应的“小众传播”，即所谓的精准营销——AMD 开展博客营销的目的，就是希望把营销的本质回归到口口相传的口碑式营销上来，强调互动传播，强调小众传播影响大众传播，让传播的效应从数字上的成功（点击量、PV 数）转移到传播的质量上来。

营销无界，网络沟通你我

消费者始终是品牌活力的源泉。只有专注于消费者，深刻洞察他们的消费需求，以最适合他们的方式与其沟通，将产品的价值有效传递给他们，这才是最切实有效的竞争法则。当市场竞争程度不断升级之后，竞争决胜的重点不仅在于产品的品质与服务的差异化，更多是在于企业与消费者情感沟通层面的契合程度。所以，如何与消费者进行更紧密的沟通，提高情感上的互信度，成为竞争制胜的一种砝码。

作为国内电脑行业的新锐企业，TCL 电脑在面对联想、戴尔、惠普等强大竞争对手逼迫之下，确立了以网络营销为平台进行拉近与消费者关系、构建竞争优势的市场策略——从商业界首创的远程网络服务、产品营销、品牌推广到开展“我为张靓颖写剧本”等大型网络营销推广活动，TCL 坚定不移推行的就是让企业与消费者的距离更加贴近，情感联络更加密切。而这种独特的网络沟通模式已经成为 TCL 电脑最重要的竞争力之一。

对网络营销的充分利用使得以 TCL 笔记本为代表的一批企业形成速度制胜的竞争优势，无论是在信息传播、消费者沟通、产品价值链流通还是在市场信息反馈上，都通过网络平台的有效运作，大大提升了企业的竞争力。

无论是通过网络随时满足客户的需求，还是通过网络实现消费者的内心梦想，以 TCL 为代表的一种网络营销模式正在崛起：他们的成功之处在于深刻洞察了消费者的心理需求，充分满足了消费者的潜在需求。在与消费者的无缝交流中，提升了他们对于企业、品牌、产品的信任度，最终赢得了他们的认可。

碎片化时代，网络释放营销的力量

随着广告可信度的不断下降及消费者消费理性的不断提高，传统的依靠大规模信息轰炸实现广告俘虏的方式效果已经不断下降，信息传播的分裂化、精准化、碎片化正在成为主流。

在今天，信息的过量生产已到了骇人听闻的程度，各种各样的信息有如空气缠绕在我们周围：无论你在哪里，无论你从事何种职业，无论你如何努力逃避，你都无法逃出信息的包围。过量的信息追逐消费者有限的接受能力，这就是营销传播遭遇的困境。而如何控制信息的流向、对信息进行更加有效的包装与梳理，使其更加有效地渗透进消费者心中，则是企业进行营销传播所面临的重大任务。

在信息传递上，原有的千人一面、目标模糊、费用惊人的大规模信息轰炸已经越来越显示出其软肋。所以，如何在营销传播上实现手段多样化、信息传递精准化是许多企业正在不断研究的课题。碎片传播的崛起，在某种程度上可以有效解决传统信息传播覆盖面及到达率不足的问题。一个小众传播、碎片传播、精准传播的年代正在逼近，而以技术为驱动的网络营销新方式正是释放营销力量、应对碎片化市场环境的有效策略。

网络营销从开始至今，走过了四个阶段：从最初的纯粹企业信息发布，到企业与客户的互动，再到相对简单的交易性行为，最终进入客户价值驱动的智能化营销阶段。中国企业的网络营销发展虽然起步慢，却非常迅速。由于企业环境及拥有资源不同，不同的企业对于网络营销的运用阶段性各有不同，但是，对于网络营销席卷一切的力量却是所有企业都要面对的。

互联网让营销力量得到了极大的释放，而 Google 等搜索引擎的出现则让许多原本分散、独立的信息得到聚焦。在网络营销时代，市场营销的胜利者莫不是对网络营销最有效的利用与控制者。深刻理解网络营销特性、深入把握网络营销策略、出色运用网络营销手段进行营销传播，已经发展成为 21 世纪企业不可逆转的营销趋势，也是企业构建竞争优势的关键要素之一。

Web 2.0 时代营销传播特点

随着时代的发展，我们的媒体环境、信息传播工具都发生了巨大的变化，这种变化所带来的振荡与冲击是剧烈的：消费者变成了信息传播的控制者与推动者，企业可以利用新的传播工具更精准地传达信息，在技术与营销意念的推动下，信息的流动与传递前所未有的强大，一个平坦、快捷、无缝的传播环境已经到来。在这样一个全新的营销传播时代，把握营销传播的趋势与特点无疑是未来竞争制胜的关键所在。

Web 2.0 时代营销传播显现出四方面的显著特点：

□ 创意力成为传播的核心动力

与以往依靠投放力度驱动信息流扩散的方式不同，在新的传播时代，传播的创意力上升到前所有未有的高度，企业主只是信息源的制造者，而受众才是推动信息扩散的真正力量，吸引受众成为信息再传播载体的核心就在于创意的设计。

□ 信息流完全个性化，读者关注点决定信息流向

在 Google 时代，由于传播技术发达，读者完全控制了信息的流向。他们可以随意决定于信息的接受或拒绝，并可以按照自己的兴趣及爱好对信息进行定制，大杂烩式的信息流将逐渐转变成精准的、与用户相匹配的信息。

□ 传播有无限纵深的可能

通过对议题的设置与牵引，每一个事件的背后有无限再延伸空间，新话题可以借此源源产生。信息流的驱动力比以往更为强大，舆论造势显得更为重要。

在信息传播过程中，将可能不断有读者对信息传播的过程进行参与、自我表述、重构、再传播，最终使得涓涓细流的网络信息最终汇集成滚滚洪流。

许多原来默默无闻的产品或品牌巧妙地借助了网络舆论造势之力，从而实现了一飞冲天的梦想。

□ 人是信息接受的节点，而不是终点

从资讯的互联网到人的互联网是Google时代营销传播的一个重要特点。每一名信息接受者都可能是信息再传播者。口碑、体验、互动将是决定信息流动长度、深度、影响力的重要因素。

关系营销：新营销环境的关键词

> 一个营销转型的时代正在到来，消费者更看重自身对品牌的情感认同、沟通、以及相互之间的关系，关系营销正是在这种背景下隆重登场。

在供过于求的消费时代，消费者在消费时更加谨慎，他们一方面不像以往那样只看重品牌或感觉，另一方面对品牌的忠诚也变得更加脆弱。在这种情况下，企业与消费者之间的关系黏性的强弱变得更加重要——这直接决定了消费者对企业的消费贡献度有多大。关系营销正是在此背景下显示出其重要性。

一天深夜，奥美负责客户关系管理的主管Thedens忽然接到客户雷布的电话。雷布是IBM个人电脑事业部的营销总监，他要求Thedens拿出一个“大创意”来协助IBM笔记本突破目前的营销困境。

“相比于竞争对手，我们对客户的关怀与了解太少了！你一定要想想办法帮助我们改善这种状况。”雷布在电话中感慨地说。

随着戴尔、东芝等竞争对手的步步紧逼，一向高高在上唯我独尊的IBM笔记本开始有了危机感。虽然IBM采取了大规模的广告、促销攻势，却未能扭转其笔记本销量继续下降的趋势。在价格、质量等外部因素同等的情况下，许多客户宁愿选择其他品牌而疏远IBM。IBM的管理层意识到，导致客户抛弃IBM产品的原因并不是技术、质量、品牌、价格这些外在因素，而是IBM

与客户关系的疏离。

雷布的要求让 Thedens 陷入了深思：要如何改善 IBM 与客户之间的关系？

此时恰逢温布尔登网球公开赛即将隆重开幕。作为全球瞩目的赛事，网球赛与高尔夫球赛一样，吸引了大批体育爱好者、商务人士、成功人士的关注，许多 IBM 客户也是此赛事的热衷者。Thedens 意识到，他们可以借助这场赛事去拉近 IBM 与客户之间的距离——他们要做的并不是花大价钱去赞助此项赛事，而是巧妙地利用 IBM 的技术去达成此目的。

经过分析，Thedens 认为观看网球赛的观众中有许多是知识层次较高的商务人士——但是他们没有太多的时间看电视，而网络和笔记本电脑已经成为了他们工作的标准配件。无论他们在办公室也好，在外出差也好，都可以很方便地通过网络来偷空看一眼自己喜欢的体育节目。综合这些考虑，如果 IBM 能够想办法满足这些商务人士的需求，就必然可以拉近他们与 IBM 的关系，提升他们对 IBM 的好感。

由 Thedens 领导的团队协助 IBM 为温布尔登网球赛创建官方网站，并首次在网站上推出 IBM 的实时比分系统。该系统通过 Java 程序将个人电脑与球场的数百个摄像头连接，使用户在电脑桌面上获得一个“虚拟座位”来随时了解比分情况，甚至观看比赛场景。

当时全球有 450 万用户下载了这一 Java 程序，决赛时打开 IBM 实时比分系统的观众超过 23 万人。在温布尔登网球公开赛结束之后，Thedens 协同 IBM 的服务人员，通过用户登记的资料，用电子邮件、电话等方式对用户进行回访，向他们介绍 IBM 的一些最新技术进展及 IBM 笔记本的优势。正是借助这次成功的关系营销，IBM 大大改善了与客户的关系，重新唤起他们对 IBM 技术的共鸣，强化了客户对 IBM 品牌的好感，对 IBM 笔记本电脑的销售起了明显的促进作用。在激烈的竞争重围中，IBM 笔记本依靠着出色的关系营销捍卫了自己的阵地。

关系营销成为主流的三大市场背景

□ 从卖方市场到买方市场的转变

在21世纪，消费者拥有的权力将进一步增强，买方势力将更强大。同时，借助各种电子化手段，消费者可以轻易地拒绝任何企业的商业信息。在这种背景下，企业的市场营销活动必须从单纯的产品销售转为双向互动，通过与消费者构建良好关系去赢得消费者对产品或信息的关注与支持。

□ 关系营销理论是网络时代的自然产物

随着网络及电子通信设备的发展，计算机在企业的营销管理中被广泛应用，迫切需要企业建立一种数据库营销。而数据库营销就是企业关系营销理论的一个方面，所以我们说关系营销理论是电子信息技术革命的产物。

数据库营销，就是企业通过收集和积累消费者的大量信息，经过计算机的处理后来预测消费者有多大可能去购买某种产品，以及利用这些信息给产品以精确定位，有针对性地制作有关消费者的营销信息，以达到与消费者沟通的目的。企业通过数据库营销可以更好地为关系营销服务。

企业通过数据库营销可以敏锐地发现新的市场，维持现有的市场，与顾客建立良好的合作关系，从而能够更好地促进关系营销的发展。

□ 从企业利益最大化到社会利益最大化

传统的营销理论强调的是企业自身利润最大化，而关系营销理论强调的是企业以及顾客和整个社会利益的最大化。关系营销作为一种新的营销模式，与传统营销存在着质的差别。

关系营销被看作是保持顾客的工具，而保持顾客又是企业实施其战略目标的工具，企业通过与顾客建立和维持关系实现其目标。顾客是企业生存的根本，如果离开了顾客，企业的发展就成了无源之水、无本之木。市场竞争的实质是怎样赢得顾客对企业的信赖。因此关系营销的主要内容是怎样与顾客建立良好的关系。要想与顾客建立良好的关系，企业在提供各项服务的过程中必须令顾客满意。

关系营销：构建关系推进营销

当回顾全球营销理论的发展时，我们可以清晰地发现营销理论的发展经历了四个阶段：第一阶段是以亨利·福特为代表的“产品中心论”，只要生产出产品，不愁没有销路；第二阶段是以丰田汽车等一批日本企业为代表的“产品质量论”，只要产品质量过硬，销售上必然可以大获全胜；第三阶段是以 IBM、可口可乐等美国大企业为代表的“品牌论”，只要打造出产品的品牌影响力，就必然可以在市场上常胜不败。而进入 21 世纪，风行多时的品牌论也受到了挑战——正如我们前面所分析到的，在产品品牌纷纷崛起的当下，品牌的影响力不再是影响消费者购买的唯一因素。消费者更看重自身对品牌的情感认同、沟通以及相互之间的关系，第四阶段——关系营销正是在这种背景下隆重登场的。

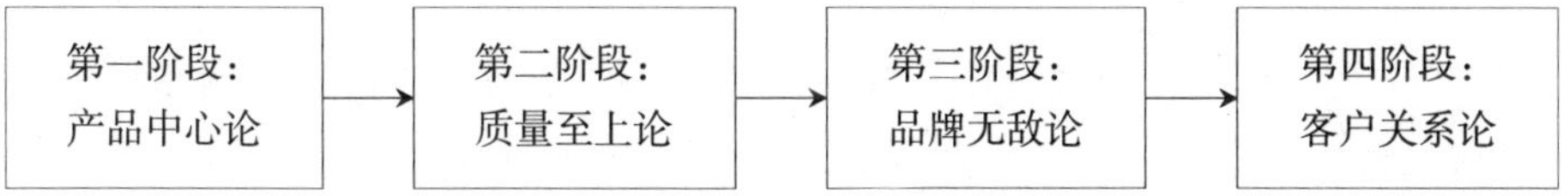

营销理论从产品中心论到客户关系论的发展

关系营销是指建立、维系和发展顾客关系的营销过程，目标是致力于提高顾客的忠诚度。它有别于传统交易营销的地方，就在于为顾客增加经济的、社会的及技术支持等附加值。从营销的实践角度看，关系营销更能把握住营销概念的精神实质，因为企业不仅要达成交易而且要建立稳固的关系，而这些关系是促成客户持续购买的重要因素。

自从管理学大师 Michael B. Callaghan 提出关系营销（Relation Marketing）的系统理论之后，越来越多的企业认识到关系营销的重要性。在 Michael B. Callaghan 看来，成功的客户关系营销建立在以契约、互惠、感同、信任为基础的四要素上。

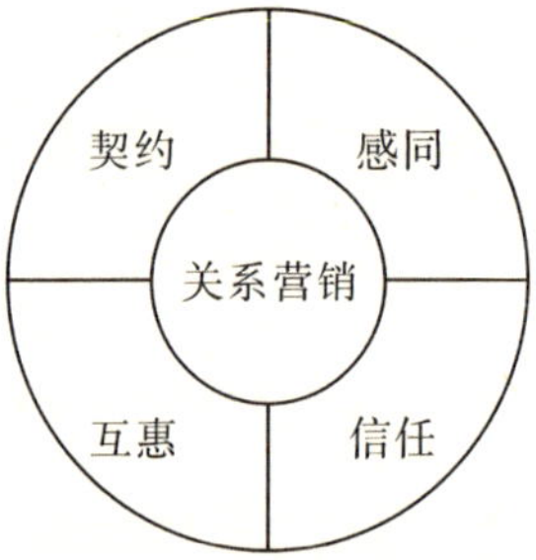

关系营销四维度模型图（Michael B. Callaghan，1995）

契约：企业与客户之间达成一种默认的合作关系，这种契约是维持与发展双方关系的纽带；

互惠：在营销的过程中，企业与客户都从中得到既得的利益与支持；

感同：企业与客户之间有一种情感的认同与强烈的认知；

信任：信任是企业与客户之间继续维持关系的基础。

卓越的企业正是成功理解、把握住关系营销这四个维度，在现实营销实践中，将这四个维度的功能发挥得淋漓尽致，使得企业与客户之间建立起稳固的情感关系，使客户对企业品牌有持久的关注热度。英国的马狮集团就是其中代表。

马狮集团（Mark & Spencer）是英国最大且盈利能力最强的零售集团，其唯一品牌“圣米高”在英美两国家喻户晓。马狮很早就认识到关系营销的重要性，并通过成功的运作使他们与顾客、供应商建立起了良好的长期合作关系。

马狮集团的关系营销战略包括三大部分：

（1）与客户建立互惠的稳定关系：马狮集团以“满足真正需要”与顾客建立稳定关系。由于马狮集团的大部分客户都属劳动阶层，购买力并不高，马狮就以“为目标顾客提供他们有能力购买的高品质商品”为宗旨，真心满足顾客的需要。他们严格履行所定标准，依规格采购、按顾客能接受的价格确定生产成本、“不问因由”的退款政策等，赢得了顾客的信任。在这种经营方针的指导下，马狮集团与客户建立起了长期的稳定关系。

（2）与供应商建立双赢的合作关系：与一般零售集团极力压榨供应商不同，马狮将其与供应商的关系视为“同谋共事”的伙伴关系。他们对供应商有严格的要求，但也尽可能地给供应商以帮助，并将节约成本的利益转让给供应商，在实现顾客满意的同时，达到与供应商的双赢。马狮与供应商的合作关系有的长达百年，足见这种关系的稳定性。

（3）与员工建立共同发展的信任关系：马狮管理层认为，员工是企业最重要的资产，企业要使客户满意，首先就要先让员工满意，只有满意的员工才能创造出满意的客户。马狮管理层将建立与员工的相互信任、激发其工作热情、发挥其潜力作为管理的重点。经过不断的努力，马狮集团与员工建立起了共同发展的信任关系。在这种关系的驱动下，员工们都努力工作，最终为企业创造了惊人的利润。

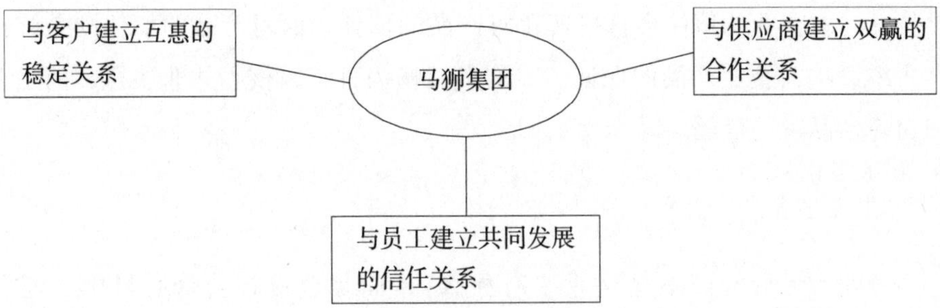

马狮集团关系营销示意图

面对越来越挑剔的消费者、越来越复杂的竞争博弈，企业管理者们都在思考一个问题：当一种产品面对千变万化的消费心理时，什么样的市场营销方式才能行之有效？

我们必须承认，一个营销转型的时代正在逼近，企业必须以一种全新的营销思维去看待市场营销。越来越多的企业如马狮集团一样，已经认识到构建“关系”对成功营销的重要性——与员工建立信任的关系，员工会以出色的工作创造出优质的产品；与供应商建立双赢的合作关系，会让企业获得稳定的产品供应保证；与客户建立起互惠关系，努力为客户创造价值，就能长久维持客户的忠诚度，在激烈的竞争中真正实现营销突围——这就是建构关系推进营销的精髓所在。

把握客户关系推进营销

无论是中国移动的“沟通从心开始”还是摩托罗拉的“沟通无限”，从许多企业的商业运作中，我们可以看到，市场领先的企业往往都意识到与客户进行良好沟通的重要意义——在关系营销中，沟通是无时无刻不存在的，沟通也是一种全方位的价值创造过程。

从构建客户关系的角度看，良好的沟通能够创造如下两方面的价值：

□ 客户信任的价值

一个以客户需求为导向、与公众有良好沟通的企业必然能获得公众的高度信任，对企业的信任会直接转化对产品的信任，而对产品的信任则是维持客户继续购买企业产品的保证。宝洁产品畅销百年，核心并非质量，而是客户对宝洁品牌的信任。

□ 强化客户的情感认同

企业的无形资产不是企业“有什么”，而是企业在公众心目中“是什么”——一提起服务，消费者都知道海尔的“真诚到永远”及其良好的服务。事实上，海尔式的服务并非其他家电企业无法做到，而是其他家电企业的良好服务无法做到像海尔一样家喻户晓深入人心，而海尔能够赢得多数客户对其形成情感认同，与其出色的公关沟通技巧密不可分。

要把握关系推进营销，最核心就在于识别客户需求、提升客户价值，不断推进与客户的有效沟通。

- 构建客户关系之提升客户让渡价值

让渡价值是指客户总价值与客户总成本之间的差额，提升客户让渡价值即为客户创造更多有利的价值。如果将顾客从购买、使用到售后服务视作一条完整的链条的话，那么企业就应仔细研究这一链条的每个环节：顾客购买的方式、购买渠道、产品使用、产品质量、客户服务等。要站在客户的角度对每一个环节进行优化，提升整个价值链的有效性，最终为顾客创造出最大的让渡价值。

● 构建客户关系之满足客户潜在需求

满足客户潜在需求是每一家企业都会做的事情。出色的企业更懂得识别客户潜在的需求，然后结合企业自身的资源或技术优势去满足客户这种潜在需求，从而拉近与客户的距离，赢得客户的好感，就如我们前面所举的 IBM 之例。

● 构建客户关系之从客户满意到客户信任

客户满意是客户对企业和员工提供的产品和服务的直接性综合评价，是客户对企业、产品、服务和员工的认可。但是客户满意只是一个感性指标，只是说明客户对某一产品、某项服务的一次肯定评价，并不代表客户的忠诚。从客户关系的角度来看，客户满意并不能让企业与客户之间建立起稳固的互相信任关系。据调查公司的数据显示，在声称对产品和企业满意甚至十分满意的顾客中，有 65% ~ 85% 的顾客会转向对其他产品的购买，只有 30% ~ 40% 的顾客会再次购买相同的产品或相同产品的同一型号。

客户信任才是客户关系营销要追求的最高目标。客户信任是指客户对某一企业、某一品牌的产品或服务的认同和信赖，它是客户满意不断强化的结果。所以，企业要建立成功的客户关系，终极目的就是要通过多种手段去实现客户的信任。

中国传统文化中一向讲究人与人之间的关系，可以说“关系”是几千年来中国商业社会发展的一种根本基础。而在中国某一些传统文化、传统思维影响力强大的地区，如广东的潮汕地区，在市场交易中对“关系”的运用可以说到了极致——人们往往因“关系”而容易沟通、因“关系”而产生信任，继而因“关系”而促成购买与销售行为。如何把握客户关系是一门既简单又高深的学问，卓越的企业往往能够从对关系的准确把握中深刻理解营销，并最终取得成功，而这也是企业在 21 世纪市场环境中营销决胜的关键所在。

链接

不可不知的九大营销趋势

• 价格至关重要

由于金融压力以及对经济缺乏信心，消费者在开销方面将继续表现得非常保守。但无论消费者收入多少，无论他们可自由支配的收入有多少，他们仍然希望被视为“聪明的购物者”。

• 差异化、意义和附加值更为重要

营销者将需要确保其品牌确实表达着消费者心中看重的某些东西。差异化对成功——销售和盈利能力而言至关重要。

• 消费者参与不是一种时尚，而是一种品牌目标

• 媒介策划将更具创新性和双向性，并更加注重消费者的接触点

• 你的品牌够“绿”吗?

和过去相比，企业更有必要对企业投身环保作出努力，因为环保投入有助于品牌的差异化、创造附加值、提高消费者参与度以及最终的底线——盈利能力。

• 品牌将需要确定并利用新的价值

“定制化”对产品和服务的参与度、采用率和忠诚度的平均贡献率目前为18%，这一数值是10年前的5倍。

• 消费者需求更加多元化

企业必须对消费者细分群体进行识别，来协同增强品牌价值、品牌和企业定位方面的投入、传播、沟通和媒介策划，从而进一步提高营销的效力和效率。

• 消费者的期望值将继续增长

聪明的营销者必须学会通过最新营销手法（如客户定制），运用越来越多的高科技系统来满足消费者的期望值。

• 为你的品牌和客户创造简单的生活

消费者正在寻求的、正在需要的，就是简单化。在某些类别中，这一点表现得尤为强烈，如手机、搜索引擎和洗衣粉。

（资料来源：Robert Passikoff：《V－MARKETING 成功营销》）

第二章 十大营销传播新技术

概要

从营销传播的角度看，营销传播的力量是随着媒介创新的发展不断裂变的。而媒介的发展经历了由简单到复杂、由音响到语言、由文字媒介到图文并茂、由视觉到视觉味觉兼融的过程。新的营销传播技术不仅造就了信息重构与再传播的便利性，更是加强了舆论的冲击力。

随着市场竞争的加剧，许多企业的市场销售受到巨大的压力，为了突破竞争压力，企业不得不寻找效益更高的市场推广方式——一些营销传播的新技术因此备受关注，如许多企业加大网络与多媒体营销的投入，而减少传统的广告支出。

各大品牌与中国网络平台之间的合作也越来越普遍。优酷和土豆等视频网站赢得了几家大客户的网络推广大单，包括三星电子、马自达和耐克公司旗下的Converse。

可口可乐公司针对零度可乐（Coke Zero）举办了一场网络营销活动，邀请校内网用户上传本人最具詹姆斯·邦德（James Bond）气质的照片。优胜者可亲身体验“邦德的一天”，乘坐直升机和阿斯顿·马丁跑车。

在新的营销环境中，营销传播新技术的应用或许就是企业用较少的投入但获得跳跃性发展的最佳选择。

SNS：病毒营销的裂变效应

2008年，一个叫开心网的游戏网站红遍中国，通过买卖好友、抢车位之类的小游戏插件，开心网在短短几个月的时间内网罗了一大批白领用户。许多著名品牌也开始展开嵌入营销，汽车、手机、楼盘等一大批著名品牌的产品在开心网随处可见，用户通过虚拟货币就可以虚拟拥有，提前体验产品使用的感觉。网上甚至开始流传一句话：“如果你没有上过开心网，那你一定没有跟上潮流。”

在开心网上，网友通过玩游戏增进同事、朋友之间的交往，拓展或者加深自己的圈子，而共同的圈子构成了一定程度的黏性，最终把网友变成了开心网的资源。而开心网则对用户资源进行开发，进而进行广告投放、群组赞助、整合营销、互动体验营销、口碑营销、虚拟物品的买卖，形成了一个可以产生多种应用的平台。开心网的流行让所有人开始认识到 SNS 的威力。

SNS，全称 Social Networking Services，即社会性网络服务，专指旨在帮助人们建立社会性网络的互联网应用服务。

1967 年，哈佛大学的心理学教授 Stanley Milgram（1934—1984）创立了六度分割理论，简单地说就是“你和任何一个陌生人之间所间隔的人不会超过六个，也就是说，最多通过六个人你就能够认识任何一个陌生人。”按照六度分割理论，每个个体的社交圈都不断放大，最后成为一个大型网络。这是对社会性网络（Social Networking）的早期理解。后来有人根据这个理论，创立了面向社会性网络的互联网服务，通过“熟人的熟人”来进行网络社交拓展，这就是所谓的 SNS 网络。

SNS 与口碑营销、病毒营销具有天然的联系。比如，开心网作为一个 SNS 网站，在其自身的传播过程中就具有典型的“病毒”特征。开心网与 MSN 合作，只要有一个 MSN 用户成为开心网的用户，那么这位用户的所有 MSN 好友就会收到以这位用户名义发出的加入开心网的邀请函。这是一种核裂变式的用户增长，也是开心网得以在都市白领中迅速走红的原因。

风靡美国的 Facebook 就是最典型的成功的 SNS 网站，而 2008 年中国最火暴的互联网现象就是 SNS 网站的遍地开花，其中大多数都拷贝自 Facebook。校内网和开心网是目前国内最热的 SNS 网站，并且势头很猛。校内网凭借着校园交友优势已经获得很大的风投资本。开心网则是目前国内势头最猛的 SNS 网站。开心网可以说是 Facebook 的中国翻版，其最热门的两大游戏组件“争车位”和“朋友买卖”都直接拷贝自 Facebook 的“Parking War”和“Friends for Sale”，但丝毫不妨碍这两个极其简单的“白痴游戏”

成为广大开心网网民每天必玩的项目。“投票”是另外一个热门的小程序：你可以针对任何一个话题发起投票，听听群众的意见，投票的话题从“你觉得白色小狗可爱还是黑色小狗可爱”到“你支持奥巴马还是麦凯恩”都有。开心网在这个意义上就完全是一个汉化了的Facebook，成功地把中国网民带入了SNS时代。

从营销工具的角度而言，SNS上每一个用户实际上是网络营销的一个结点，借助用户间人与人关系的黏性与信任，SNS的使用者往往会倾向于选择其好友选择的商品和服务，这就让SNS具有了广告价值，根据关系数据，广告主可以有针对性地进行广告投放。

在SNS的系统中，用户所提供的个性化信息中就已经包含了其对商品的选择倾向，对这些信息进行分析和挖掘后，会被展示在用户的个性化页面上，也被展示在用户好友登录后所看到的信息页面上。此外，由于SNS具有群组性，广告主可以在与自己的产品相关的群组投放广告，这样广告的转换率（产品购买者与页面浏览者之间的比率）会非常高，广告主投放的广告费用可以达到效用最大化。或者，赞助相关群组，企业为了建立其在线口碑，可以赞助其产品目标客户广泛存在的群组，组织群组活动并提供奖品，以此建立品牌的在线形象和口碑，最终提高页面浏览者的购买率。

IM：营销传播新引擎

一只小黄牛慢慢走近一个礼盒，晃了晃，礼盒自动打开，里面跳出了一个大花炮；小黄牛点燃，“砰”的一声，在空中爆出了一个“吉”的字样。

“牛年大吉。”小杜在MSN上给好友发送了上面的传情动漫，“我想表达的就是祝福他牛年大吉，因为又一年要过去了”。然而，小杜或许并不知道，传情动漫中的“吉”字样，是中国联通在全国力推的新号段“156”所组成的变体汉字标志，而这是中国联通“世界风”品牌的形象广告，而且这个形象广告创新性地选择用IM（即时通信）的传情动漫形式表现，让用户能够在交流的过程中传播企业品牌。

IM（Instant Message）意为即时通信，是一种类似电子邮件的联机通信方式。顾名思义，主要区别是 IM 具有即时性。IM 需要特殊的软件程序，如 MSN、OICQ、QQ 等。

对于一名网民来说，IM 软件的账号几乎就是网络身份证，而中国作为世界最大的 IM 软件市场，更是有着数量庞大的 IM 用户。

权威调查显示，至 2009 年第 4 季度，中国活跃的 IM 软件账号已经达到了 4.76 亿个。中国排名前三名的 IM 软件分别为腾讯的 QQ、微软的 MSN、阿里巴巴的阿里旺旺。

拥有 2.9 亿活跃用户账号的腾讯 QQ 是当之无愧的 IM 王者。微软 MSN 名列第二，MSN 以商务用户作为主要服务对象，提供了高质量的服务，并不断优化软件和系统，保证了 MSN 软件在通信上的安全，另外凭借微软 Windows 操作系统这个无坚不摧的后台，用户数量稳步上升也是意料之中的事。

淘宝网的成功带动了 B2B 和 B2C 等电子商务的快速发展，注册了阿里旺旺，买东西与卖东西都能够便捷地沟通，正是淘宝网的成功带来了阿里旺旺的成功。

与一般的营销传播手段不同的是，IM 营销面对的都是朋友或熟人，所以信息宣传的有效性与针对性毫无疑问大大地得以加强。在一个商业信息泛滥的社会中，许多消费者对一般性的商业广告已经熟视无睹，但是对朋友圈中来自好友的信息还是比较愿意接受——这正是诸多企业看好 IM 营销的原因所在。

全球顶级在线口语服务厂商 MyET. COM 投入 3000 万元人民币，购买 10 万个 MSN 用户的签名：只要 MSN 用户在签名中插入 MyET 的宣传语，挂 10 天就可以获得价值 300 元的白领套餐服务。

中国俱乐部联盟网也拿出价值 50 万元的会员卡吸引 MSN 用户来挂签名交换；浩友网则拿出价值几万元的出国旅行毯进行抽奖，鼓励 MSN 用户挂浩友网的广告；*YOHO* 潮流杂志则拿出了 1000 本精美杂志；中国天使投资大会拿出了 50 张价值 500 元的参会门票。

由于看好 IM 营销的潜在机会，清华同方联合 MSN 推出了系列营销活动。在“上 MSN 看新闻，天天赢大奖”活动中，用户只需要在 MSN“读新闻赢大奖”活动网站回答问题或是玩游戏就能获得一定的积分。每月积分最高者可以获得同方变形金刚版限量台式机一套；周积分最高的用户可以获得清华同方 imini 笔记本一台，排名其次的用户则可以获得恒信钻戒、disney 手机、同方 chicaloca 4G U 盘 + 鼠标 + 鼠标垫套装等礼品。

“MSN 9 是爱耍酷”活动也正在紧锣密鼓的进行中。2008 年 12 月 23 日—2009 年 1 月 23 日期间，网友只需要用 MSN 9. 0 的头像录制功能录制自己的动态头像并上传到活动网站，就有机会获得由自己自主定制 A 面的专属清华同方 imini 笔记本大奖。

MSN 拥有 3500 万的用户人群，这些用户大多为年轻白领，喜欢追求时尚和个性的事物，和清华同方笔记本品牌 imini 的目标客户群不谋而合。所以，清华同方和 MSN 的合作将拉近 imini 和年轻消费者之间的距离，让更多消费者可以领略到 imini 的时尚个性元素。

而在 2008 年的奥运会中，腾讯与可口可乐结成战略合作伙伴关系，可口可乐借助 QQ 庞大的用户群传播企业的形象。

腾讯通过 3D QQ 秀网络虚拟形象技术，将可口可乐 icoke 网站全面升级为中国首个运用 3D 形象的在线社区。随着数千万瓶带着腾讯网 Logo 的可口可乐流入市场，腾讯网（www. qq. com）上也同步频现可口可乐多种形态的在线广告。在升级 icoke 的同时，腾讯为可口可乐旗下代言人特制的 3D QQ 秀酷爽造型，包括刘翔、S. H. E、张韶涵、李宇春等明星，也将陆续出现在2010年可口可乐系列主题广告和市场活动中。可口可乐向来尊崇年轻、时尚的品牌路线，腾讯与可口可乐的联姻就是典型的时尚营销。

IM正在形成一个庞大的社区化平台，人们在这个平台上实现信息获取、沟通、娱乐、商务等生活需求，其所带来的巨大的商业利益与附加价值将无比惊人。

小i机器人：网络精准营销的武器

新婚的王小妹最近有点烦，因为欠缺两性知识的她很犯愁怎样去咨询安全的避孕方式，性格内向的她无论如何也不好意思去请教好友或医生。正在苦恼的她，在MSN上遇到了一个叫“妈富隆”的小i机器人。

妈富隆是知名的避孕品牌，而小i机器人则是妈富隆的一名全天候信息解说员——她耐心、有礼貌、无所不知，更重要的是她从不疲倦，因为她是一名网络机器人。

当王小妹向机器人提出一连串的问题时，机器人丰富的避孕知识让她总能满意而归，同时机器人从不“越轨”，问她其他敏感的信息，更人性化的是，机器人能揣摩她的“羞问”心理，总从她的绕圈提问中理解到什么，并有针对性地提出一些实际建议，如为王小妹设计了适合自己身体周期的避孕建议等。渐渐地，王小妹已经将机器人当作可信任的随身医生，妈富隆也自然而然成为王小妹避孕产品的第一选择。

与许多营销的新技术一样，小i机器人的出现也是商业社会发展到一定程度的自然产物——网络社会的普及、IM即时沟通软件的频繁使用就是小i机器人出现的最重要基础。

小i机器人由微软MSN全球智能机器人的独家合作伙伴公司开发。小i就像MSN好友列表里的一个好友，网民可以跟它聊天，它可以回答你的任何问题，它是一个智能搜索工具，能跟网民互动交流。

小i机器人在MSN、QQ的用户群中早已名声在外，从天气预报、查地图、订机票到读新闻、看电影、下音乐，小 i 提供的信息和服务可以说应有尽有。可以说，小 i 机器人正在让网民的生活更加自主化、社区化、人性化。

从信息接收的角度看，小 i 机器人最受人欢迎之处就在于它从来不主动推销产品或信息，网民接收哪一类信息是完全自愿的，需要哪类服务就添加哪个机器人（每类服务对应一个机器人账号），小 i 机器人决不会莫名其妙地跳出来向网民强行推销莫名其妙的东西。

“妈富隆营销机器人”和“强生 MOMO 机器人”是目前小 i 中最为成功的两个机器人。据悉，至少有 10 万 MSN 用户添加了“妈富隆机器人”，并同机器人交流相关问题。而因为有许多用户针对强生隐形眼镜提问，强生 MOMO 机器人就可对此作出回答。

小 i 机器人正在成为网络精准营销的新武器。与妈富隆以及强生一样，茶饮料的著名品牌立顿也看到了小 i 的强大营销拉动力。

立顿针对压力中的白领们总是度过一个昏沉、缺乏灵感下午的现实问题，抓住了提神醒脑、获取灵感的消费诉求，通过设立小 i 网络机器人来传达立顿的“灵感”。而立顿与小 i 机器人合作，不仅是看中了小 i 机器人在即时通信平台用户中超高的人气和较强的用户黏度，更重要的是，机器人营销所代表的“自愿、便捷、可靠”三大要素真正能体现立顿“以人为本”的品牌需求。

从精准营销的角度看，小 i 机器人最特别的地方就在于知道哪一些网民是企业的用户群，知道他们需要什么，精准地满足用户的需求。所以，小 i 机器人会给网民非常准确的服务，同时它让网民在更少的时间内获得更多的服务。

此外，小 i 机器人还具有广泛的扩展性。在进行企业营销时，小 i 机器人可以成为一个智能化的产品“讲解员”。任何企业都可以使用小 i 机器人的程序，自己创造一个智能机器人，放上企业向外界传达的内容，将其变成企业营销的一个利器。

目前，小 i 机器人已经开发出了包括 MSN、QQ、雅虎通、Gtalk 等平台的机器人，拥有近 3000 万的用户，并已有几十家企业创造了自己的机器人。

网络游戏：虚拟世界的真实营销

无论在世界何处，网络游戏都是一门大生意，特别是对于亚洲市场。2007 年，命运几起几落的史玉柱在潜伏多年之后，凭着网络游戏《征途》登录美国纳斯达克，再次成为中国商业市场上的风云人物。

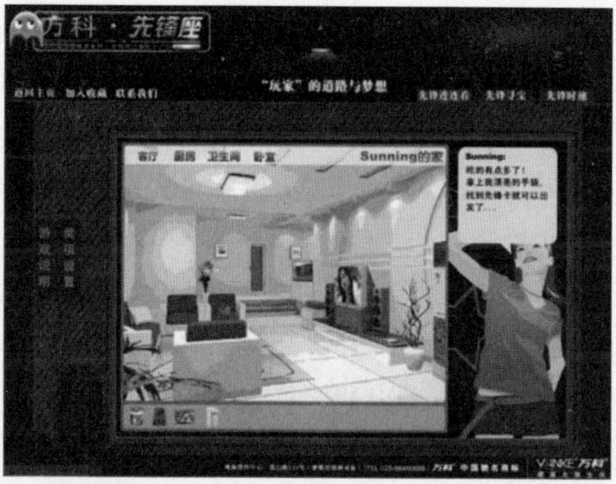

据调查数据显示：2009 年中国网络游戏市场规模为 75.13 亿元人民币，同比增长 47.6%，而中国的网络游戏玩家人数更是不断攀升。正是基于这些因素，网络游戏不再只是青少年消磨时光的无聊游戏，而变成对企业具有巨大吸引力的营销传播新渠道——网络游戏作为互动营销的新媒介引起了许多商业嗅觉敏锐的广告商的重视。现在已经可以看到越来越多的植入式广告出现在游戏内，游戏植入式广告作为全球最热门的广告形式之一颇为引人关注。网络游戏以其庞大丰富、消费能力高且需求各异的受众群体越来越得到商家们的一致青睐。他们看准了网游作为新的媒介载体，目标受众到达率极其高准的优势，开始对其发起猛烈的进攻。

万科集团在南京推出小户型白领公寓“先锋座”时，率先开启了中国首家房地产网络营销先河。万科光明城市先锋座是一个55～75平方米自住精品小户型，目标对象为年轻、高学历、喜欢网络的受众。为此万科选择了与一家具有影响力的门户网站一起实施网络营销计划，为“先锋座”量身定做玩家网站——网络城市“先锋玩家”。

在网络游戏中，共设计了三种闯关游戏，分阶段推出。闯关成功的玩家在购房时可以凭借身份证、网络ID、游戏积分等有效信息获得相应的购房优惠。一方面让玩家在游戏中了解先锋座，另一方面则在玩游戏的过程中，玩家通过劳动为自己赢得购房优惠，在游戏中实现购房的家庭梦想。

网络游戏“先锋连连看”首次上挂即受到不少人的热烈追捧。游戏开通没几天，就引起了各路网友的兴趣，日在线玩家超过万人，最高时突破两万。随即，万科的业主论坛里铺天盖地都是关于玩游戏的感受与心得，不停地有网友打听其他玩家的游戏分数和赢分技巧。当地的媒体也对此次新颖的营销方式进行了大篇幅的报道，万科先锋座的知名度迅速上升。

相对于一般的营销方式，网游营销平台强调游戏与用户、用户与用户之间的互动。这种互动不但为用户增添了交流的乐趣，也为企业的“病毒化”品牌传播带来了机会。

苹果公司为iPod在宠物社区建立in乐园，售卖iPod的数码产品，学习iPod的宠物炫，还配合有MINI小游戏。这些独特的创新性应用让用户在无形中加深了对品牌的认识与对产品的体验。这也正是网络游戏的创新之处——网络游戏的互动性使得这一过程转变为用户主动参与的过程。用户在娱乐过程中能够通过个性化的创意，表达自己对品牌的理解和诠释；通过用户间的互动将品牌或产品所要传达的信息传播开来，从而加深用户对品牌和产品内涵的理解，使品牌或产品的营销效果最大化延伸。

中国网络游戏的用户群年龄主要集中在18～32周岁，以年轻学生和白领为主。其中，19～25周岁的玩家合计占全部游戏用户的61.7%，26～32周岁的玩家群体的比例也在逐渐上升。这表明，中国网络游戏的用户群正在向高年龄层次扩散。调查还显示，女性玩家的增长也非常明显，已经达到了20%的比例。这主要得益于休闲网络游戏的发展及部分专为女性所设计的游戏的崛起。

可以预见，网游营销作为一种互动性强、娱乐性高的营销方式，必然会成为一种重要的营销新策略。而对于企业而言，如何在新的营销环境下适时运用新的营销方式去吸引消费者、打动消费者，则是决定能否在竞争中制胜的关键。

手机：互动式的移动营销

“在你睡觉时，你希望什么样的电子产品仍然陪伴在身边?”

答案是手机。

这是诺基亚在全球几十个国家展开的一项名为“最贴心的电子产品”的消费者调查，在列出的电脑、MP3、手机、iPod、PDA、WALKMAN 等数十项产品中，投票数最高的就是手机。

手机普及是无可逆转的趋势。在中国这个 14 亿人口的大国中，拥有手机的人数已超过 5 亿，其中相当数量的人拥有两部手机——在台湾手机普及率早已达到 100%，其贴身程度远超过电脑及其他电子产品。

随着信息技术的发展，手机可以运用的传播形式也越来越多样化，除文字外，彩色动画、影音乃至二维条码等传播形式越来越受广告主青睐，手机逐渐成为继电视、广播、报刊、网络之后的新媒体——第五媒体。

随着移动通信技术的不断成熟，特别是手机二维码的推出，手机真真正正成为移动的多媒体互动信息终端。一个巨大的信息传播展示平台忽然出现在企业面前，许多市场眼光敏锐的企业已经开始领先一步切入手机互动营销的领域。

在北京的地铁或超市入口，经常有一些年轻人用手机对着墙上的广告画拍照，他们可不是在拍摄广告画中的美女，而是在接收一种新型广告——手机二维码广告。

看到一幅感兴趣的 VOLVO 汽车户外广告，但是广告上没有更详细的关于这款汽车的信息，这时人们只需用手机对着户外广告边上由黑白色块组成的正方图形拍上一张，他们就能直接用手机登陆到 VOLVO 站点，获得他们感兴趣的内容。在超市门口广告上拍上一张，就能找到更多的超市打折商品信息，这就是手机二维码技术所带来的奇妙结果，手机真正成为一个互动式的移动终端。

基于手机终端的互动营销将是 3G 时代的热点应用之一，手机二维码便是其中的一项应用。手机二维码广告最大的特点是用户主动参与，当然也可以通过“PUSH”的方法将二维码优惠券直接推送到用户的手机上。与传统广告不同的是，手机平台的互动营销更加强调邀约互动的状态，即在商家和手机用户双方都愿意的前提下进行，用户得到更多尊重，利用技术手段实现潜在客户群的精准识别与用户的互动参与。

手机二维码广告可以在阅读杂志或者在户外行走时获得，当你在写字楼的液晶屏里看到一条诱人的麦当劳促销广告时，自然也不会拒绝按屏幕上提供的地址来用手机下载一张电子优惠券。一张无处不在的媒体大网组合起来，足以让人们更加轻松地获得各种消费信息。

年轻人感觉这种方式很酷，这就是手机互动营销迅速崛起并受到年轻人追捧的原因。许多企业也认为手机互动营销不仅是一种新颖而且能够在最短时间内吸引受众注意力的营销传播手法，更是体现品牌创新精神的最好表现，所以纷纷介入起用这种新的传播手法。

雪铁龙在 C4 型汽车的平面广告中全面使用手机二维码，顾客通过手机拍照轻松上网，随时随地可以查询新上市的 C4 车型相关情况、查询最近的雪铁龙经销商，并可以参与抽奖活动，这种新颖的方式吸引了大批消费者去体验。

在上海举办的一次世界级方程式赛车系列赛事中，主办方突破了以往的广告宣传模式，采用了手机互动营销的策略，精准地向目标受众进行营销传播，最终有 55 万人次关注赛事，而手机方式沟通和积分奖励使得近 10 万人持续关注赛事，5 万人通过人际传播知晓，最后有超过 2 万人到现场观看了比赛——几乎是当初期望的 10 倍。

在美国，丰田汽车公司旗下的雷克萨斯品牌在纽约时代广场上演了一出广告好戏。它号召人们把自己拍摄的数码照片通过网络上传到时代广场的大屏幕上，然后由众多照片组成一幅巨大的雷克萨斯新车的图形。每一位上传照片的人都会收到电子邮件通知，告知其照片出现在大屏幕上的具体时间，而每张照片播出的时间是4秒。

结果，这次营销活动引起了轰动，新闻媒体争相报道，人们也通过各种渠道互相告知，其中不少人就站在时代广场现场用手机拍摄照片上传。最终有7万人上传了照片。

在这次营销活动中，户外显示屏、互联网、手机等多种媒体轮番上阵，激发出了巨大能量。多媒体的互相融合正是营销传播发展的趋势之一。

在手机互动营销这种精准化的营销策略中，女性用品的广告绝对不会去打扰一位绅士的手机；而当你置身商业街时，一条详尽的周边商场打折信息却会不失时机地出现在你面前；在无聊的时候，也许你还能向广告商发发牢骚去要求更好的服务。当然，这一切便利都依赖于广告商数据库里庞大的消费者信息，你过去的每一次上网搜索或者购物行为都已经被服务器详细记录和分析。

在这个庞大的用户数据库支撑下，企业可以对这个数据库进行数据挖掘，对这些用户进行细分，然后对每一个细分群体发一些针对性的资讯，这种资讯通常情况下是和用户相关的。也就是说，企业主能做到在正确的时间、正确的地点把广告推送给正确的人。

另外，随着使用手机上网人数的增加，WAP广告价值开始突显，这对手机互动营销是一个有力的支持。在精准技术的支持下，企业甚至可以辨别出消费者使用的手机价格是3000元还是1000元，然后再根据用户消费能力的不同在无线互联网站上匹配不同的信息内容。这意味着在登陆WAP网站时，不同的手机用户所看到的广告截然不同。

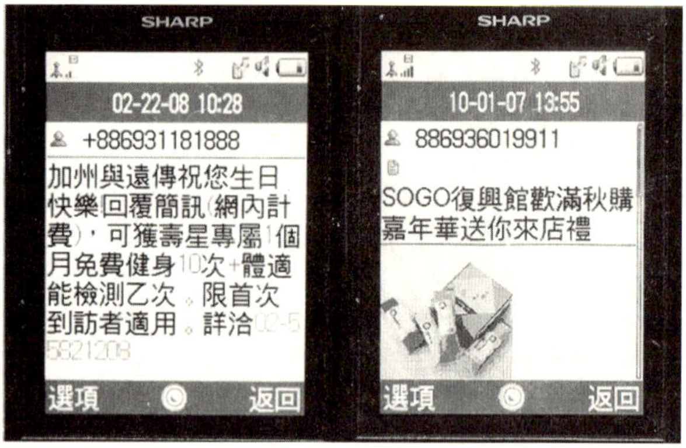

与其他营销方式相比，手机互动营销的优势主要有以下三点：一是庞大的手机用户群带来的广告受众是任何传统媒体所无法比拟的；二是手机互动营销广告的可计算、可管理的高送达率是传统的四大媒体很难做到的；三是移动网络的点对点沟通是传统媒体无法企及的。

正因为有以上的优势，手机互动营销以快速的、互动的即时沟通模式取代了单向的、压迫式的广告传播。而真实的、精确的、强大的数据库分析和挖掘功能又实现了真正意义上的精准沟通，并开始不断进入主流的营销策略之中。我们可以预料，随着中国3G网络应用的到来，手机互动营销的黄金时代将真正来临。

气味营销：营销于无形

在阅读杂志广告时，当你看到色彩诱人、让人垂涎欲滴的食品时，脑海中必然会产生关于此食物的各种联想，如果在此时，杂志里散发出此食物的芳香味道，是否能让你产生更强烈的食欲?

作为一种营销的新方式，这种以气味为武器的隐性营销或联想营销方式正在流行。越来越多的市场营销人员把增加气味看作是使他们的广告脱颖而出的一种方法。佐治亚州立大学市场营销学副教授帕姆·朔尔德·埃伦（Pam Scholder Ellen）认为气味是一个强有力的广告工具，因为它能够使人身临其境，并且在几秒钟的时间内慑服消费者，促使他们产生购买心理。

许多企业正是洞察到气味在隐性营销上的强大威力，开始通过各种方式去展开气味营销的创意之旅。

卡夫食品在《人物》杂志登了一整页广告，广告呈现了一个草莓奶酪蛋糕的图片。经摩擦后，照片会散发出这种甜品的香甜味道。此外，肉桂咖啡、樱桃 Jell－O 以及白巧克力的味道也将在不同的广告中呈现。气味的应用并没有局限于广告中：一篇文章配有热巧克力及撒了糖屑的曲奇饼干等食物的图片，这些图片经摩擦后也会散发出香甜的味道；新加坡嘉华电影院安装了散发香味的电子装置，影片《查理和巧克力工厂》放映时，放映厅内弥漫着浓郁的巧克力香气。其结果是多数观众选择到嘉华电影院来观看这部电影，更重要的是，许多人看完电影后立即产生吃巧克力的冲动。

当乘客步入英国航空的头等舱以及纽约肯尼迪机场或伦敦希思罗机场的头等舱候机室，最先引起他们注意的就是独特的气味，这是一种叫做 Meadowgrass（牧草）的芳香剂。航空公司在定期航线上往空中喷洒这种芳香剂，以加强公司在其最有价值顾客群中的品牌形象。这种区别于视觉以及体验的感官新体验独树一帜、新颖、营销效果好。

而在手机行业，索爱除以出色的外观设计来吸引消费者外，更在气味营销上大下工夫，率先推出一款使用时会发出淡淡清香，让人闻了可以平静下来的新款手机。

北欧超市里，新鲜出炉的面包被放于商场入口处，天花板上有专门设计的通气口传递出面包的香味，这使面包的销售量大大提高。在巴黎的香榭丽舍大街上经常会缓缓驶过一辆嗅觉流动车，汽车驶过之处弥漫着浓郁的咖啡香，“咖啡之家”品牌也因此美名远扬。

英国高档衬衫零售商托马斯·彼克耐心地研制出一种个性化气味，他在纽约、旧金山、波士顿和圣弗朗西斯科新开的商店中放置传味器，当顾客经过时，传味器就会散发一种新鲜的、经过清洗的棉花味道。这种味觉享受让人迅速有了价值联想。

> 从营销传播的角度看，营销传播的力量是随着媒介创新的发展不断裂变的。

英国牛津大学的研究显示，人会把气味与特定的经验或物品联想在一起，该校心理学家让参与者分别吸入新的并能认得出来的气味，同时扫描受测试者的脑部，记录了不同气味引发的脑部反应。相关的研究也表明，人的大脑中负责处理嗅觉的神经与主管情绪控制的中枢神经紧密相连，因此气味会强烈影响人的情绪。而且，嗅觉记忆比视觉记忆要可靠得多：人们回想1年前的气味准确度为65%，然而回忆3个月前看过的照片，准确度仅为50%。味道、气味牵动着人的情绪与记忆，味道犹如一只温柔的手，触动消费者的心，让消费者身临其境，感受大自然的清新、诱人的美食、安宁放松的舒缓情绪，自然便对购买行为产生了影响。

从营销传播的角度看，营销传播的力量是随着媒介创新的发展不断裂变的。而媒介的发展经历了由简单到复杂、由音响到语言、由文字媒介到图文并茂、由视觉到视觉味觉兼容的过程。在这个发展过程中体现了补偿的意味，即后一种媒介的出现和发展是对前一种媒介的不足之处的补偿。这就是英国传播学者莱文森的“补偿性媒介”理论的核心，它表明了人类对媒介发展的主动性和选择性。

味觉营销的出现正是对以往营销手段仿真性缺失的补偿。通过气味激发消费者对于产品、品牌的记忆与好感，这是对传统营销的颠覆，也是在新营销环境下的思维创新。相对于信息传播对消费者视觉的疲劳式轰炸，气味营销显得更加隐性也更为特别。或许就在不经意间，一种淡淡的清香就会忽然间使人勾起某种美好的回忆，自然而然地使人对品牌产生好感或对产品产生购买的欲望。

不着文字，无须喧哗，营销于无形，而同样能够有效慑服消费者，这或许就是营销的一种至高境界，这也是味觉营销给我们的最好启示。

色彩营销：5 秒钟打动消费者

美国营销界总结出了“5 秒定律”——消费者往往会在 5 秒内决定其购买意愿，而在这短短 5 秒内色彩占 67% 的决定因素。研究表明，色彩可以为产品、品牌的信息传播扩展 40% 的受众，提升人们的认知理解力达到 75%。也就是说，在不增加成本的基础上，成功的色彩能增加 15% ~30% 的附加值。

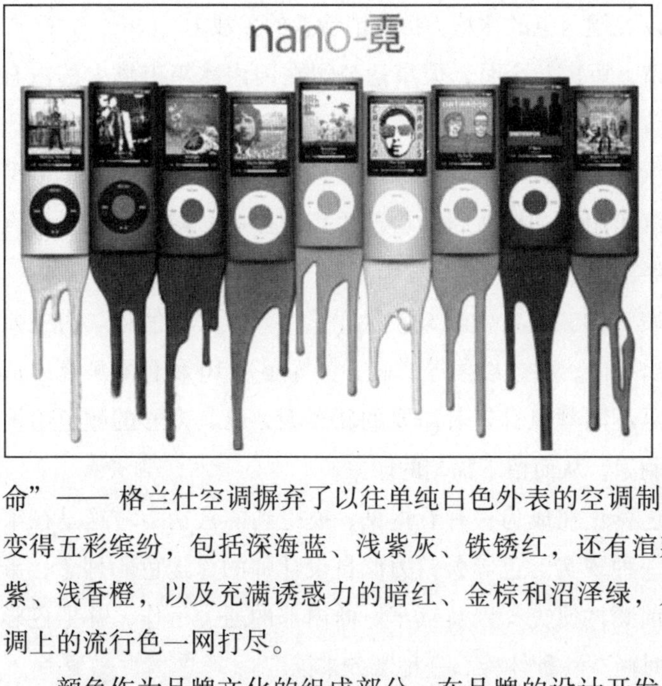

色彩营销正帮助企业在第一眼给消费者留下最深刻的印象，打开冰山，为品牌提开带来全方位的超强效果。

在中国，格兰仕在空调行业发动了一场“色彩革命”—— 格兰仕空调摒弃了以往单纯白色外表的空调制造观念，将空调外观变得五彩缤纷，包括深海蓝、浅紫灰、铁锈红，还有渲染性感、浪漫的浆果紫、浅香橙，以及充满诱惑力的暗红、金棕和沼泽绿，几乎将能够应用在空调上的流行色一网打尽。

颜色作为品牌文化的组成部分，在品牌的设计开发、生产制造、营销等领域正起着越来越重要的作用，成为品牌文化内涵个性而时尚的表达。格兰仕空调研发中心设有专门的色彩设计室，从事市场情报的搜集工作，并聘请了几十位设计专家、美工大师对流行色进行广泛的市场调研 ，以了解中国人的“好色”倾向，再将这些情报进行整理，做出色彩的产品方案，提供给生产部门。

格兰仕这种“为你而变，颜色革命 ”的新理念推出之后，很快便引发了中国空调业新一轮的震荡。尽管不是所有的品牌都认可格兰仕的做法和对白色空调一概否定的态度，但大势所趋，许多品牌也都或多或少地推出了彩色空调。彩色空调在为中国空调市场带来长久等待的靓色的同时，也成为格兰仕进一步巩固和提高业界地位的有力武器。

而在冰箱行业，荣事达打出了“彩 e”冰箱旗号，推出“赤、橙、黄、绿、青、蓝、紫，你家的冰箱和我家的冰箱不一样”的活动，在全国掀起电冰箱彩色化的狂飙：开朗大方的天蓝、崇尚自然的木纹、柔情似水的雪青以及热情奔放的明黄，以五颜六色的冰箱去摄取消费者的关注力。

借助“彩 e”冰箱，短短几个月，荣事达公司在国内冰箱市场上的占有率从第 17 位扶摇直上，闯入前十强。

在汽车行业，在汽车外形日趋类同化的今天，颜色已成为区别汽车造型关键的要素之一，对汽车用户的购买行为会产生巨大影响，同时也成为了汽车厂商重要的市场战略。

为了迅速赢得消费者的关注，奇瑞 QQ 推出了以“春天的色彩”为主要诉求的营销活动，推出了白、银、红、绿、蓝、黄等超过 10 种色彩鲜亮、造型可爱而且能充分满足不同颜色喜好者需要的新车型，以其多彩的颜色给消费者带来直接的感官刺激，从而留下深刻的印象。

对于奇瑞而言，色彩正在成为一种看得见、摸得到的营销力，这是在市场竞争中表现出来的一种现实。色彩营销力源自设计师的深邃色彩理念、市场专家对市场需求的前瞻性研究，以及汽车厂商内部的通力运作，并把色彩作为一种文化、一种时尚、一种体验、一种服务来推广。

以色彩为武器去创新营销，以色彩去吸引消费者的关注，已经成为许多行业的创新营销之举。从手机行业的彩信、彩铃，到汽车行业的外观设计，从快速消费品行业的“酷儿”到家电行业的彩色空调、汽车行业的彩色汽车等，色彩营销正在从边缘走向主流，从外围走向核心，成为差异化营销的重要选择。

国外产品之所以看起来品位更高，很大程度上是因为它们的外观及包装使用了美丽的色彩。瑞士雀巢公司的色彩设计师曾做过一个有趣的试验，他们将同一壶煮好的咖啡，倒入红、黄、绿三种颜色的咖啡罐中，让十几个人品尝比较。结果，品尝者一致认为：绿色罐中的咖啡味道偏酸，黄色罐中的味道偏淡，红色罐中的味道极好。因此，雀巢公司决定用红色罐包装咖啡，果然赢得了消费者的一致认同。

色彩是一把打开消费者心灵的钥匙，也是吸引受众的创新工具。好的色彩不仅可以向消费者传达商品的信息，而且能吸引消费者的目光。德国的心理学研究还显示，消费者的色彩感觉能鲜明地表现出他的主观情绪。色彩甚至会对人的心血管、内分泌机能以及中枢神经系统的活动产生影响。

不同国家和民族的人，都有各自所喜欢的色彩。美国人较偏爱黄色，因此美国的商品常用黄色作为主色调，比如美国的柯达相纸包装采用黄色，麦当劳采用的也是金黄色，美国的电话号码簿采用的也是黄色，简称“黄页”。日本人则更喜欢淡雅的色彩，显示出日本是一个喜爱清爽的色彩的民族。中国产品的色彩应该向丰富性、时尚性和个性化、系列化发展。

据国际流行色协会调查数据表明，在不增加成本的基础上，通过改变颜色的设计，可以给产品带来10%～25%的附加值。不仅产品本身及包装可充分利用色彩来提升价值，色彩还可以成为企业形象识别的核心理念，比如绿色的“鳄鱼”、红黄对比的“麦当劳”等。因此，色彩营销必将成为新一轮的营销热点，也是征服消费者的一种有效的创新营销工具。

网络视频：低成本的营销利器

在中国，越来越多的年轻人抛弃了电视而转向了网络：通过网络视频，他们可以看到“嫦娥一号登月”；在网络视频上，他们可以第一时间欣赏许多电视台未播出的、由网友提供的“芙蓉姐姐神仙哥哥跳舞”；他们甚至可以看到许多电视台永远不会播出的由草根网友自制的、虽制作拙劣但妙趣横生的节目。

网络视频的流行改变了网民传统的阅读方式，也改变了企业的信息传播方式——相对于单调的文字形式来说，视频新闻能够带给网民更多视听享受。视频在使阅读形式变得轻松的同时，也在逐渐改变着人们由文字到视听的网络阅读习惯。

微软、音乐电视、Nickelodeon 三家公司在 16 个国家的 18000 个孩子和 16~24 岁的年轻人之间进行了一个调查。调查显示他们可以很容易地接入互联网、手机和至少两样电子设施，并且操作熟练；调查还显示，88% 的受调者表示，他们更倾向于从网络视频中了解信息而不是电视。

网络视频的快速增长以及巨大的潜在空间让所有企业都不容忽视，而通过网络视频进行营销传播，也成为了企业营销创新的一种有效工具。

2008 年 9 月，英特尔上线了一个名为“英特尔破囧”（jiong. sohu. com）的网站。在囧网站上，推出了上班族代表张小盒与网络红人小胖遭遇各种囧境的搞笑视频。同时，英特尔也鼓励网友自行上传办公室的故事和关于科技破囧的各种方法建议。比如，网友用漫画总结使用笔记本电脑经常碰到的囧事：笔记本太重，出门时跟带了两块砖头一样，被压成“忍者神龟”；视频渲染一时半会儿完不成，等得心焦；等等。通过文字、图片和视频的传播，囧网站已经成为网友倾诉囧事的平台。

在囧网站之后，英特尔继续挖掘囧的营销魅力，在短短两个月时间里，推出第一部博客话剧——《破囧英雄 6+1》。这部话剧不但在现实中演出，而且在演出之后，通过视频博客形式将其完整地搬上网络，使该剧成为第一部以网络为传播平台的博客话剧。

《破囧英雄 6+1》以主人公“何囧”的一周为主线，描述了他在生活和工作中频频报囧，最后通过一系列努力，在好友“英雄”的指点下破囧而出，奔向幸福的故事。全剧围绕网络最红的古汉字“囧”展开，并且将白领们日常使用的 CPU、硬盘、移动硬盘等电脑硬件活化为剧中的角色，再结合现实的剧情，很恰当地表达了白领心中的苦闷，从而产生共鸣。观众看完话剧之后的第一句话就是——“像是在看现实中的自己”。

《破囧英雄 6+1》的博客也在演出之后，以剧组日记的形式上线，将 70

分钟的剧情分成6段视频以便网友观看。同时，话剧视频的完整版和精编版也被上传至土豆、酷6等视频网站。通过围绕破囧话剧和办公室囧境等相关话题的探讨，打造针对英特尔用户——办公室白领的互动平台，这成为英特尔与市场交流的一种重要手段。

相对于文字性的信息传播，网络视频营销有五方面的核心优势：①网民对于网络视频的接受程度比较高，很多网民愿意点击网络视频广告；②网络视频营销广告投放更有针对性；③网民再传播的几率更大，使信息得到重复扩散；④表现形式更丰富多样，网民浏览关注的时间更长；⑤网络视频逐渐成为中国年轻一族了解信息的最重要方式。

正因为网络视频具有独一无二的优势，在协助企业进行营销传播时，这种传播方式更具有征服受众的力量。关注网络视频营销、应用网络视频营销，这已经成为企业进行营销创新、把握未来营销趋势的关键所在。

Twitter（微博）：边叽歪边营销

起床、吃早餐、回复电子邮件、Twitter（微博），这是许多西方企业家或年轻经理人每天早晨七点半睁开眼睛之后必做的头四件事情。而这种风气正逐渐吹进中国：对于许多年轻经理人来说，Twitter像吃早餐、写邮件一样高度融入他们的日常生活。而火暴中国的新浪微博正好说明Twitter的惊人成长性。

在了解Twitter是什么之前，我们首先应该知道的是，它已经成为继MySpace、YouTube和Facebook之后最热门的网站。虽然它目前只有几十万用户（与MySpace超过一亿的用户数完全无法相提并论），且其用户增长、收入、利润等数据并未对外公开，但这丝毫无碍于它迅速蹿升为在全球网络业被讨论最多的网络新星。

Twitter是即时信息的一个变种，它允许用户将自己的最新动态和想法以短信息的形式发送给手机和个性化网站群，而不仅仅是发送给个人。2006年，博客技术先驱blogger. com创始人埃文·威廉姆斯（Evan Williams）创建的新兴公司 Obvious 推出了 Twitter 服务。

Twitter 是一个可让你播报短消息给你的朋友或“followers”（跟随者）的在线服务，它也同样允许你指定哪个你想跟随的 Twitter 用户，这样在一个页面上你就可以读取他们发布的信息。

Twitter 让交流恢复了更日常的方式：正如其英文名称可以被翻译成叽歪、嘀咕、念叨，它就像日常生活中人们经常做的，就琐碎事件发表零散看法。虽然它算不上一种技术革新，但确实推动了对于互联网理解的深化：它提升了网络表达的真实性。

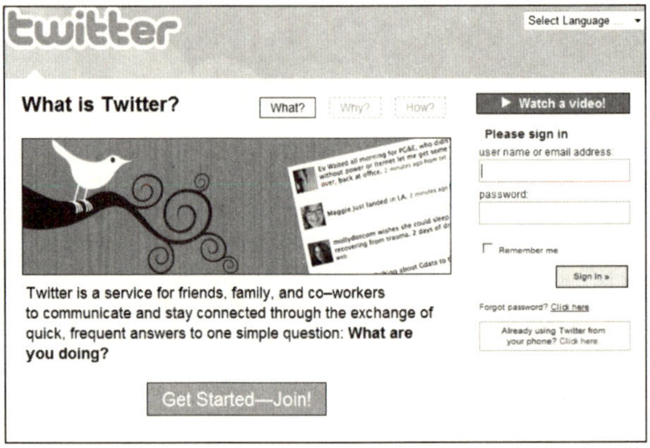

Twitter 最初计划是在手机上使用，并且与电脑一样使用方便。所有的 Twitter 消息都被限制在 140 个字符之内，因此每一条消息都可以作为一条 SMS 短消息发送。这就是 Twitter 迷人之处的一部分。

Twitter 使用非常方便，你可以通过网页、手机，甚至 IM 工具如 Gtalk，随时把信息发到网上。正是由于这种方便性，在过去的一年里，Twitter 的访问量飞速增长。流量监测公司 Compete 的数据显示，2008 年 11 月 Twitter 独立访客数量达到了 350 万，用户重复访问率在 50% 以上，其中近 1/4 的访问者属于重度使用者（每月访问 6 次以上），另有 25% 是轻度使用者（每月访问 2 ~ 5 次）。Twitter 的用户特征明显向年轻化和男性化倾斜。

作为英语世界主流的社会化媒体平台之一，“起床、早餐、邮件、Twitter”

已经成为白领生活的写真，影响力直追 YouTube。人气与眼球的集聚就自然代表着巨大的营销价值。从美国知名企业康姆卡斯特、戴尔、通用、H&R Block、CNN、《纽约时报》到奥巴马总统选举，都在 Twitter 上开辟了营销战场，并有所斩获。

在美国大选中，希拉里和奥巴马都在 Twitter 上建立了个人主页，但最终奥巴马获得了 15 万 Follower 的支持，而希拉里仅有 6000 多。仔细分析发现，虽然他们都经常更新消息，差别却是希拉里主动追踪回复别人的数量（Following）为零，而奥巴马的 Following 高达 15 万！这说明奥巴马营销团队在即时跟踪十余万人的消息更新，当有人支持奥巴马时，团队就通过 Twittter 向用户进行信息反馈，这样支持者感受到的是：奥巴马跟我对话了！

另外，Twitter 开发了“品牌频道”，企业可以在 Twitter 构建品牌页面，同时组建多种品牌小组，同一品牌的粉丝能够聚集在一起。而企业通过平台可以向用户发送各种新品、促销信息。Twitter 的即时性和分享性让一个消息可以迅速遍布有相同兴趣爱好的 Group、Team。甚至用户之间也发生互动，他们也可能把信息转发给其他好友。不少美国企业已经在采取这种方式。

据悉，戴尔从 2007 年 3 月开始使用 Twitter 企业平台，目前戴尔官方网站上已拥有 65 个 Twitter 群组。至今戴尔已经在 Twitter 内获得了不下 100 万美元的销售收入。

这种方式增加了公司品牌直接接触消费者的机会，有利于维护品牌认知和客户忠诚度。如果企业自身有博客、定期出版物或者新闻发布做基础，这种方式更是有效。

iPod 营销：时尚潮流的征服者

什么东西能够容纳 1 万首歌曲而且被放进口袋？什么东西能使人和音乐之间的关系紧密得如水与空气？什么东西可以让年轻人为之疯狂，视其为生活中不可或缺的一部分？

它就是 iPod。

苹果公司所推出的音乐随身听——iPod 不再仅仅是一件产品，而是一种完整的概念：它是一个偶像、一个宠物和一个身份的象征。

自从 2001 年 10 月 iPod 上市以来已经售出了 4220 万部，而仅仅 2005 年暑假就售出了 1400 万部，2009 年 iPod 的销售量约为 6500 万部。iPod 的普遍存在构建出了一个 iPod 王国——这是一个独一无二的、没有竞争性的、完全排他的品牌王国，或者就是利益平台，而众多的品牌都在思考如何能将自己和这个小小的电子设备带来的新市场联系起来。

随着 2005 年 11 月可以播放视频的 iPod 的上市，《绝望的主妇》、比基尼泳装美女表演以及你最喜欢的鸡肉菜谱……所有的一切都可以通过 iPod 的小屏幕传送，iPod 变成了一个功能强大的集成平台。更重要的是 iPod 拥有者都是时尚的潮流族，他们具有很强的购买力，这些正是诸多品牌所看中的。有些企业已经看好 iPod 这个平台，着手设计独特的营销传播策略。

卡夫食品就是这方面的先行者。2008 年夏天，卡夫食品就开始为 iPod 的使用者提供一些可供下载的食谱。

卡夫这个项目最初的诞生是因为卡夫的营销人员注意到 X 世代的一个共性：每个人都随身携带着 iPod。这样他们就获得了一个比较容易接近消费者的途径。于是，2008 年夏天，卡夫开始尝试名为“夏天热点”的食谱推广活动，将食谱的设计完全按照 iPod 的阅读格式与规格来做，使之与 iPod 能无缝对接。消费者可以在卡夫的网站找到自己喜欢的食谱并下载到自己的 iPod 中储存起来。食谱的使用者们说现在购买食品对他们而言变得更加容易了，只要按几下 iPod 的按钮，就能知道自己需要什么。

事实证明卡夫的努力是成功的。iPod 的发烧友们通过这种方式接收了卡夫商业信息，也慢慢认可了卡夫的产品。卡夫以这样的方式成功地进入 iPod 王国。

而在更早的时候，耐克也看到了 iPod 王国的商业潜力，创新性地推出了“Nike + iPod”系列产品，将自己的运动鞋与 iPod 音乐紧密结合起来，不仅迅速获得了许多时尚消费者的喜爱，也提升了品牌的附加值。

作为一种顶尖时尚电子消费品牌，iPod 的象征意义早已超过一般性的消费产品，而上升至一种现象，或者演化成为一种生活方式，所以 iPod 营销才会成为一种备受关注的营销技术或传播平台。随着 iPod 的进一步普及，iPod 营销的威力还将进一步扩大，对于希望获得时尚、潮流年轻一族消费群认可的品牌来说，iPod 营销将是一种值得考虑的营销策略。

第三章

营销造势：寻找四两拨千斤的支点

概要

营销造势作为一种营销策略，其所遵循的运作思路正是对传统 1+1=2 的传统推广策略的超越，上升至 1×1=100 的跳跃性策划：找到一个有效支点、运用一种创新工具、遵循一种卓越思路、取得一种可持续的反馈循环，这就是营销造势的核心思路所在。

有一天，阿基米德对国王赫农王说："给我一个支点，我就能撬动地球。"

国王说："这恐怕实现不了，你还是来帮我拖动海岸上的那条大船吧。"

当时的赫农王为埃及国王制造了一条船，体积大，相当重，因为不能挪动而搁浅在海岸上很多天。

阿基米德满口答应下来。他设计了一套复杂的杠杆滑轮系统安装在船上，将绳索的一端交到赫农王手上。赫农王轻轻拉动绳索，奇迹出现了，大船缓缓地挪动起来，最终下到海里。国王惊讶之余，十分佩服阿基米德并派人贴出告示："今后，无论阿基米德说什么，都要相信他。"

数千年前，聪明的阿基米德就知道，一个杠杆如果找到一个好的支点，就能产生四两拨千斤的撬动力。而在今天，面对着激烈的市场竞争，面对着强大的竞争对手，卓越的企业家同样要懂得如何运用杠杆原理去获得跳跃性的发展——这就是营销造势的跳跃性策略。

用营销支点获得跳跃性发展

谁能够在没有投入一分钱广告费的情况下，却获得数以百万计的注意力？

谁能够凭着出色的营销技巧，在一无所有的基础上，迅速获得大批商业机构的青睐？

在一个充满竞争的市场环境中，企业都希望能够在资金、品牌、知名度、技术均不如竞争对手的情况下，通过卓越的营销策略，迅速引爆市场关注度，最终实现鱼跃龙门的梦想，而这正是营销造势所要实现的目的：以极具杠杆作用的营销策略，引爆市场认知，迅速获得目标消费者的认同或支持，最终达成品牌知名度提升或销售推进的目的。

传统广告营销效果不断下降

在一个全新的营销时代，企业主们都发现，传统的营销策略效果正在不断下降："明星代言＋中央电视台广告"的营销推广方式开始失效，投入100万元的市场推广费用却只得到10万元的销售回报。面对着消费者高度分散的关注度，再多的营销费用也显得杯水车薪……

在媒体环境日益碎片化、媒介渠道越发多元化的当下，传统的广告推广模式已经失效。面对着急剧膨胀的商业广告数量，消费者没有时间、没有动力去关注无法引起他们兴趣的商业传播，任何一种品牌传播都可能被淹没在众多的噪音之中——这正是我们需要用跳跃性思维去创新营销传播的重要原因。

无可否认，作为市场营销的重要手段，广告对推动产品销售曾经起到巨大的作用。从争夺央视"标王"的激烈场面到体育赛事冠名权的明争暗斗，再到哈药六厂、脑白金铺天盖地的广告，巨额广告费的支出的确成就了不少企业或产品。但是从越来越多的案例中，我们也看到，传统广告营销的边际效应不断下降。从营销的角度分析，造成广告力不从心的原因有三方面：

□ 广告营销的模糊化

"公关像钉子，广告像锤子"是美国著名营销专家阿尔·里斯在其名著《广告的没落和公关的崛起》一书中提出的生动比喻。广告之所以像锤子，是因为广告的受众是一群没有清晰面孔、没有性格、千人一面的公众，所以广告要达到某种结果，靠的是量的轰炸，而不是准确的瞄准。

□ 广告传播方式的单一化

市场营销已经从单向的信息传播慢慢向双向信息沟通过渡。消费者渴望了解产品或品牌背后的人与故事，从这种深入的了解中，消费者与产品或品牌建立起一种互动的情感联系。这种情感上的沟通往往决定了产品或品牌的最后成败。

广告特有的传播方式，决定了其只能是一种单向的信息传达，在满足消费者心理诉求、建立与消费者的情感联系上，则显得力所不及。

□ 消费者对商业广告有天然的抗拒心理

相关消费研究表明，无论是电视广告、报纸新闻还是网络信息，消费者对任何一种商业信息传播的关注兴趣取决于5秒钟的时间。海量信息的轰炸使消费者对广告产生天然的抗拒心理，消费者不会花时间在“打断”他们日常生活的广告传播上。传统广告策略依靠量的轰炸去征服消费者的方式，在当下的营销环境显得越来越窘迫。

营销造势：1×1=100的跳跃性策划

营销造势作为一种营销策略，其所遵循的运作思路正是对传统1+1=2的传统推广策略的超越，上升至1×1=100的跳跃性策划：找到一个有效支点、运用一种创新工具、遵循一种卓越思路、取得一种可持续的反馈循环，这就是营销造势的核心思路所在。

一个有效支点：卓越的营销就如跷跷板，只有找到好的支点，才能以少的投入迅速引发连锁反应，最终达成大的产出。这种支点既可以是重大的新闻事件、社会热点话题或是政治形势的变化、行业变革等，也可以是某个消费者关注的民生焦点。企业的营销就是要把握这些焦点，将其转化成造势的支点，迅速撬动社会认知。

如2008年的北京奥运会，众多赞助商就把握住奥运这个具有巨大关注力的支点，结合企业的各种资源，开展了系列的奥运营销策略，取得了不俗的效果。

一种创新工具：在一个消费者关注力容易发生飘移的时代，有效的营销传播工具的使用是协助企业与消费者有效沟通的保证。所谓创新的工具是指在常规化的营销传播工具如户外推广、报纸广告、电视广告之外，充分运用一些网络及多媒体的手段如手机传播、IM传播、网络视频等手段，丰富信息传播的广度与深度，有效吸引消费者的关注。

蒙牛在2005年赞助超级女生活动中，除了将常规营销工具运用到了极致之外，更采用了手机短信投票、网络投票等新方式，为这场赞助活动充分进行造势，最终取得了空前的成功。

一种卓越思路：营销许多时候是一种补缺，营销人从貌似无缝可进的消费需求圈中，创新性地定义产品新概念或营销需求新缺口，使得消费者在不知不觉中被企业所营造的氛围同化，最终使得购买某种产品成为自身的一种强烈需求，而不是企业的推销所致。而这正是市场营销的最高境界——营销，赢取人心优于赢取市场。

海飞丝刚进入中国时，进行铺天盖地的教育性商业传播，指出许多人平时并不关注的头屑是一种有碍容貌的“杀手”，消费者必须经常洗头去屑。正是在海飞丝持续的“造势”教育下，许多中国消费者特别是城市小资一族，开始重视并积极采取办法去屑——海飞丝自然而然成为他们去屑的第一选择。

> 在一个消费者关注力容易发生飘移的时代，有效的营销传播工具的使用是协助企业与消费者有效沟通的保证。

一种可持续的反馈循环：卓越的营销战略是一种可持续的行为，企业启动某项营销战略之后，取得市场、媒体、消费者的认可及支持，这促使营销的效果持续累积，最终给企业带来巨大的声誉或收益。所以，在营销造势过程中，企业要考虑的是其营销策略是否具有可持续性，是否具有长期的积累效应，这比轰轰烈烈炒作一把之后迅速销声匿迹更有效果。

创维在看好中国庞大的农村消费市场基础上，2007年联合了华帝一起推出送家电下乡工程，并为此做了大量的营销推广，取得了不俗效果。2008年和2009年，创维又将此工程继续推进，力图将此营销策略做深做透，实现营销效果可持续的目标。

向史玉柱学习营销造势

2007年11月1日，国内网络游戏商（《征途》游戏生产商）——巨人网络（NYSE：GA）成功在美国纽约证券交易所挂牌上市，发行价为15.5美元，融资8.87亿美元。当日开盘价18.51美元，超过发行价19%，巨人网络创始人史玉柱一跃成为中国十大富豪。

在中国的企业家中，史玉柱毫无疑问是极富传奇性的。他的固执性格、他的创富神话、他的大起大落都是如此引人瞩目。作为一名有着高度市场意识的企业家，史玉柱与众不同的地方就在于其敏锐的市场洞察力，而真正令他不断登上成功巅峰的却是他惊人的营销造势能力：从最早的汉卡、脑白金到网络游戏《征途》，他在切入的每一个新的领域中，即使是面临资金匮乏、竞争激烈、认知度低等问题，史玉柱总能凭借着跳跃性的思维与强大的市场造势能力，在市场上形成强烈的舆论热点，继而吸引到消费者的关注与兴趣。

没钱做广告，史玉柱赊账；做硬广告效果不好，史玉柱就炮制广告软文；电视不允许播放网络游戏广告，史玉柱就做企业形象广告。为了吸引经销商参加订货会，史玉柱为其报销路费；在《征途》推出之后，史玉柱如法炮制了保健品的推广方式，目标直指1800个市、县、乡镇，定期将全国5万个网吧的所有机器包下来，只允许玩《征途》游戏，抢占终端……

对于史玉柱来说，人生或许就如他所迷恋的《征途》游戏一样，一路过关斩将、起落沉浮，但始终能够奔驰向前。这个曾经是中国最大负债者的男人，现在凭着自己的聪明才智，又重新站到了中国最有钱人的行列之中。史玉柱不是技术天才，也不是管理天才，但他是懂得营销造势的天才。正是凭着这种造势的强大能力，他在切入的诸多领域中，都获得了成功。

脑白金如何进行营销造势

无论从哪一个角度看，脑白金都创造了中国保健品行业的一个奇迹。史玉柱的营销造势能力在这上面得到了淋漓尽致的发挥。

“今年过节不收礼，收礼只收脑白金！”“孝敬爸妈，脑白金！”这两句简单、直白的广告语几乎成为了中国最具知名度的广告词。尽管这条广告屡屡被评为中国十大恶俗广告之首，但丝毫不影响脑白金成为市场最畅销的保健品。

在史玉柱推出脑白金的1998年，中国保健品市场正处于行业的低迷期，三株口服液倒下，广东太阳神低迷不振，昂立、武汉红桃K的表现也乏善可陈，连续不断的媒体负面曝光、企业夸大其词的广告宣传，让消费者对保健品形成越来越强的怀疑心态。

但在同时，市场上对保健品的潜在需求却是巨大的。史玉柱洞察了市场上的机会与威胁，做了大量的市场调研之后，以50万元的启动资金，推出脑白金。

为了迅速打响脑白金的知名度，在弥漫着不信任、怀疑心态的保健品市场中杀出一片蓝海，资金匮乏的史玉柱想到了概念造势——先灌输认识形成期待，再打造概念吸引关注，最后宣传产品赢取消费者。

由于资金有限，史玉柱做不起电视广告，他出了一本号称“脑白金风暴”的书——《席卷全球》，一共100多页，用DM直投的方式免费赠送给消费者，同时辅以大量的软文宣传，启动了第一轮的营销造势计划。

在《席卷全球》一书中，史玉柱让消费者了解了什么叫褪黑素，又名脑白金，是人体不可缺少的荷尔蒙，从原理的角度讲解了脑白金的概念。同时，该书又列举了大量的数据、案例，说明西方人如何对脑白金趋之若鹜，如何通过食用脑白金使自己获得青春活力。

《席卷全球》所描述的角度几乎完全站在科普宣传的立场上，没有消费者会觉察出这其实是史玉柱所策划的概念造势的产品。

相对于电视广告、平面广告的宣传，书籍的宣传毫无疑问更具公信力，而且信息的传播更加隐秘，消费者对其接受度与信任度更高。这对于一种新产品、新概念的传播来说，是一种非常有效的方式。以书的方式来宣传产品，这是史玉柱进行造势的重要一步。

在《席卷全球》从高度上向消费者灌输脑白金这一概念的重要性之后，史玉柱开始启动庞大的新闻公关宣传，逐步把概念造势的力量落地。

脑白金的新闻宣传主要分为新闻性软文和科普性软文两大类。而所有软文宣传都以新奇、有趣、生动的故事讲述为主，如“两颗生物原子弹”、“夏天贪睡的张学良”、“宇航员如何睡觉”、“美国人睡得香，中国人咋办”等极具传播性的软文，迅速吸引读者的兴趣，脑白金的概念在大街小巷迅速流传开来，人们对脑白金形成了一种企盼心理，想要一探究竟。

为了最大限度提高知名度，史玉柱还对文章的刊登方法作了十分详细的规定，例如，一定不能登在广告版（那就成广告了），最好选健康、体育、国际新闻、社会新闻版（这些版的阅读率高），文章周围不能有其他公司的新闻炒作稿（以免转移视线，受其影响），最好这个版全是正文，没有广告（读者看起来舒服）。

另外，脑白金的文章标题不能改，要大而醒目，文中的字体字号与报纸正文要一致（让读者看不出商业炒作的痕迹），不能登“食宣”字，不附热线电话，不加黑框，但必须配上报花，如“专题报道”、“环球知识”、“热点透视”、“焦点透视”、“焦点新闻”等，每篇文章都要配上相应的插图（图文并茂，增加可读性）。

脑白金造势策略三步骤：

- 概念造势：借助生动故事，引爆脑白金的新概念。
- 心理造势：让消费者对脑白金产生强烈的期待心理。
- 需求造势：打造“送礼”诉求，开拓出一个庞大的潜在市场需求。

通过大规模的造势传播，脑白金迅速获得了知名度，消费者对其已形成了期待心理。

史玉柱的高明之处就在于，除了通过强大的新闻营销造势让脑白金获得市场期待感之外，更是洞察目标消费群——老年人的心理，展开了强大的新一轮宣传攻势。

脑白金主要诉求点之一就是老年人的“年轻态”，这一卖点吸引了中老年人的关注。但考虑到老年人的消费能力以及消费习惯，史玉柱明白老年人会是脑白金的直接消费群体，但往往不会是产品的直接购买群体。所以，脑白金要真正有效启动市场，除了产品价值的造势之外，还必须启动另一个层面的造势——史玉柱又为脑白金打造了一个送礼的概念。

中国是个礼仪之邦，从古到今，中国人一直崇尚礼仪，“礼尚往来”、“来而不往非礼也”，更论证了中国人的礼品情结。脑白金将一个保健品提升到礼品的高度，大大拓展了自己的市场范围。

通过对送礼概念的造势，史玉柱又一次对消费者进行了洗脑——送礼不如送健康，送礼就送脑白金。好东西自然可以礼送，通过礼品定位，并且借助于产品名称，加以强力倡导，以期社会形成礼送脑白金的风尚。这样，送的有理，收的高兴。脑白金的购买者不仅是消费者，还有送礼者，产品不仅是保健品，而且是礼品，产品市场自然扩大了。

成功的造势策划，使脑白金的市场销售迅速飘红，连续多年勇夺中国保健品单品销售冠军，高居中国保健食品品牌之首。

以奥运为支点：争夺眼球的营销造势

作为世界上最受瞩目的体育盛事，奥运会的召开无疑具有极高的关注度与影响力。正因如此，对于奥运营销资源的争夺也是企业之间竞争最为激烈的——在过去数十年中，不少弱势品牌正是由于有效地借势奥运平台，通过系统化的营销推广，在短时间内提升了品牌的地位与影响力，最终使企业获得跳跃性的发展。

早在2008年北京奥运开幕半年前，各大企业之间的奥运营销战也达到了高潮：麦当劳、阿迪达斯、可口可乐首次结成联盟，在渠道上联合进行营销推广；联想、大众汽车、三星等奥运赞助商也开展大规模的路演。

奥运资源的宣传只是一种权利与平台，是奥运赞助商们正当拥有的排他性资源。但与奥运精神的扣合、借力奥运氛围的营销，却是所有企业都可以使用的策略，许多非奥运赞助商的企业们借助擦边球策略凶猛地向正规军们发起攻击——互相之间的营销造势与传播，随着奥运会的开幕达到了高潮。

品牌暗战：为了争夺注意力

所有企业正是“我为奥运狂”。不是这些企业有多爱奥运，而是因为他们知道他们的消费者有多喜欢看奥运。

对中国企业来说，奥运是一次良机，而打奥运的擦边球更是一件惠而不费的好买卖。作为非奥运赞助商，既然不能用“奥运”的字眼，招商银行就聪明地想出了“红动中国”，启动了一系列的红动中国行动——“招商银行CCTV巅峰梦想红动中国”大赛、招商银行“巅峰梦想红动中国”天津站全民健身登山活动、招商银行—微软“爱心操场红动中国”活动……由于来势凶猛，宣传到位，一时间把正牌的奥运赞助商中国银行的气势都压了下去。

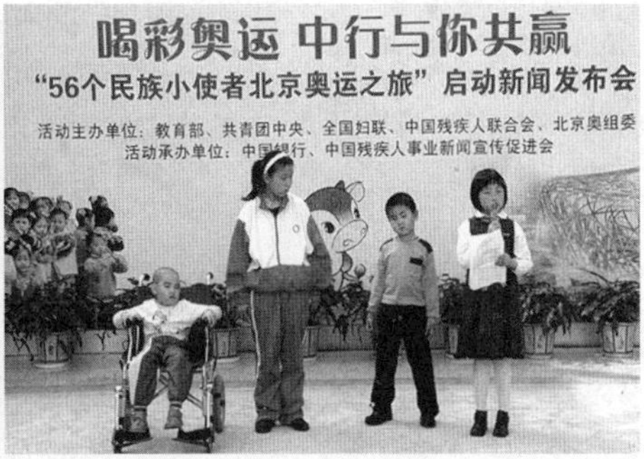

招商银行：“红动中国”VS中国银行：“喝彩奥运”

阿迪达斯：“一起2008，没有不可能”VS李宁：“同一个团队，同一个信念”

可口可乐："奥运红遍中国" VS 王老吉："奥运红遍海外"

而可口可乐与百事这对老冤家，更是打得难解难分。可口可乐连续多年占据 TOP 赞助商资格，使很受伤的百事不得不迂回采取"草根"营销策略——百事所推出的"百事我创，我要上罐"网络选秀活动拉开了此次百事奥运年营销战略的序幕。百事大胆突破传统的明星营销模式，通过选秀活动从全国海选出 21 个草根明星，让他们充当百事的代言人，他们的头像将出现在百事的包装上。"超级女声"、"我型我 Show"等草根选秀活动的成功，证明了选秀这一活动类型在中国具备强大的号召力。

另外，百事的推广阵地选择在网络，因为网络是广大草根一族的聚集地，而百事的核心消费群体与潜力最大的消费群体集中在 15 ~ 30 岁的年轻用户，与互联网用户是吻合的。

百事以"草根"对抗"明星"、以网络营销辅助地面推广的营销策略来扭转局面，不仅是因为百事在这场体育营销的资源 PK 赛中处于劣势，而且还能在巧妙避开官方对非奥运赞助商诸多限制的同时，通过广大"草根"的力量从侧面切入奥运主题。

同样，作为可口可乐强劲的本土对手，王老吉虽然没有取得奥运赞助商资格，却聪明地迂回海外，用中国元素、中国文化做了一轮影响力广泛的海外奥运文化之旅——这在所有中国企业打奥运擦边球营销中是独一无二的。

对于奥运赞助商来说，虽然奥运营销这个名头听起来响亮，但实际上如果运作不当，同样可能招致失败。统计表明，1984 年奥运会正式商业化后，即使是正规奥运合作伙伴，到2004年为止，也只有30%的企业能够从中获利。剩下的，无不是在奥运过后就湮没在人们的记忆中。2007年10月，几乎赞助了每一届奥运会的美国柯达集团宣布退出2012年奥运全球TOP赞助商阵营，也证明奥运的巨额投入并不总是营销的灵丹妙药。

奥运赞助商与非奥运赞助商们，比拼的不仅仅是奥运资源拥有的多寡，也不仅仅是投入营销资金的多少，更重要的是奥运营销支点的运用是否到位、营销造势策略的系统性与创新性如何，同时也必须考虑到奥运平台与企业平台的对接、奥运精神与产品特性的相融——如果这几方面都能够完美结合的话，即使是非奥运赞助商，同样可以在奥运大战中取得辉煌的胜利。

非赞助商如何进行“非奥运”营销

华旗：借力奥林匹克博物馆

2007年11月22日，华旗与奥林匹克博物馆在瑞士洛桑正式签约，爱国者成为首个进驻奥林匹克博物馆的中国高科技品牌，在奥林匹克博物馆内的纪念墙上留下了自己的名字。华旗为参观导游研发的“妙笔”产品将在奥林匹克博物馆巡展中使用。这个合作看似和哪一届奥运会都没有关系，实际又和每一届奥运会都有关系。

随着奥林匹克博物馆在世界各地宣传奥运知识，爱国者的品牌也将走遍全球。而且，这些“妙笔”产品还可以作为奥运纪念品出售，华旗可以从中得到实际收益。借奥运的势宣传了品牌，还有实际的预期回报，华旗可谓是一箭双雕。

李宁：借道央视主持人植入品牌标志

李宁赞助奥运功败垂成输给阿迪达斯后，马上改变策略，赞助出镜率最高的中央电视台五套体育频道主持人和记者。掌控了这种优势资源，无疑是给阿迪达斯来了一个釜底抽薪，在央5主持人身上植入品牌标志，再加上赞助众多热门夺冠球队，李宁的“擦边球”智商确实高人一等。

新飞冰箱：组织新飞2008助威团

新飞将时尚选秀、平民造星与参与奥运、支持奥运融合在一起，想了一个“为中国喝彩，为奥运加油”的美人计，举办“新飞2008助威团”全国选拔赛。

王老吉：祝福北京暗度陈仓

“奥运不让俺祝福，2008不让俺庆贺，那俺祝福北京总可以吧。”王老吉就是按这个思路，举办了“祝福北京王老吉56个民族祝福之旅大型全民健身活动”。王老吉在全国发起56个民族祝福北京使者寻找和评选活动，并在全国100多个城市举行300多场以民族体育为主题的全民健身大型活动，同时征集百万民众祝福北京的签名。

网易、新浪和腾讯：成立奥运报道联盟

作为奥运会的赞助商，搜狐拿到了本次奥运会独家网络媒体支持的头衔，可驻扎奥运赛场，分享新华社全部奥运报道和众多国内国际体育专稿等资源。而它的竞争对手网易、新浪和腾讯自然也不能放过这次机会。这三家门户网站一合计，强强联手吧。于是，2007年7月19日，中国三大网络媒体公司新浪、网易、腾讯在北京联合召开新闻发布会，宣布三方正式结为战略合作伙伴关系，组建“奥运报道联盟”，表示要汇聚三大门户资源打造最强势的奥运报道，并在《奥运报道联合宣言》中声称要“更快、更好、更全面地服务奥运、宣传奥运，加快互联网行业的发展进程”。

虽然这个联盟被搜狐CEO张朝阳驳斥为“0+0+0还是0”，但这一事件本身引起的波澜实在不小，为这三家门户网站罩上了奥运光环，更有一些网友评价这种行为是“真正的奥运精神”。

案例解读1：一次夭折的奥运营销造势战

2000年悉尼奥运会，作为新世纪最大的体育盛会，绝对是非常引人瞩目的社会热点。近200个国家和地区参加，15000人参赛，采访记者超过10000人，吸引众多旅游者、观众和赞助商，全球2/3的人口在关注。

而2000年奥运举办权，对于曾失之交臂的中国而言，是心底永远也无法忘却的隐痛。在中国民众的心目中，体育总是和强国梦联系在一起的。奥运萦系强国梦，特别是在此世纪之初风云际会之时——即将加入WTO，台海局势变幻莫测，敌对力量虎视眈眈，中国面临内忧外患，民族情绪高涨。躬逢其盛，如何利用、引导这种民族情绪，将其升华为强国的动力，是体育界和企业界光荣的使命，也是我们进行公关活动时要着重考虑的出发点和企划基础。

作为A企业的年度公关代理商，我们为其策划过数次大型营销公关活动，已初步为其建立起较高的品牌知名度，改变了其市场美誉度、占有率高而知名度低的状况。但考虑要真正提升A企业的影响力，还需要启动一次真正有社会影响力的营销战役。基于此目的，寻求合适的营销策划支点，如何结合A企业的资源进行营销造势，继而迅速引爆市场认知，就成为我们的首要任务。而正在此时，悉尼奥运会进入了我们的考虑视野之中——从营销影响力上，奥运营销毫无疑问具有极高的社会关注度。

寻找营销造势的支点

基于客户的企业背景和他们对公关效果的要求，我们坚决摒弃了单纯赞助中国奥运代表团的想法，更没有考虑购买奥运指定产品称号等行为。我们需要的是能够巧妙地扣紧客户的企业内涵，并且尽可能以较少的费用取得最大的公关效果，"四两拨千斤"可以说是最形象的说法。

同样，我们也摒弃了重奖奥运金牌运动员的做法，因为重奖无止境，而且更多体现的是金钱和物质意义。那么，我们所着眼的奥运公关的支点在哪里呢？

"世纪第一金！"

新世纪中国第一枚奥运金牌在奥运会（也可能是世界上）所有金牌中，它的含金量无疑是最重的。

我们关注可能诞生“世纪第一金”的中国奥运专项队伍，希望通过我们的公关努力，能够使得客户企业大力支持这支专项队伍，以企业鼎力相助的形式去共同争夺“世纪第一金”，这不正是我们一直在苦苦寻找的奥运公关的成功支点？

由此我们认识了中国射击队。当我们一次又一次对中国足球失望心痛的时候，感谢上苍，中国竟然还有像国家射击队这样优秀而低调的队伍！我们所指的优秀并不仅仅指他们拥有最多的奥运冠军，而更多地是指这支队伍内在的优良素质和他们自强不息、体育报国的使命感，还有他们强烈的团队精神。但是，我们为什么要支持这支比赛观赏性不强又冷门的队伍呢？

我们曾经注意到中国射击队呼唤“经济援助”的报道。这支奥运金牌“大户”队伍，曾为中国奥运实现金牌“零的突破”，但他们也一直为经费短缺而困扰。不光比赛、训练设想无法实现，而且参赛机会、训练经费不足，福利待遇也较差，甚至要奥运冠军王义夫自己掏钱贴进去。平时训练，打破世界纪录也只有50元奖励。

按照奥运赛程的安排和队伍的实力，中国射击队正是最有可能夺得“世纪第一金”的队伍。我们有什么理由不让优秀运动员、优秀队伍更安心更有条件去争夺金牌、为国争光呢？

于是，在紧张的往来磋商和企划创意中，诞生了本次奥运公关活动的起点：

A企业鼎力相助中国射击队　共同争夺新世纪第一枚奥运金牌

——金牌企业与金牌队伍合作，争夺“世纪第一金”

同时，我们也明确了要达成这次公关活动的前提：公关的首要侧重点在奥运前两个半月内，以避实就虚，不至于淹没在奥运比赛信息中；其他活动，随机应变；具重大新闻性，做抢先的“第一个”；声量够大，传播核心鲜明；与媒体联动，多渠道传播抢占舆论高峰。

在为客户度身定做金牌企业、金牌队伍“共同争夺世纪第一金”目标之后，我们并没有停留在这一层次，因为它还没有较好地反映客户企业和中国射击队合作的深层内涵和理念。如果就此打住，那只能说这是一次失败的、肤浅的公关活动。

按照双方的企业理念、民族情结、团队精神和拼搏意识，我们设定了公关活动主题的深化和递进的深层挖掘。概括而言，九个字：民族魂、英雄气、强国梦。

为中国奋勇夺得“世纪第一金”的运动员，是当之无愧的民族英雄。我们呼唤这种金牌精神，呼唤金牌英雄，呼唤民族英雄。

从体育奥运到经济奥运，我们呼唤更多的科技英雄、财富英雄；体育报国，产业报国（另一种奥运金牌），实现中华民族的强国梦；为 21 世纪的中国加油……

当我们以“金牌”贯穿整个活动过程时，实际上我们在不断挖掘金牌的内涵：由体育，到企业（经济），到国家；由民族魂，到英雄气，到强国梦。这正好凸显了我们本次奥运营销造势的策略所在——紧贴企业内涵，跳出奥运谈奥运，跳出金牌谈金牌，射击队在体育奥运赛场上争夺金牌，A 企业在经济奥运赛场上争夺金牌，并且呼唤体育报国，产业报国，共创民族国家强盛明天，从而显示 A 企业宏大的企业抱负和企业理念，整体提升其品牌形象和丰富其品牌内涵。

为何选择射击队作为造势的支点

在中国体育界，越是被人关注的，越是能带来巨大荣誉和金钱的项目，就越是不断地打击对它倾注热爱的人们；相反，越是不被关注的，越是处于困境的，越是没有什么资金支持的项目，就越是能出成绩，做“金牌大户”，出“金牌队伍”——长此以往，我们的体育强国梦又在哪里？体育和奥运竞技的公平又在哪里？

虽然 A 企业并不是财大气粗，但还是以一己微薄之力，鼎力相助冷门的射击队，体现出 A 企业的仁侠之心、慷慨之气和民族国家之情。同时，A 企业愿以一己之力，从鼎力支持射击队开始，带动国人改变这种令人无法忍受的状况；体育强国，先从公平开始！

A 企业鼎力相助射击队，代表了 A 企业关心中国奥运的一片关切和拳拳心意。即使不能上赛场体育报国，但也要尽一己之力，为中国奥运健儿加油。这只不过集中反映了全国人民新世纪的殷切期望和美好祝愿而已。同时，这也正是对长期以来中国射击队默默奉献、奋勇拼搏、自强不息的最好肯定和赞赏。

A 企业支持射击队，是本着呼唤越来越多的国人和企业家，在关注新世纪体育奥运的同时，关注我们的经济奥运，为中华之崛起和立于世界民族之林奋勇拼搏，争夺经济奥运“金牌”。正是基于此系列的深层次思考，我们决定以赞助射击队作为造势的支点去启动整个营销战略。

令人叹惋的夭折

本次奥运公关活动，经过两个月的紧张企划和沟通联络，一切几成定案。但遗憾的是，由于 A 企业的经费问题，不得不在即将投入实施的最后一刻搁置，令人慨叹。

创维“酷开”发力欲夺2008第一金

http://www.pjtime.com 来源：经济视点报　更新日期：2008-03-13 作者：佚名

康佳平板电视低价送大礼　夏普GE5A，彰显次世代影音　17款1080p平板横评　X9高清影像互动电视

PRIMA 厦华　缔造完美生活

中国射击队和举重队，哪个能拿下今年北京奥运会的第一枚金牌？随着奥运会脚步的临近，人们对夺取2008年第一金的关注迅速升温。具有非一般历史价值的第一金将花落谁家？人们不断猜测并热切期望。作为国家射击队的主赞助商，创维集团近期亦动作频频，意欲借新品酷开电视发力，夺取彩电市场2008年的第一金。

据报道，1月24日，“创维杯”中国射击射箭项目备战08大奖赛在广州打响，创维集团提供了全程支持，并赞助了数台酷开液晶电视作为奖品，激励射击队员勇创佳绩。这是自去年8月签约以来，创维与国家射击队携手举办的第五次大型品牌活动。创维集团营销总经理刘棠枝表示，创维与中国射击队已建立了良好的伙伴关系，在鼎力支持他们夺取今年奥运会第一枚金牌的同时，有酷开电视作为武器，我们有信心拿下彩电市场的第一金。

时过 8 年，2008 年奥运会终于在北京召开，看到奥运开展前各企业之间激烈的营销造势战，不由令我们想起 8 年前那次令人惋惜的“奥运第一金”营销战——但是令我们惊喜的是，在 2008 年的奥运营销战，同样有一家中国家电企业制出与我们当年同样的策略——“发力营销第一金”，不由令人感慨：在营销战场上，真是英雄所见略同！

链接

企业奥运营销调查

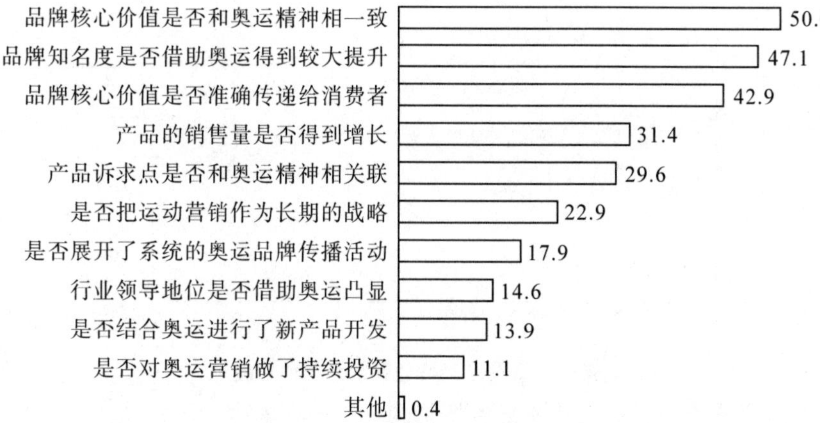

企业借助奥运开展营销活动能否成功的因素

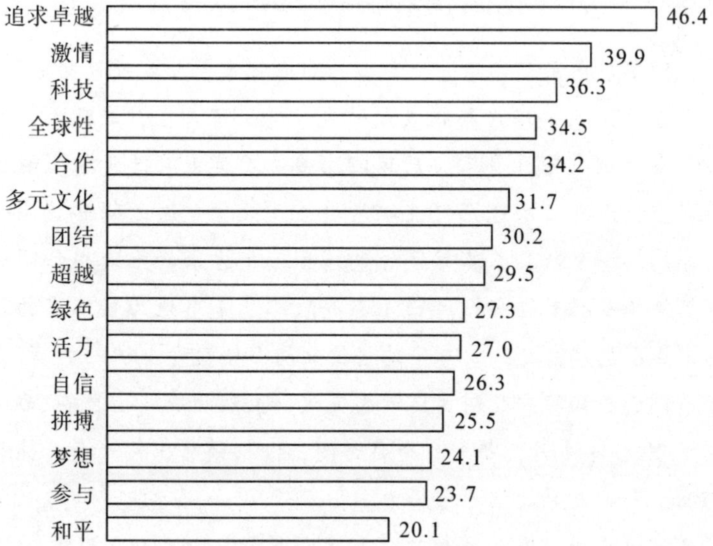

可以应用到企业品牌营销中的奥运元素

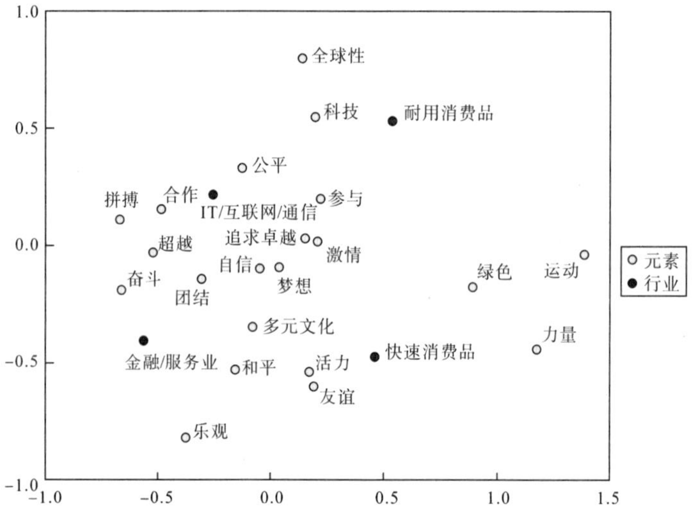

奥运的元素与不同行业品牌之间的对应度

数据来源：新生代市场监测机构

案例解读2：明珠花园精彩营销100天

明珠花园是广东东部某市一个大型的商业楼盘，其发展商为香港某集团，该集团主要在粤东从事水产与服装制造业。老板陈先生，潮汕人，早年移居香港，奋斗多年拥有万贯身家，后返回家乡兴办实业。其凭着聪明才智，在当地多有斩获，现进入房地产行业一展身手。此次建造的明珠花园是其进入房地产行业的第一个产品，其斥巨资购地5万平方米的土地用作明珠花园建造用地，其规模及配套在当地称得上数一数二，是当地为数不多的拥有封闭式花园住宅小区的楼盘之一，其平均售价比周围楼盘贵300~500元。

由于前期的市场推广及销售环节的失误，虽然明珠花园已在2007年8月交楼，但至2008年4月，整整8个月时间，仅仅销售出几十套，销售一直无法打开局面，资金回笼面临严重压力。

为打开销售局面，发展商屡次举行各种展销、一口价，甚至于以成本价售卖，但市场始终反应冷淡。

我与项目小组的成员听了发展商的情况介绍之后，对明珠花园的前期失误与市场反应冷淡有了大致的了解。但是出于一种自大的心理，我们仅仅依凭发展商所提供的书面材料及数日来对当地市场的粗略了解，就轻率地相信自己对明珠花园的市场推广已有深刻的认知。我们依据以往在一线城市的操盘经验，撰写了一份明珠花园的营销策划书。发展商对我们这些外来智囊团的实操能力深信不疑，很快认可了我们的方案。

市场是理性的，它显然会无情地惩罚所有轻视它的人。

在接下来对市场方案的执行中，我们遭遇了前所未有的失败：街头所进行的派单、市场调查遇到的是路人厌恶的眼神；广场上举行的歌舞 SHOW，观者如云，到最终有兴趣到明珠花园参观了解的客户却寥寥无几；在当地电视台打了数万元的广告，所引来的咨询电话每日平均不到三人……

在策划方案执行几周后，我们已经深刻感到营销方案存在严重的缺陷。这种缺陷就是对本地市场的了解不够深入，对本地消费者消费心理的掌握不够充分，以一线城市的营销手法来做三线城市的市场，遭遇滑铁卢是无可避免的事！

痛定思痛之后，我们主动向发展商坦承我们的失误，要求推倒现行的方案，由我们承担起部分责任，并负责新的市场调查与分析及新方案的起草。发展商同意了我们的计划。

深入本土市场，确立营销支点

依凭多年的营销策划实践经验，我们深知准确的市场调查对项目策划的重要性。而我们前期最大的失误就是在前期市场调查上不够深入，现在要做的首要工作就是弥补这方面的不足。

我们将项目小组的成员进行分工，分为三条主线进行调查：

（1）竞争对手调查，包括价格、位置、优势与劣势、推广手法、户型设计等。

（2）消费者调查，包括消费能力、消费心理、户型需求、文化习俗等。

（3）明珠花园 SWOT 分析及态势分析，包括优势、劣势、机会与威胁、以往推广手法的得失及应吸取的教训。

一周时间下来，三路人马的分析报告汇总成厚厚一大本，当我仔细读完这份调查报告时，我马上就知道我们前期推广方案失败的地方：与本土文化的隔膜。

多年来当地的房地产市场都是单位分房及宅基地楼房占主流，这类楼房最大的优势就是便宜，最大的缺点就是房型设计与社区配套落后。作为纯粹面向市场的商品房，明珠花园的优势在于以大城市的先进设计理念来建造楼房，有封闭式的小区、环境优美的花园、完善的物业管理及24小时保安系统监控，但是最大的缺点就是售价比一般楼房高出不少。如何去说服消费者接受明珠花园的高价格是我们面临的第一个难题。

当地的消费能力不算低，但是由于大环境的影响，这两年整个城市经济低迷不振，物价持续走低，不少生意人都持币观望，而且许多有能力的人都跑到广州、深圳、东莞等地置业、工作、做生意去了，这等于明珠花园少了一批有实力购买的客户群。但是经过调查我们发现，这批人的乡土观念非常强烈，即使外出工作多年，他们还是经常返乡，而且不少人在本地购置物业，供养自己的家人或作为自己返乡时的落脚点，所以这部分客户群仍然是我们所要关注的重点之一。

此外，当地一批早年经商赚了钱的人及在政府任职多年、已有一官半职的大小官员，其消费能力在当地算是中上阶层，他们对住宅有较高的要求。在走访中得知，他们已不满足那种只将楼房用于居住这种最基本的要求。我们在返回的调查问卷中发现，他们对楼房的要求依次是：舒适、身份、氛围、安全。

在上述市场调查的指引下，明珠花园的客户群特征逐渐在我们脑海中清晰起来：

目标对象：政府部门一定级别人员、私营企业主、有一定经济实力的外地工作人士

年龄：30~50岁

家庭人数：5~6人（父母、夫妻、孩子）

对住房要求：舒适、身份、氛围、安全

价格接受能力：每平方米 2300～2900 元

……

以调查分析为指引，重新制订详密的策略计划。有了详细的客户群特征描述，接下来的推广方案就是考虑如何去满足客户群的心理需求。经过综合分析，我们制订了名为“营销造势，后发制人——明珠花园精彩营销 100 天”的营销方案，方案以四个方面作为营销支点，点面结合、系统推进，进行市场造势，以求取得跳跃性的突破：

支点 1——价格策略：考虑如何突破明珠花园的价格壁垒，让目标客户群了解到明珠花园的物超所值。

支点 2——孩子教育：以给予孩子良好教育为突破口，将居家与下一代教育问题进行结合，增加明珠花园的价值含量。

支点 3——居家氛围：突出明珠花园全封闭式小区及完善物业管理的优势，从产品差异化角度消除客户对价格的敏感。

支点 4——游子归家：主要针对埠外客户，即那些本地籍但已移居外地工作、经商人士，从情感诉求角度吸引他们前往明珠花园置业。

四管齐下，营销造势全面启动

价格策略的实施

广告教父大卫·奥格威曾说过：在竞争对手价格低你 2%～3% 的情况下，任何广告策略都有可能失效！

此话真是至理名言，刚开始许多客户一听到明珠花园的平均售价达到 2500 元/平方米时，他们连过来看看的兴趣都没有了。相反，周围那些没有小区花园、没有物业管理、设计理念落后的楼盘，只因价格便宜，经常看客络绎不绝。

明珠花园的价格对我们来说是一道不得不跨过的门槛，也是一种很大的压力：价格太高，客户不来；如果降价，发展商得承担很大的损失，而且整个楼盘的形象可能受损。能否找到一个既不降价又能让明珠花园被市场接受的好方法呢？

在冥思苦想中，我们的脑海中忽然闪现出两条等式：对于低收入阶层而言，高价格 = 购买的门槛 = 负担，而对于中上阶层的客户来说：高价格 = 身份 = 名声 = 好的享受。我们针对的客户群主要是当地中上阶层的消费者，如果我们能够遵循第二条等式的思路来展开市场推广，就可以回避高价格带来的购买障碍。

我们一反明珠花园以前广告宣传上对价格讳莫如深或者有意说低价格的做法，大大方方在广告宣传上就打出明珠花园的实际价格，并将广告语调整为悬念式的说法：住明珠花园，体验幸福早到 20 年的享受。

辅助这句广告语的是四幅最能代表明珠花园特色的图片：设计精美的样板间、漂亮的中心花园、完善的小区物业管理、尊贵的业主身份。

我们之所以将明珠花园的高价格广而告之，其实目的有二：一是给所有人一个印象，明珠花园不是一个普通的楼盘，而是少数人才能居住的楼盘，这既避开竞争对手可能发动的价格战，也满足了潜在目标客户群的一种虚荣心理或者与众不同的尊贵心理；二是以这种大肆宣扬的形式，在客户心目中造成一种悬念——明珠花园究竟是什么样的楼盘敢卖如此高价？

不久，许多人对我们的广告都议论纷纷，售楼部的咨询电话开始此起彼伏地响起。虽然市场销售尚未完全启动，但我们已经感受到山雨欲来风满楼的气势，我们的初步目的达到了。第二步策略接着开始悄悄地实施。

“为了孩子的未来”策略的实施

就如前面消费者分析所提到的，明珠花园的目标客户群都是有老有少的一家之主，他们大都处于事业的上升期，工作繁忙，无暇顾及孩子的教育，但是望子成龙、望女成凤的心理又迫使许多人即使出高价也愿意为自己的子女谋求一个好的未来——给予孩子良好的教育成了他们的最佳选择。

作为一个配套完善的小区，小区很早就有幼儿音乐培训、智能开发之类的服务，只不过一直没有很好地开展。现在，教育牌成了明珠花园的营销重点之一，我们向发展商提出了完整开发明珠花园孩子教育的方案，获得了认可。

依照方案，我们先在现有业主家庭中挑选一些具有一定潜质的儿童，然后延请本市教育界、艺术界较有名气的老师对这些孩子进行周密的培训。

在 9 月 10 日教师节这一天，我们与市教育局合作，在明珠花园举办“感谢您——我们敬爱的灵魂工程师”全市优秀教师表彰大会，与此大会同时举行的还有“全市少年儿童艺术表演大赛”及“为了下一代的未来教育咨询会”两个活动。这些活动都在明珠花园环境优美的小区中进行。为了最大限度地突出我们的宣传效果，我们在活动开始之前已通过相关渠道大肆宣传，并提前数天在通往明珠花园的道路上插满了印着广告语与明珠花园 Logo 的旗帜，在全市的各主要街道及主要交通干线上悬挂同样的横幅，同时夹报、广播、单张、电视广告全部上马，力求达到一种全方位的宣传效果。

由于活动宣传到位，9 月 10 日这一天，明珠花园人山人海，发展商紧急加派了几十名保安维持秩序，但还是人潮过多，场面有点儿混乱。

在少年儿童艺术表演大赛中，明珠花园代表队表现出色，让不少业主父母心花怒放，也让很多不是明珠花园的客户羡慕不已。

有了前期艺术表演的铺垫，接下来我们举行的有优秀教师现场参与的教育咨询会，群众简直是挤爆了头。

此次活动效果之好出乎我们意料。不仅市里的领导、当地媒体记者、民众都来捧场，电视台也把我们的活动当作全市的新闻事件进行报道。活动举办之后，前来售楼部咨询的客户络绎不绝，短短两个星期，我们接待的客户超过几千人，当中大多数客户都是携款前来，总共下订超过 200 套，销售的顺利让我们这些幕后策划人松了口气。

居家氛围实施策略

针对当地治安情况不太好的状况，我们建议发展商与当地派出所进行联手合作，为联防队员及警察捐赠一些基本的装备，如对讲机、防暴棍、自行车、防晒用具、皮靴等，总的支出成本并不高，却博得当地派出所与民众的好感。借此机会，明珠花园所在区的联防队与派出所签署一份协议，让他们对明珠花园周围的治安多加监控。此举的目的在于让所有明珠花园的业主买得放心住得安心，并有力地提升整个花园的良好形象。此事件的操作又被当地媒体当作企业与政府部门密切配合的正面例子加以报道，等于给了我们免费宣传的机会。

游子归家策略的实施

国庆长假很快到来，大批外出工作、经商人士都会返乡探亲。我们决定借此机会策划一次“看看家乡变化，感受美好生活”的活动。凭借发展商在当地良好的关系，我们通过一些渠道获取了大量关于本市10年前、20年前甚至30年前的老照片，这些照片的场景有学校、街道、节日庆典、住房、人民生活等城市的原始风貌。我们希望通过新旧照片的对比，提醒这批外地游子：不要忘记过去，不要忘记家乡，今日的成就都是依靠艰苦奋斗得来的！

情感诉求是所有广告诉求最高层面的策略，如果运用得当，能够极大地激发目标客户群的共鸣。由于这批有经济实力的外地游子当年都是在这座城市出生、成长、读书，然后到了外地奋斗，他们对这座城市还是有相当深的感情。而我们这种忆苦思甜式的宣传策略无疑极大地唤起了他们的回忆，让他们回想起自己的成长，回想起当年父母对他们的抚育。而他们久居大城市，对好房子的评判与当地人不同，明珠花园完善的配套与出色的设计会让他们深感兴趣，2500元/平方米的价格在他们看来根本不是购买的障碍。

这次活动的结果既在我们意料之中，也在我们意料之外。许多外地游子被我们的活动吸引过来之后，仔细了解了明珠花园各方面优势，不少人当场就下了订。一位在广州工作多年的张先生这样告诉我们：这次“看看家乡变化，感受美好生活”的图片展让他深深回忆起自己年幼时的生活，回想起父母当年的含辛茹苦，所以他无论如何也要买一套好房子让他的父母安享晚年！

出乎我们意料的是，许多本地有购买实力的客户也被我们的宣传所吸引，设在小区中的图片展览室及样板间天天人满为患，等候进入的人群排起了长队。销售部的工作人员又是忙得脚不着地了。

策略正确，执行有力，效果的喜人完全是在预料之中。国庆五天，我们又顺利地售出了将近 100 套！至此，发展商的资金回笼问题已全部解决。

经过这一营销战役，也使我们充分认识到房地产是区域性很强的产品，即使是同一城市的不同路段，营销的环境都可能相差很远。所以，要做好房地产营销最重要的是必须对目标消费群的心理有深刻的把握，寻求可供借力的营销支点，进行有效的造势，制造最好的销售氛围，市场营销的成功率将会因此大大提高。

第二部分　谋略篇

公关策略与造势思路

故善战者，求之于势，不责于人，故能择人而任势。任势者，其战人也，如转木石。木石之性：安则静，危则动；方则止，圆则行。故善战人之势，如转圆石于千仞之山者，势也。

——《孙子兵法》

第四章
营销造势的策略思路

概要

企业的产品与明星一样，有效的包装与策划将使其获得与众不同的价值。营销造势以有效的杠杆作用，能在最短时间内获得社会、消费者、媒体的关注。

一手策划了轰动全国的“世纪水战”事件的农夫山泉董事长这样说过：“在一个注意力的时代，企业不会造势就是木乃伊。”

早在1996年，诺贝尔经济学奖获得者赫伯特·西蒙通过对网络经济的研究指出：“随着互联网的发展，有价值的不再是信息，而是你的注意力。”

英特尔前总裁葛鲁夫提出：“整个世界将会展开争夺眼球的战役，谁能吸引更多的注意力，谁就能成为下个世纪的主宰。”

1997年米切尔·高德哈伯在其《注意力经济》一书中提出“在新的经济下，注意力本身就是资产”，并积极地推广“注意力经济”这一概念，在理论界引起了极大的反响。

在实践中，注意力经济也越来越受到企业的重视。搜狐CEO张朝阳在北大参加讲座时曾说：“再好的产品，如果不与‘注意力与瞩目性’相结合，也创造不了市场价值。”

不得不承认，我们今天所处的社会，各种各样的信息泛滥成灾。然而相对于近乎无限的信息量来说，人们的注意力却是有限的，而有效的造势就是为了获得人们最大的注意力。

注意力形成经济，争夺眼球形成竞争，这已是不争的理论和事实。注意力经济正日益成为一种商业运作中惯用的模式，一种生存方式。

在这种情况下，好酒如何走出长长的巷子，企业如何抓住消费者的注意力这种稀缺的商业资源，便成为企业经营成败的关键，而营销造势就是企业叩响成功之门的一种捷径。

营销造势的六大策略准备

运筹帷幄，决胜于千里之外。商场如战场，任何一场成功的营销战役都离不开严密的调研、分析和部署。

出色的营销造势背后是严谨的策略准备，这些策略准备包括对目标的理解、对需求的分析、差异化的定位、媒体的选择等。每一个步骤的设计都基于达成目的的方向，每一个策略准备都环环相扣、相辅相成，最终对达成目的起到合力推动作用。

营销造势作为一种特殊的公关传播与市场推广手段，集新闻效应、广告效应、公共关系、形象传播、客户关系于一体，当之无愧地成了企业新产品推介、品牌展示、建立品牌识别和品牌定位的重要营销手段。

借势造势早被美、日等国的大企业充分运用，如可口可乐、丰田汽车、麦当劳、皮尔卡丹等跨国性企业，其卓越的经营绩效与善于营销造势不无关系。

21 世纪是一个消费者至上的时代，也是媒体影响一切的时代。“谁掌握了人心和消费者，谁最善于利用媒体，谁就能拥有未来”，这并非空话，而企业要想生存发展，就不能不以持久战和整体战的观念，不断地进行营销造势。

卓越的营销造势策划方案必然是目标明确、策略严谨的规划方案，其中包括了六大步骤：市场分析及公共关系环境调研、目标设定、主题确立、策略制定、执行措施及规划、执行控制。现在让我们一步步进入营销造势策略步骤之中。

市场分析及公共关系环境调研

任何有效的营销造势都离不开对于市场发展趋势及消费者心理的深刻把握。所以，公关营销策划的第一步就是对企业、品牌、产品所处的公共关系环境状况的资料采集、统计与分析过程。

进行环境调研的主要作用是采集、统计公众对组织形象的评价信息、数据，把握公众舆论，了解公众对组织的整体印象，求证组织形象与公众期望形象的差距。同时，弄清楚组织内部人力、物力等可支配的公共关系资源，为公共关系策划和决策提供可靠的依据，保证营销造势方案的切实可行。

常用的调研方法包括：访谈法、问卷法、抽样法、引证评价法等。

访谈法是通过与公众交谈获取数据资料的一种直接、简单的调研方法。可以分为家庭访谈、学校访谈、街头访谈，集体访谈、个人访谈，电话访谈、客座访谈，随机访谈、预约访谈等多种形式。访谈要求事先设计好访谈课题，选择好访谈对象，做好访谈记录。注意不要诱导被访谈者的观点、意见。

问卷法是采用笔答获取数据资料的一种书面的调研方法。可以分为开放式问卷、封闭式问卷，现场问卷、信函问卷，问答式问卷、选择式问卷等多种形式。问卷法要求问题明确、具体，内容简练、易懂，表述清楚，格式规范，可计量。

抽样法是从总体调查对象中选取样本调研的方法，该方法是针对有代表性的样本进行分析，以减少工作量、缩短调研期、节约调研经费。可以分为随机抽样、机械抽样、分层抽样、成组抽样等形式。随机抽样是根据确立的样本数量，不按规则从总样中抽取样本的方法；机械抽样是将总样按一定顺序排列，按相等间隔抽取样本的方法；分层抽样是将总样按特征分类，然后从分类中随机抽取样本的方法；成组抽样是成组成群从总样中抽取样本的方法。抽样法要求确立样本的选取范围，考虑样本的差异性，把握好样本的数量，保证样本具有代表性。

竞争分析：消费者认知 竞争卡总体价值研究

	百分比%	网点多，方便	ATM多	刷卡消费方便	知名度高	功能强	服务好	网银强	实力强	科技先进	不了解	总计
建行龙卡借记卡	%	61.5	13.3	25.2	4.2	13.3	15.4	4.2	0.7		4.9	142
中行长城借记卡	%	37.1	8.6	25.7		17.1	28.6	8.6			2.9	128
农行金穗借记卡	%	64.9	8.8	15.8	1.8	17.5	12.3			1.8	3.5	126
交行太平洋卡	%	42.9	11.4	25.7	2.9	17.1	11.4	2.9			2.9	117
招行一卡通	%	38.2	8.8	20.6	2.9	32.4	23.5	10.3	1.5	4.4	4.4	147
广发银行广发卡	%	100					100					200
光大银行阳光卡	%	60		20		40						120
民生银行民生卡	%	42.9		14.3		28.6	42.9	14.3				142
中信银行中信卡	%	33.3		66.7			33.3					133
浦发银行浦发卡	%	33.3	16.7	8.3		41.7	25.0	8.3				133
北京商行京卡	%	35.3	11.8	35.3		17.6	29.4					129
上海银行申卡	%	57.1	9.5	14.3	2.4	9.5	19.0	2.4		2.4	9.5	126

对中国信用卡市场的行业调研及竞争分析

引证评价法是对社会媒介传播组织形象的信息进行调查分析的方法。该方法主要是收集媒介对组织信息关注的重点范围、正面传播或负面传播、传播频率、传播区域、传播时段等数据、资料（各调研方法可以组合使用）。

综合各种调研及分析结果，就可以得出策划方案的第一层结论，如市场需求、消费者关注点，这些关键的信息就是下一步设定目标的重要指引。

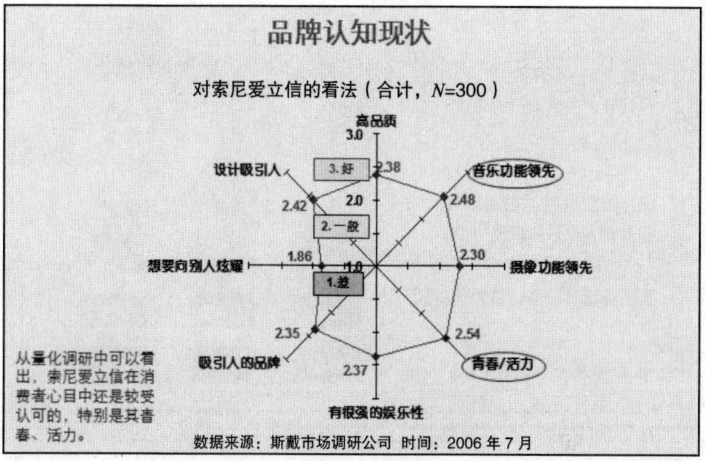

索尼爱立信的品牌认知调研及分析

目标设定：汇聚资源与能量

目标的设定是方案的核心。清晰明确的目标将会汇聚所有的资源与能量，使得营销造势策略更加有效。所以，目标的设定非常关键。方案的目标按事件策划可以分为总目标、阶段目标，共性目标、个性目标等不同层级。

总目标通常是规划 3 年以上年限实现的长期目标，往往比较宏观，需要与组织的战略目标步调一致，比如：设立"打造地域知名品牌"等长期目标；阶段目标围绕总目标，通常是规划 1 年内或某个专题活动实现的短期目标，比较具体，往往服务于组织各阶段的形象或销售目标，比如：设立"在区域内知名度提高 25%、美誉度提高 15%"或"让员工满意度提高到 85%"等短期目标。

共性目标是针对公众共性特点制定的总体性目标，"树立良好公众形象"

就属于共性目标；个性目标是针对公众个性设立的目标，比如针对供应商、政府、金融机构开展专项公共关系活动制定的目标。

目标是行动的指南，清晰的目标设定有助于在策划过程中迅速汇聚各方面的资源与能量，使行动的推进更迅捷有效。

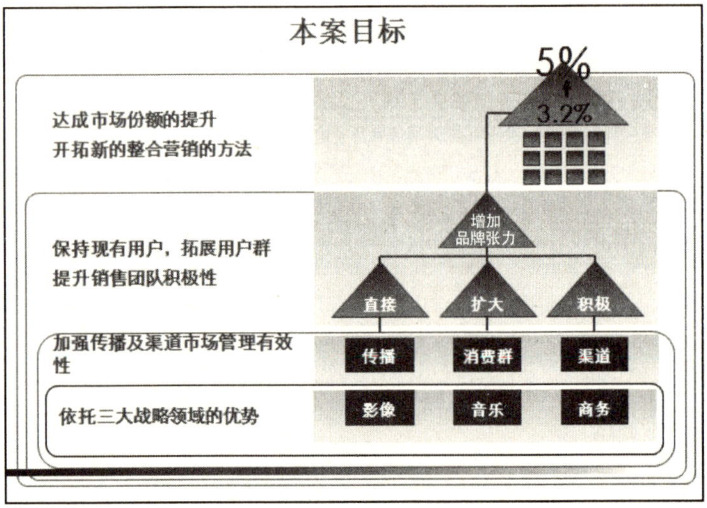

索尼爱立信手机的公关推广策略目标分解

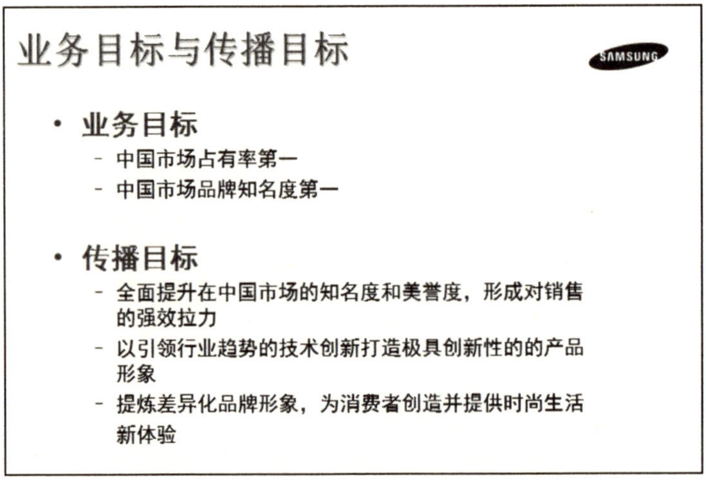

三星数码相机 2008 年公关推广目标的设定

主题确立：引发关注，激发兴趣

如果说目标的设定是为了让所有新闻策划与营销造势有清晰的指引，那么主题的确立则是使得整体行动有了一个更加引人瞩目的亮点。

主题的设定一方面根据对市场需求的分析，另一方面则根据公众的审美标准、情趣、文化风俗，紧扣活动的目的和内容提炼主题。一个清晰有力的主题，对于调动新闻媒体和受众的关注有强大的拉动力。

提炼的主题可以是一句口号，也可以是一句陈述，总之要力求个性突出、形象生动、朴实真切、简洁鲜明、便于记忆、朗朗上口、精练清晰。如阿迪达斯2008年奥运战略的主题口号是："一起2008，没有不可能。"

2005年，在广州龙舟公关联合侨兴集团掀起的打击劣质电话机营销造势策划中，将行动的主题设定为："雷霆出击，打击劣质电话七宗罪"——一方面以雷霆出击为主题，显示了活动的雷厉风行；另一方面借助西方俗语，将劣质电话的害处归纳总结为七大罪状，形象地表达出劣质电话的危害。这个形象鲜明的主题，在整个新闻传播中，无论对于公众认知还是媒体的传播都起到了很好的推动作用。

好的主题只把一个最重要的信息传达给目标消费群体，同时又具有高度的概括性，这样才能把最想传达的信息最充分地传达给目标消费群体，才能引起受众群关注，并且比较容易地记住你所要表达的信息。

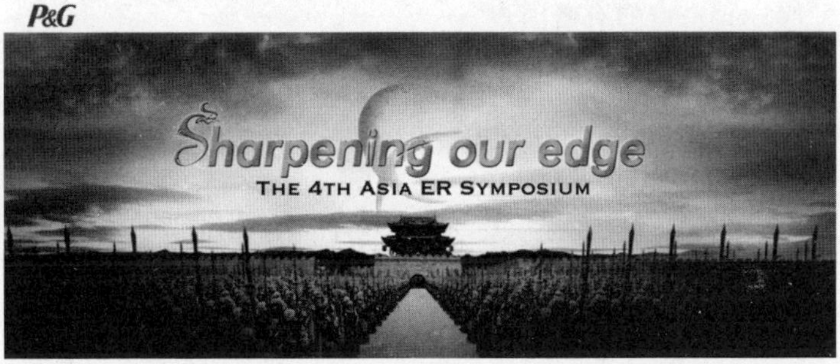

宝洁公司亚洲ER部门的年度大会，主题气势磅礴

公关策略：新闻公关策划的最高指引

策略设定是营销造势方案的核心所在。策略的正确与否、优秀与否，都直接决定了公关策划的效果。所以，出色的策略都是基于深刻的市场洞察、丰富的操作经验以及策划创意而定。

策略的设定让方案有了一个纲举目张的指引方针，使执行者清晰地明白如何运用、调配各种资源去推动目标的实现。

华帝集团作为多年来灶具行业的领导者，2000年已成功地推出了新一代强排热水器，并且在许多技术上有领先优势。但在热水器行业，由于华帝进入时间不长，排名较为落后，亟须快速提高产品的知名度和美誉度。龙舟公关在接受了华帝提升企业与产品知名度的公关任务之后，理性地分析了市场态势，认为在目前的市场态势下要迅速提升华帝的知名度，就必须掀起一场独特有效的营销造势运动——华帝不能单打独斗，必须通过有效的联盟，以品牌联合的方式共同发力，才能够迅速提升知名度。所以，龙舟公关最终给华帝的造势策略就是“万华联盟：强强联手，共铸辉煌”，促成华帝牵手万家乐共同拓展强排热水器市场。

主推强排热水器的万家乐公司，推广这一新产品已经两年多了。但是，作为产品标准的制定者，虽然多年来万家乐在热水器行业中一直是当之无愧的领导者，但由于孤军奋战，势单力薄，市场反应一直不太乐观。所以，万华联盟无论对于万家乐还是华帝都是一次拉升知名度的机会，而这种竞合关系也是引发媒体兴奋点的有效因素。

万华联盟公关推广策略
公关策略：强强联手，共铸辉煌
媒体策略： （1）引导正面关注事件 （2）统一对外口径及说法 （3）多角度、多层次对事件进行报道
合作策略： （1）双方共同倡导推广更安全、高标准的强排热水器，强强联手 （2）双方技术共享，为消费者造福 （3）服务共享（推出相同的服务承诺） （4）双方信守良性合作的市场竞争 （5）探讨相互持股的可能性 （6）其他领域的合作（如信息共享、高层热线沟通）

万华联盟出色的公关推广策略迅速引爆了市场的关注，
双方资源的有效整合与利用是其中的关键所在

正是由于策略得当，万华联盟取得了巨大的成功，华帝在短短半年时间内，知名度上升超过了20%。

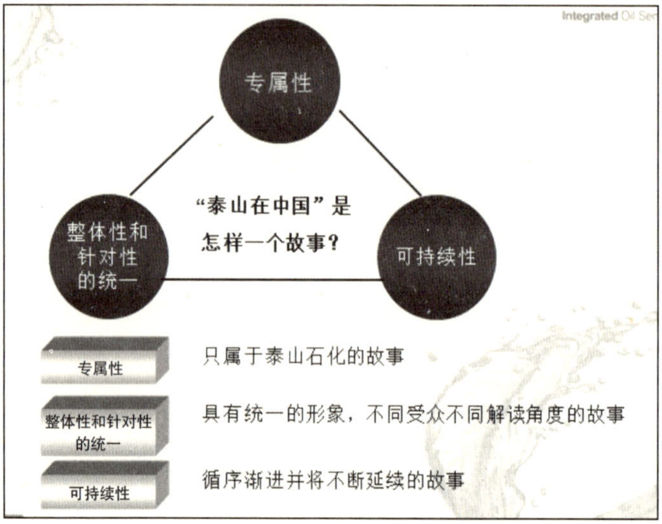

新加坡石化企业——泰山石化2007年公关造势传播策略，重点向外界讲述泰山石化的实力、品牌背景、发展前景，强化与政府、行业、媒体的沟通

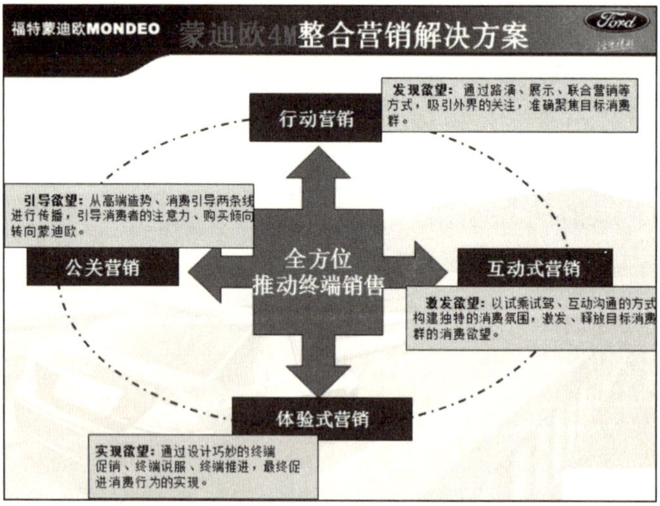

福特蒙迪欧整合公关营销策略，一切公关手段的运用围绕促进销售而进行

推进措施及媒介规划：严密有序

在设定策略之后，接着就是根据策略的指引原则设定相应的推进措施。这些措施是指达到目标采用的方法、手段。

制定措施需要了解目标受众的特点、关注点、文化背景、职业习惯、经济状况及各媒介的受众群体、覆盖面、传播速度、成本费用等内容，并根据这些内容来构思活动或传播的主题和步骤。制定措施的关键点是要了解组织的资源配置，清楚公众的兴趣点。同时，很重要的一点就在于方案的策划必须设计有效的媒体传播计划，这是确保活动的影响力能够扩散到最大范围受众的保证。

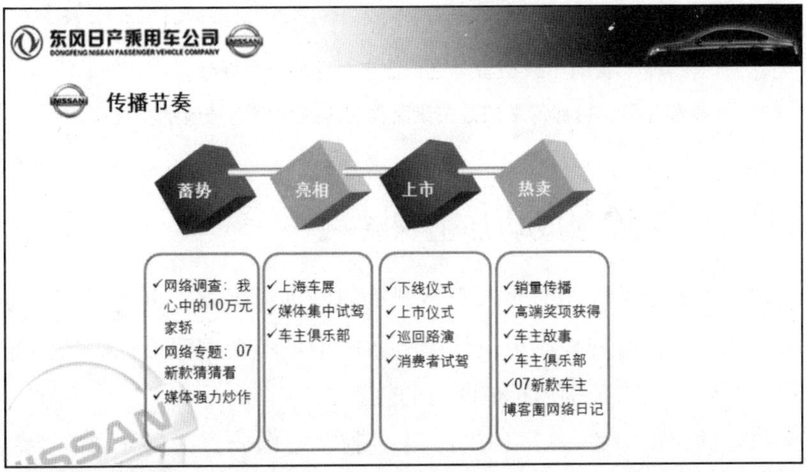

东风日产 2007 年新款两厢车——骊威传播推进规划，公关事件及话题策划环环相扣、高潮迭起，自始至终牵引着媒体与消费者的目光

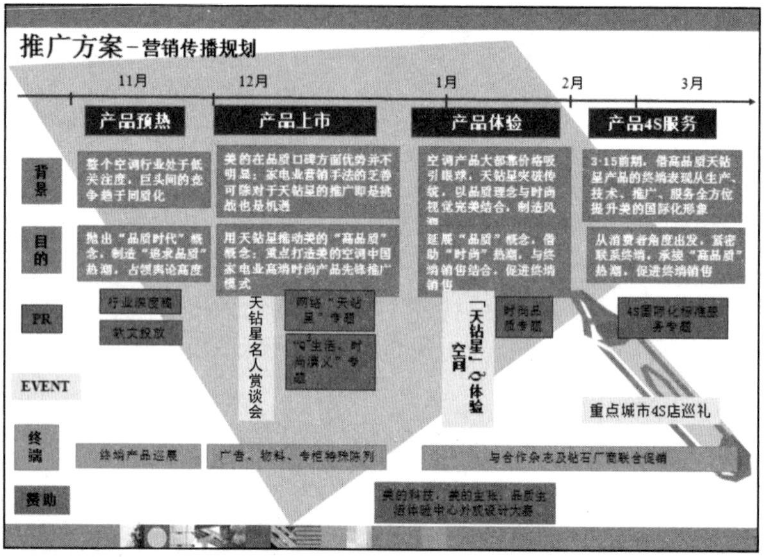

美的“天钻星”空调上市之造势传播规划，
多管齐下、目标清晰的公关策略确保迅速引爆消费者的关注度

执行控制：为策划成功加上保险杠

任何公关策划的成功与否既离不开策划的创意亮点，也离不开执行过程中的有效控制。良好的控制可以使得方案的推进不会偏离方向，从而能够在原先设定时间、成本范围内达成既定的效果。

从执行的层面上看，可以分为：事前控制，即公关策划开展前要做的准备工作，如人员准备、资源准备、媒体预热点；事中控制，即在事件推进过程中，如何调配不同人员与资源去监督或协助事件的顺利完成；事后控制，即方案实施结束后，用什么样的手段与方式确保项目能够顺利收尾。

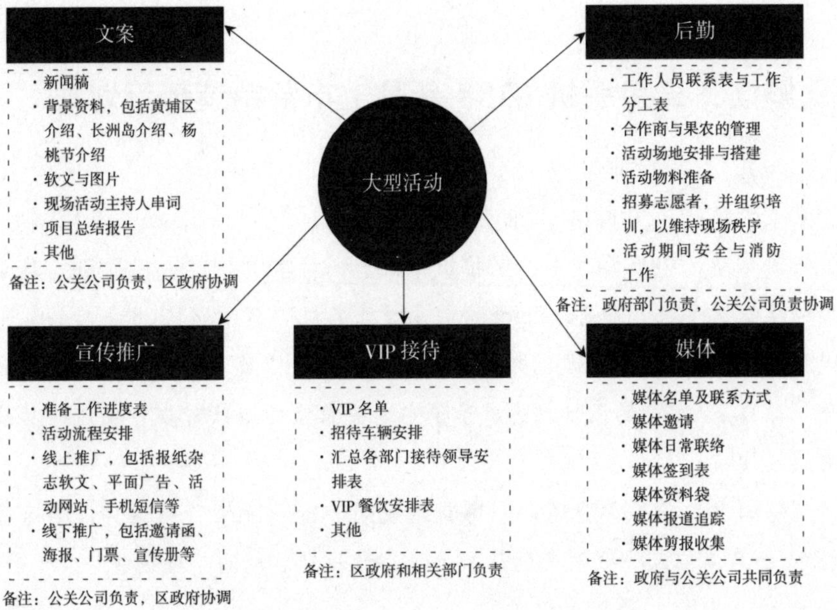

2008 年广州市首届杨桃节大型活动项目控制方案

营销造势六步策略步骤如下图所示：

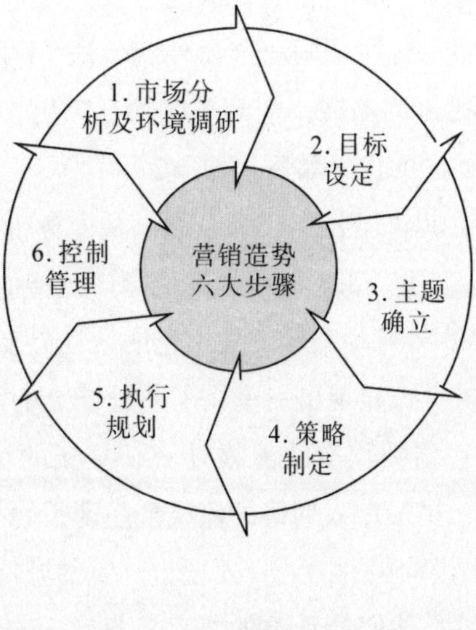

案例解读：三星手机 E388 新品上市营销造势策划案

项目类别：新产品上市公关

方案主题：三星 E388 上市造势推广

背景介绍：2006 年夏，三星推出新款手机“掌中 F1”——E388。这是三星继经典女性手机“伊莲”E568、超高端商务机“金卡”P308 之后的又一款韩国原装机型。三星 E388 以超越其他国产机型的精致工艺将时尚与实用完美融合。源自 F1 赛车的设计灵感赋予了它划破长空的流线外观，主流的功能之于中端的价格。

市场需求：三星希望通过一场新闻策划进行充分的营销造势，迅速提升 E388 的知名度以及公众对其的认知度，有效拉动后期的市场销售。

方案策划内容：

□ 市场分析及公共关系环境调研

身为全球第三大手机厂商，三星的设计和做工在行业内一直处于领先地位。但熟悉市场的行内人士都了解，同样是三星品牌，国产机与韩国原装机在制造工艺和质量上还是有所不同。这款外观效法 F1 顶级赛车的 E388 从产品规划、外观设计直到封装出厂，全部工序均在韩国国内完成，苛刻的流程质量控制造就了与众不同的优异品质。

作为继经典女性手机“伊莲”E568、超高端商务机“金卡”P308 之后的又一款韩国原装机型，三星 E388 以超越其他国产机型的精致工艺将时尚与实用完美融合。三星 E388 最撼动眼球的是出色的时尚外观，融入了独特三角艺术线条的流线型纤薄机身，显现出三星在工艺设计上的深厚功力。源自 F1 赛车的设计灵感赋予了它划破长空的流线外观，主流的功能之于中端的价格，三星 E388 是 2006 年三星最令人期待的流线型超薄折叠机。

《中国日报》对手机购买者的调查发现，51% 的城市消费者在新机型一上市时就购买——时尚感是他们最看重的要素，只有 37% 的人考虑价格，11%

的人考虑功能，追求新鲜体验在这里是第一位的。这是一个个性彰显的时代，对时尚的追求就像是一种无法抗拒的原始欲望。在品牌感觉统治的世界里，品牌不再仅仅表示有功能特性的产品，而且意味着为顾客提供并改善体验感觉，顾客真正的需求是购买和消费体验。

面对日益同质化的市场，拥有独特卖点的手机更能获得消费者的欢心，原装手机在这方面无疑更为出色。而中国消费者对这款时尚、富有个性的手机必然很感兴趣，我们所要做的工作就是锁定目标客户群并向他们传达 E388 独特的优势与价值所在。

□ 市场推广及传播目标设定

帮助三星 E388 在 2 ~ 3 周内迅速完成上市信息传播，1 个月内拉开销售局面，在十一黄金周前后创造一波销售高峰，营造良好的销售气氛，提升经销渠道与信心，与三星其他机型形成鲜明对比，创造营销亮点。

□ 营销造势主题确立

风驰电掣！三星超薄 F1 赛车手机

□ 公关策略

以巧取胜，三点一线。创造一个消费者产品识别记忆点、一个消费者认同的产品价值点、一个能刺激行业和渠道的营销兴奋点。

在推广投入有限、产品大特征不鲜明的情况下，E388 不可复制 E568、P308 以量取胜的传播思路，必须以巧取胜。

从形成消费者识别、促成消费者购买决策和提升新大陆行业地位的角度依次创造一个消费者产品识别记忆点、一个消费者认同的产品价值点、一个能刺激行业和渠道的营销兴奋点。三点一线，旨在实现三星 E388 的成功营销。

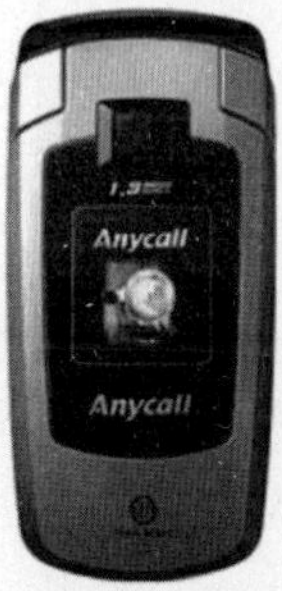

记忆点：在 E388 独特的流线式外观设计的基础上，提炼、创造一个既能广泛吸引目标消费群关注，同时又能与其他手机

产品区别较大的识别符号，所有传播信息工作以该符号为引子展开，力求迅速、广泛地获取消费者的选择性注意。

价值点：以“韩国原装”的概念标签统领产品的所有消费者价值。针对E388目标消费群购买手机产品过程中独特的三大心理风险（价格风险、功能风险、社会风险）设置针对性信息，促成购买决策。

兴奋点：“草船借箭”，借力V3和即将上市的LG新巧克力等大规模推广势头，利用外形上“流线与板砖”形差异，在超薄折叠机品类中切分一块“流线型超薄折叠机”市场，在行业中抛出“流线型超薄翻盖机”概念，划出一个再次细分的三级品类市场，将E388标志为其中代表。

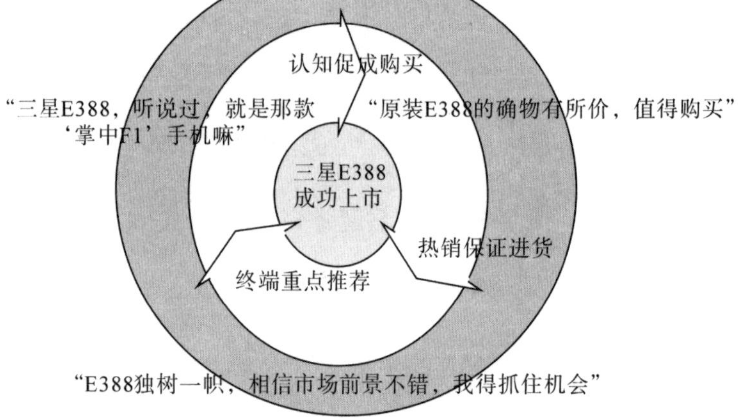

在媒体组合的选择上，优选IT、汽车综合关注度高的网站作为核心传播节点，选浏览量大、处于信息链上端的网站作为扩散节点，最大化传播效率。

在媒体发布的时间分布上，考虑到十一的购买高峰和传播效果的延迟性，采取纺锤式模式，将高潮置于9月中旬前后。

□ 传播规划

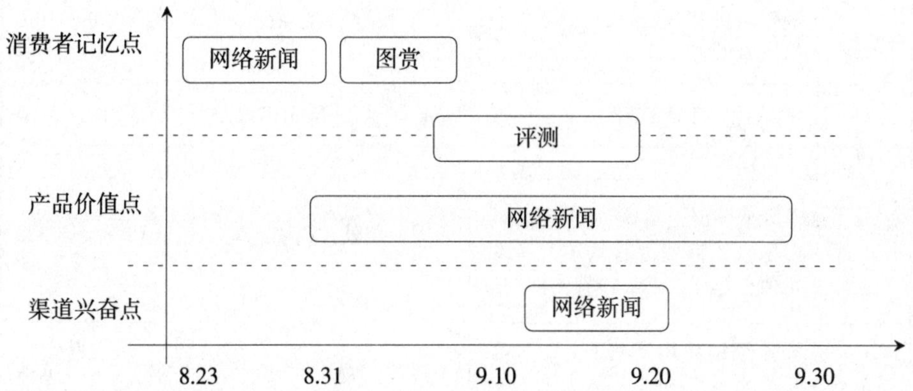

□ 传播工具

传播工具	目的	传播投入
网络新闻	（1）E388 信息广度覆盖 （2）构筑产品利益点，消除三大心理风险 （3）辅助形成记忆点、兴奋点	55%
新机图赏	（1）构筑消费者记忆点 （2）诱发购买欲望	15%
新机评测	（1）为产品价值点提供佐证，增强可信度 （2）形成传播素材，奠定舆论基调 （3）形成记忆点和利益点	30%

□ 传播内容规划

● 新闻发布

高品质的配图新闻稿是网络传播最有效的手段之一。根据传播策略的三个点，共设置五篇新闻稿：

类别	目的	主题
记忆点	上市信息告知，通过传播符号创造鲜明的消费者记忆点	三星也造赛车？掌中F1－E388瞩目上市
价值点	消除消费者对E388的经济及价格风险顾虑	三星罕见原装超值机　掌中赛车E388引卖场抢购
	消除消费者对E388的品质及功能风险顾虑	原装悍将三星E388：时尚与实用的完美结合
	消除消费者对E388的社会风险顾虑，让消费者认为购买原装机值得炫耀，促成口碑传播	韩国原装款式高潮迭起　三星F1赛车E388再续传奇
兴奋点	增强经销商销售信心；上市信息再次强化；提升新大陆行业影响力	流线PK板砖：三星赛车E388开流线型超薄翻盖机先河

● 新机图赏

将样机送往专业IT网站进行评测，分别与各网站编辑沟通拍摄场景及角度，设置F1赛车相关场景拍摄组图，如赛车模型、赛道、流体动力实验室等，重点突出E388独特的流线型外观，并提出流线超薄翻盖机将引领潮流的观点。

● 新机评测

在权威的IT网站、门户网站进行评测，全面展示E388的设计和功能特点。评测中引入类似产品的相关信息，如LG保时捷手机，形成一种E388引领手机时尚趋势的倾向性结论。

□ 媒体报道及造势效果

三星 E388 的新闻策划造势，成功为该款手机的上市积累了强大的媒体报道势能。平面媒体的报道近 100 篇，网络媒体的报道及转载超过 1300 篇。强大的报道势能使三星 E388 成为 2006 年知名度最高的手机品牌之一，引发经销商及消费者高度的关注，为其市场销售起到了良好的舆论铺垫。

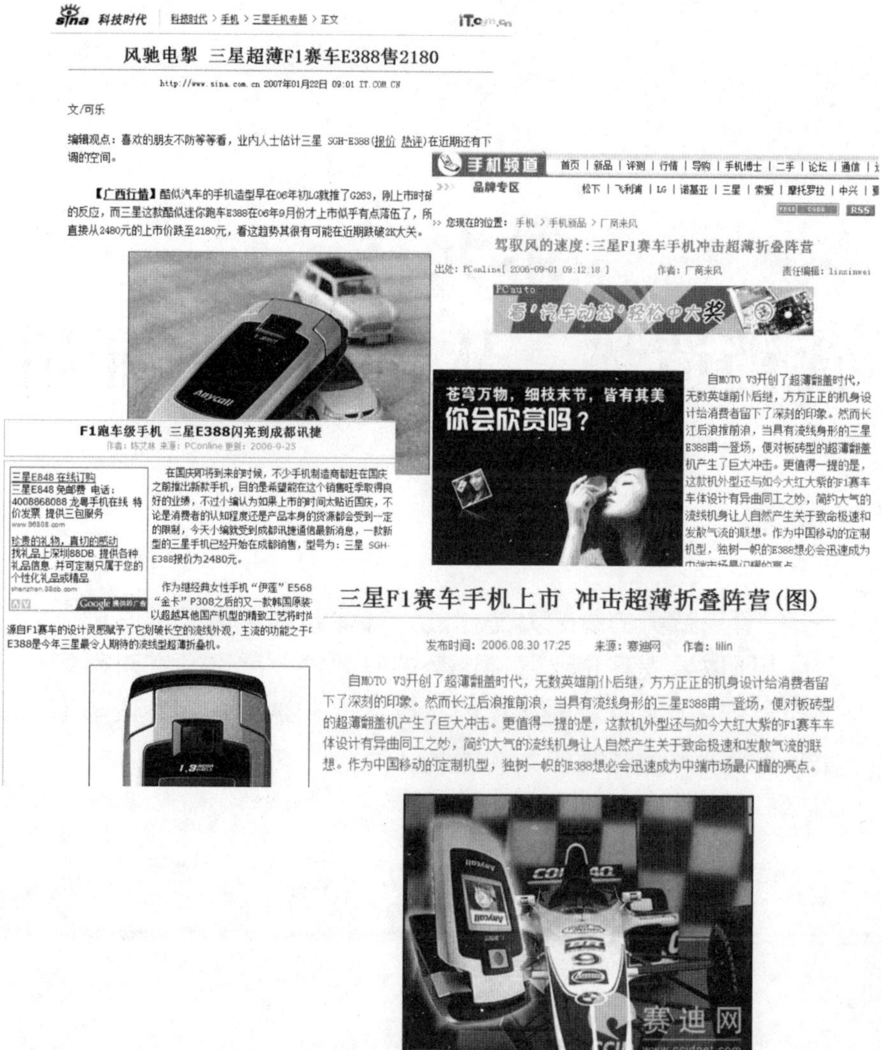

sina 科技时代　科技时代 > 手机 > 三星手机专题 > 正文

风驰电掣　三星超薄F1赛车E388售2180

http://www.sina.com.cn 2007年01月22日 09:01 IT.COM.CN

文/可乐

编辑观点：喜欢的朋友不防等等看，业内人士估计三星 SGH-E388(报价 热评)在近期还有下调的空间。

【广西行情】酷似汽车的手机造型早在06年初LG就推了G263，刚上市时碓的反应，而三星这款酷似迷你跑车E388在06年9月份才上市似乎有点落伍了，所直接从2480元的上市价跌至2180元，看这趋势其很有可能在近期跌破2K大关。

手机频道　首页 | 新品 | 评测 | 行情 | 导购 | 手机博士 | 二手 | 论坛 | 通信

品牌专区　松下 | 飞利浦 | LG | 诺基亚 | 三星 | 索爱 | 摩托罗拉 | 中兴

您现在的位置：手机 > 手机新品 > 厂商来风

驾驭风的速度：三星F1赛车手机冲击超薄折叠阵营

出处：PConline[2006-09-01 09:12:18]　作者：厂商来风　责任编辑：linxinwei

看'汽车动态'轻松中大奖

苍穹万物，细枝末节，皆有其美

你会欣赏吗？

自MOTO V3开创了超薄翻盖时代，无数英雄前仆后继，方方正正的机身设计给消费者留下了深刻的印象。然而长江后浪推前浪，当具有流线身形的三星E388甫一登场，便对板砖型的超薄翻盖机产生了巨大冲击。更值得一提的是，这款机外型还与如今大红大紫的F1赛车车体设计有异曲同工之妙，简约大气的流线机身让人自然产生关于致命极速和发散气流的联想。作为中国移动的定制机型，独树一帜的E388想必会迅速成为

F1跑车级手机　三星E388闪亮到成都讯捷

作者：陈艾林 来源：PConline 更新：2006-9-25

三星E848 在线订购
三星E848 免邮费 电话：4008868088 龙粤手机在线 特价发票 提供三包服务

珍贵的礼物，真切的感动
找礼品上深圳88DB. 提供各种礼品信息. 并可定制只属于您的个性化礼品或精品

在国庆即将到来的时候，不少手机制造商都赶在国庆之前推出新款手机，目的是希望能在这个销售旺季取得良好的业绩，不过小编认为如果上市的时间太贴近国庆，不论是消费者的认知程度还是产品本身的货源都会受到一定的限制，今天小编就受到成都讯捷通信最新消息，一款新型的三星手机已经开始在成都销售，型号为：三星 SGH-E388报价为2480元。

作为继经典女性手机“伊莲”E568“金卡”P308之后的又一款韩国原装以超越其他国产机型的精致工艺将时尚源自F1赛车的设计灵感赋予了它划破长空的流线外观，主流的功能之于E388是今年三星最令人期待的流线型超薄折叠机。

三星F1赛车手机上市　冲击超薄折叠阵营(图)

发布时间：2006.08.30 17:25　来源：赛迪网　作者：lilin

自MOTO V3开创了超薄翻盖时代，无数英雄前仆后继，方方正正的机身设计给消费者留下了深刻的印象。然而长江后浪推前浪，当具有流线身形的三星E388甫一登场，便对板砖型的超薄翻盖机产生了巨大冲击。更值得一提的是，这款机外型还与如今大红大紫的F1赛车车体设计有异曲同工之妙，简约大气的流线机身让人自然产生关于致命极速和发散气流的联想。作为中国移动的定制机型，独树一帜的E388想必会迅速成为中端市场最闪耀的亮点。

第五章
营销造势，从新闻策划开始

概要

营销造势的影响力是建立在媒体新闻点爆破的基础之上，所以要提高企业营销造势的有效性，就必须在对新闻媒体传播规律有深刻认识的基础之上，结合社会背景与消费心理，进行系统的新闻策划。

2009年3月11日，北京外国语学院女生王亭亭在博客里写文章批评教育部，并称自己被北外强制退学。仅仅两天时间，这位被称为“香水女生”的王亭亭就名动互联网，论坛里无数网友热议此事，甚至不少人开始讨伐这所名校。事件最后，竟然惊动教育部与北外同时向外界发表声明澄清此事，事件之轰动可见一斑，全国媒体更是连篇累牍地报道，原本默默无闻的王亭亭一时成为网络知名人物。

实际上，所谓的被劝退，不过是一场新闻策划——王亭亭写博之前就已先到系里提出退学，因为她已签约经纪公司，准备走上做明星之路。

作为一名新人，如果王亭亭走传统的明星包装路线必然耗时很长而且费用巨大，所以经纪公司想到了用新闻策划的方式进行造势，令王亭亭一夜成名。

尽管王亭亭的新闻炒作引起诸多争议，但不可否认的是，在注意力经济时代，赚取眼球已越来越不容易，“香水女生”的成功也是新闻造势影响市场的一个案例。

营销造势：要恶俗还是要高雅

无论从哪个角度看，恒源祥这个一向传统保守的企业在2008年以及2009年所做的营销传播都甚为离经叛道：继2008年“恒源祥，鼠鼠鼠”的雷人电视广告之后，在2009年春节期间，恒源祥新版贺岁广告（在约1分钟的时间内，12组演员分别扮演十二生肖，将“我属牛，牛牛牛”，“我属虎，虎虎虎”等说上一遍）被网友指称“雷上加雷”。

抛开对其他因素的考量，恒源祥毫无疑问有着强烈的新闻触觉，知道如何炒作企业品牌去吸引媒体的关注——与iPod等品牌在营销传播中所展现的极致美相反，恒源祥则有将恶俗进行到底的决心。

恶俗也是营销造势的一种策略，脑白金的操作就被不少企业奉为圭臬。从营销造势的角度看，恶俗与高雅各有优势——我们也不可能武断地判别恒源祥与脑白金的恶俗式营销效果就一定比 iPod 的高雅式营销效果差。我们考量的是，无论企业采取什么样的营销策略，只要希望借助新闻媒体进行造势，就必然要虑及企业营销策略与媒体的传播特性是否吻合，否则其传播可能取得反效果，甚至为企业未来的发展埋下危机与隐患。

从舆论传播的角度来看，无论现在的媒体关注趣味如何不断趋向低俗化，也无论多少媒体喜欢追逐性、暴力、黑暗等反常态社会现象，但彰显社会价值、匡扶正义人心、鞭挞魑魅魍魉，始终是媒体作为社会公器存在的底线，这也是新闻策划永恒不变的传播规则。企业的营销传播无论是恶俗还是高雅，如果逆反这条传播规则，其后果只会得不偿失。

数年前，广州某临江豪宅为了体现其尊贵与高档，有意策划了一个逆势炒作事件——发展商故意在对外宣传中打上“骑自行车与摩托车者免进”的告示。如此带有歧视性的宣传明显违背了社会的道德共识，所以发展商也预料到媒体会对此事进行大肆报道，期望媒体对此事的热炒会迅速提升楼盘的知名度，彰显楼盘“高贵”的品牌价值——可惜的是，这种逆势炒作的营销造势效果适得其反，媒体不仅在报道中未能彰显其独特的“尊贵”价值，反而以强烈的舆论批评引发了公众的愤怒，政府相关主管部门也对该企业提出了警示令。一时间该楼盘恶名远扬，客户也对其避而远之，该楼盘的销售自此陷入停顿状态。

运用新闻传播的方式进行营销造势对企业来说是一把双刃剑，策略得当则可以使企业的声誉迅速提升——如汶川地震之后，王老吉所策划的“封杀王老吉”事件，不仅赢得了广泛的关注，而且也迅速拉动了市场的销售，成为一个典型的新闻营销造势案例。当然，如果企业逆反社会价值，一味本着恶意炒作的动机，则可能给企业带来不可估计的损失——许多时候，这种伤害不是短时间显现，而可能在舆论慢慢成形中使得品牌在消费者心中固化成某种负面的印象，最终引致人心尽失，使企业与产品被消费者所抛弃。

企业要通过新闻策划进行营销造势，其关键就在于企业所做的营销传播应顺应媒体的传播趋向，借势为之，使企业的品牌与产品乘上媒体报道的舆论东风，实现知名度与销售的跳跃性增长。

新闻策划，一把营销的利器

企业新闻策划就是企业根据自身营销需求，按照新闻规律，整合企业优势资源，通过新闻媒介，借助热点事件制造新闻点，以此来树立企业和产品品牌，营造企业良好的外部发展环境，创造产品市场，培育消费需求，从而达到销售产品的目的。

企业新闻策划中常常结合社会、经济、时事、政治等重大事件，制造企业（产品）新闻眼，引发媒体对企业进行集中性的新闻采访，并在众多相关媒体刊发（播放）企业新闻消息。

越来越多的案例表明，新闻策划已经成为企业进行市场营销时的一把利器，对于企业知名度的提升、吸引消费者的关注、低成本启动市场，都有着惊人的效果。

企业的新闻策划真实性强，可信度高，感召力强。因为它是策划人员或媒体的记者站在客观、公正的立场上用事实说话，容易拉近与消费者之间的距离，甚至直接用事实感召消费者，如搞社会公益活动、捐献产品、捐款、建希望小学等。

新闻传播影响面广，时效性强，宣传和促销效果较好，容易产生轰动效应。企业新闻策划常利用一些大的新闻事件和新闻活动，往往几十家媒体同时发布企业（产品）消息，涉及面广、密集度高，能短时间内引起轰动效应，加深与外部的关系，使社会对企业产生好感，并能较快诱发购买欲，甚至诱发销售激增，出现市场卖断货的现象。

在打造品牌方面，新闻策划最明显的结果就是品牌知名度的快速提升。企业经常以新闻（专访）等方式将企业和产品推进目标市场，容易提高企业的知名度和受众对企业的信任度，同时，对企业整体形象的塑造亦可事半功倍。

更为重要的是，相对于广告投放，企业新闻策划费用较低。一则好的新闻、一次好的活动，花钱不多，可能一下子就让人们记住一个企业、一种产品，迅速提升了企业形象，促进了产品销售。这正是新闻策划的魅力所在。

新闻策划五大核心要素

在新闻策划的运用中，策划的基本出发点就是对新闻价值的把握——如何理解新闻媒体的关注要点、理解新闻媒体的传播规则，这就是新闻策划成功与否的核心。

从新闻传播的角度看，媒体对某事件新闻价值的判断有五个方面：

第一，时效性。这是新闻的时间内涵，从时间角度界定了“新闻”之独特性质。

从新闻的本质看，新闻是“新近发生的事实的报道”，这一定义就要求新闻必须讲究时效性，将事实的信息以最快的速度传播出去，以满足受众的需要。新近发生的事实若得不到及时传播，时过境迁，人们的需要已经发生变化，再进行报道也就成了明日黄花，就难将其称为“新闻”了。

从受众需求看，新闻也是离不开时效性的。人们读报纸，听广播，看电视新闻，主要是为了了解客观外界的变化，而且是新近发生或正在发生的变化。

从这个角度而言，企业新闻策划必须具有时效性，即好的策划必然是紧贴社会热点事件，迅速有效地反应，使企业的品牌或产品与时事热点相结合，使人们在关注时事的同时关注到品牌或产品。

第二，新奇性。这是从内容角度对新闻的界定，是作为新闻的事实必须具备的性质。

新闻的事实必须是具有新意的、不同寻常的，包括新的情况、新的问题、新的成就、新的经验、新的人物、新的精神面貌、新的社会风尚等等。

新闻必须报给人们新发生的事情，传播富有新意的信息。客观世界每时每刻都在变化，每时每刻都会出现新的情况，产生一些新的问题，新闻就是要记录并传播这些新情况和新问题。只有新近发生和出现的新情况、新问题、新思想、新经验，换言之，即一切能给人带来新消息、新意见的具有新意的事实才有资格成为新闻。这是新闻存在的内在因素，是新闻的又一个本质特征。

从受众心理看，一件事情，如果是司空见惯的，或者是重复出现的，没有多少新意，人们往往对此不感兴趣；相反，如果是令人耳目一新的，或者是亘古未有的，很有新意，人们才有了解的兴趣。所以，企业新闻策划必须能够从日常生活中抓住一些反常的规律，或是发现某些与人们一般性认知相左的东西，结合产品特点进行造势策划，这样才能有效吸引消费者关注。如富亚涂料所策划的“总经理喝涂料”事件。

第三，重要性。这是新闻的核心要素之一，它从社会意义的层面界定了新闻之特质。

重要性，指“事实所包含的社会意义”，即在纷繁复杂的社会生活中出现的为多数人所关心的，对社会生活有较大影响的那些事件的性质。

重要性的大小，首先，要从事实同传播对象的关系来评估。这种关系包括两方面：一是人数，二是程度。一件事，关系到的人越多，关系越重大，重要性越大。其次，要从事实和实际生活的关系去估计。社会生活充满各种各样的矛盾，只有拨动社会上绷得最紧的那根弦，才具有重大的社会意义。

优秀的企业新闻策划必然要考虑到新闻的重要性，从重要性的角度去激发人们的关注度与参与感，这样才能达到更好的效果。“神五”上天事件中，蒙牛所策划的“举起你的右手，为中国航天员喝彩”新闻事件就吸引了大量受众的关注。

第四，接近性。接近性是指社会类型相同的人们对同一事实的态度或关心程度比较一致。具体说来，包括地理上的接近性、职业上的接近性、性别上的接近性、年龄上的接近性、民族上的接近性等等。

接近性是某些地方新闻或专业新闻的特色，它针对的是某些特殊的受众群体，但即使是这类新闻，它也必须具备时效性、新奇性和重要性，只不过它的新奇和重要都只是针对某些特定社会类型的受众而已。

从接近性角度来讲，企业进行新闻策划时，必须顾及不同区域媒体的关注点，以更加切合该媒体的报道习惯来策划事件。

第五，显著性。这是指人物、地点、事件等在人们的固有观念中已经形成显赫的名声或印象，即新闻中的主要人物及新闻发生的时间、地点有非同寻常之处，有一定的知名度。

我们应该重视具有显著特质的新闻，同时，也应重视不具有显著特质的新闻。因为，不具有显著特质的新闻更多。所以说，显著性只是部分新闻所具有的特质，而不是所有新闻所具备的元素。目前，显著性大都鲜明地体现在名人新闻中，以产生所谓的“名人效应”，这是娱乐新闻的最大特色，但其中也少不了新奇的事和及时地传播。对于不具显著性特质的新闻，必须依靠策划者进行深入挖掘，使其新闻价值更为突出，以引发消费者的关注。

新闻策划的十大原则

□ 时机性原则

时机性原则指新闻策划必须重视新闻推出的时机，同样一个新闻事件放在不同的时间——也就是不同的社会大背景下，会产生不同的新闻效应。

□ 创造性原则

新闻策划必须有创造性，最好是能策划出奇特的有着匪夷所思情节的新闻。因为只有“惊世骇俗”的事件才能保证被人深刻记忆。

□ 新闻性原则

新闻性原则指策划的新闻必须有很高的新闻价值，原则上应该具备第一性，即要求是对某类新闻事件的第一次报道。

□ 导向性原则

企业新闻策划及报道必须遵循正确的舆论导向。

□ 前瞻性原则

前瞻性原则指企业新闻策划要有预见能力，能准确判断即将到来的形势或即将发生的事件，并进行相关的新闻策划。

□ 适度性原则

适度性原则指企业的新闻策划不能超过一定的限度。要把握好两个方面的“度”。一是宣传要适度，不能炒作过头，产生副作用。二是投入的代价要适度，也就是说策划带来的实际效益必须大于实际投入，否则就得不偿失了。

□ 组合性原则

通常，一个好的新闻策划，不应该只是“一锤子买卖”，而应该有很强的发展性，能够不断“产生”出新的事件和新的角度，紧紧围绕主题层层推进，以“组合拳”的方式进行“新闻轰炸”，从而更好地达到策划目标。

□ 持续性原则

企业新闻策划应该作为企业营销中的一项日常工作，持续不断地进行。好的新闻策划应该有“跌宕起伏，一波三折；荡气回肠，余音缭绕”的效果，这样才能紧紧抓住公众的视线，打动他们。最好能搞系列活动、系列报道、系列新闻，这样效果更好。

□ 可行性原则

新闻策划要对方案进行充分的可行性论证，对活动进行周密细致的安排，确保成功实施。同时，在具体组织上要严密。好事要办好，同时要做好应急、突发情况的处理准备。

□ 低成本原则

新闻策划应该用最少的钱来获得最大的宣传效益。

新闻策划，企业如何锐化营销传播力

我们正处于这样一个世界：3000多个电台发出的广播电波覆盖天空、2000个以上的电视台的节目包围我们的视线、2500多份报纸和近万份杂志抢夺我们的眼球、大量的户外广告封锁了我们远眺的视线……与此相对应的是，中国的博客数量将近2亿个，中国网民数量则达到了惊人的3.68亿。

与中国市场经济的迅猛发展一样，中国的媒体数量正在以惊人的速度不断增加。电视、互联网、报纸、杂志、手机、户外……原有的媒介载体数量不断膨胀，而新的媒介载体又不断出现，一个庞大无比、无处不在的媒体圈正在形成。

在一个巨大的媒体圈中，媒体的关注点、媒体所创造出来的舆论氛围、媒体的价值取向左右了企业的品牌价值、消费者的偏好甚至直接决定了某款产品的生死——在一个媒体为王的时代，对于媒体传播特性的研究与考量是企业制定营销策略不可或缺的一部分。

> 在一个巨大的媒体圈中，媒体的关注点、媒体所创造出来的舆论氛围、媒体的价值取向左右了企业的品牌价值、消费者的偏好甚至直接决定了某款产品的生死。

营销造势的影响力是建立在媒体新闻点爆破的基础之上，所以要提高企业营销造势的传播力，就必须在对新闻媒体传播规律有深刻认识的基础之上，结合社会背景与消费心理，制订系统的传播方案。

设立独特的传播框架

在新闻报道中，框架就如同相机的取景框，媒体的报道内容与取向就是通过这样的框架来设计的——框架决定着记者采写的焦点。

在许多时候，关于企业的报道内容完全是被媒体传播框架所决定的——媒体决定报道企业哪方面，媒体决定报道什么产品、如何报道，这些都是企业无法决定的。

但是，卓越的营销传播人员却知道，如果企业能够在媒体报道之前预先设计好传播的框架，那么媒体在报道企业时往往就会被企业预先设计好的框架影响，潜移默化地将此框架转换成媒体自身的报道框架，从而使得企业的传播势能因借助媒体的力量而大增。

2004年凯迪拉克（Cadillac）第一次进入中国，作为豪华车品牌，凯迪拉克在美国有很高的声望，但是在中国却名声寥寥，没有多少消费者对其有更深的了解，绝大多数人一提起豪华车立即会想到的前三位汽车品牌是宝马、奔驰与奥迪，接下来就是丰田的雷克萨斯。这种原有的固化认知障碍无疑成为凯迪拉克拓展中国市场最大的阻力。

为了迅速打响凯迪拉克在中国的知名度，通用决定通过大规模新闻宣传来营销造势，在最短的时间内引爆消费者对凯迪拉克的关注。

通用汽车知道它无法左右媒体对凯迪拉克的报道角度，但是可以预先设立传播框架，使媒体的报道路径沿着企业所设立的传播框架进行。鉴于绝大部分中国消费者对豪华车的认知集中在三个品牌，通用决定通过预设新的传播框架，将凯迪拉克挤入前三位的品牌排位之中。

通用所设立的传播框架就是BBC策略——B1代表宝马（BMW），B2代表奔驰（Benz），C代表凯迪拉克（Cadillac），并为之取名“中国豪华车品牌三剑客”。在接下来的所有新闻宣传中，凯迪拉克都有意将自己与宝马、奔驰并立——无论是产品测评、驾驶感受报道，还是品牌宣传，有出现凯迪拉克的地方必然都拉上宝马、奔驰作比较。

这种BBC策略很快就显示出其强大的传播价值，许多媒体在报道凯迪拉克时都直接采用了“中国豪华车品牌三剑客”的角度，从而在报道中将三者并列。这对于消费者来说，透过BBC的传播框架也迅速形成对凯迪拉克相应的联想与认知——如果凯迪拉克一开始不是预设好BBC的传播框架，而是喋喋不休地对媒体解释自身的优势与技术实力，那么要建立消费者对其清晰的认知将是一个漫长的过程。

在企业营销传播中，框架是一种威力巨大而且实用的营销策略，框架的设立能够使企业将知名度低、品牌影响力小的品牌附着于其他熟悉的、高知名度的事物之上，并转变成媒体固化的特定报道，经过不同媒体一次又一次的报道，最终使得企业的知名度得以暴增。许多弱势品牌正是通过设立框架诱导媒体固化报道，而使自己的品牌搭上舆论的顺风车——当年弱小的蒙牛乳业刚成立时，就打出了“千里草原腾起伊利集团、兴发集团、蒙牛乳业……我们为内蒙古喝彩，让内蒙古腾飞”的公益宣传口号，隐性将自己的发展与内蒙古经济紧密捆绑，同样是一种出色的设立框架策略。

提炼公众普遍意义

公众对企业的关注点放在产品的价值即产品的功能、技术、应用性方面，而媒体关注点则更多放在企业的社会价值——企业对社会的贡献、产品对公众的意义之上。这种天然的关注侧重性其实体现了媒体作为社会监督机器的职能。

所以，企业要有力提升营销传播的锐利度，必然要适当站在媒体的角度去思考企业所传播的内容如何体现公众性的普遍意义，从而使企业要传播的议题与媒体自身的议题合二为一。

对于企业的公众普遍意义，简单而言可以理解为以企业资源为核心，拔高企业或产品的社会性——数年前，华帝集团七位创业元老退位，将外聘的职业经理人扶上企业 CEO 宝座，此事被华帝提升出企业两权分离——经营权与所有权分离的社会意义，使一次企业的事件变成了媒体热烈关注的公众事件。

当年新华社在题为“华帝集团‘吃螃蟹’　将经营权交与职业经理人”的报道中称赞说：“广东中山华帝集团迈出了探索企业所有权与经营权分离的重要步子。这家民营企业的七位创业者在精力和事业处于鼎盛状态时，主动将华帝集团的企业经营管理权交给了职业经理人。这意味着：民营企业华帝集团告别长期实行的所有权和经营权合一的管理体制，在明晰产权的基础上，把经营权下放给以职业经理人为核心的行政指挥系统，是企业朝规范化管理和创新管理迈出的重要一步。”

当无数双眼睛被媒体引导着投向华帝时，华帝的收获远远超出了“两权分离”本身，因为华帝的知名度在迅速上升。

晶化公众舆论

当提起脑白金时，许多人第一印象出现的词就是“送礼就送脑白金”；当提起沃尔沃汽车时，人们第一印象就是“安全”；而提起“去屑”一词，消费者第一联想起的洗发水就是“海飞丝”。

在人们的脑海记忆中，每天都要接触大量的信息，许多信息看过即忘，一些信息若隐若现，而有些信息则印象深刻——从营销传播角度来说，某些信息之所以令消费者印象深刻是因为这些信息在其他芜杂的信息中像水结成冰一样结晶了——或简要生动，或意义深刻，或朗朗上口，或温馨难忘，这正是企业进行营销传播所追求的最高目的之一，使自己的核心信息晶化，成为消费者脑海中无法遗忘的一部分。

在企业营销传播中，晶化舆论有三种策略：

一是揭秘。企业主动发现或宣扬一种尚处于空缺状态的消费需求，并将自己的产品定位于满足消费需求的最好补缺者。如脑白金的送礼概念、海飞丝的去屑。

二是重复。加深公众记忆最有效的策略之一就是重复。某一要点、技术甚至是谎言，不断重复之后就会深入人心。沃尔沃汽车在半个多世纪中一直重复的要点就是“安全”，尽管几乎所有汽车厂商都强调安全性能，但没有一家能如沃尔沃一样，如此持久且紧密地将所有技术宣传都围绕安全来做文章。而沃尔沃的坚持最终就晶化成公众对其品牌最深刻的印象——安全。

三是断言。断言是一种带有强烈主观色彩、依靠某些特殊人物或领袖的魅力，使其相应辐射到品牌或产品之上，从而使得公众印象深刻的策略。如连续数十年 007 电影中始终出现的汽车是酷劲十足、科技先进的宝马汽车，而且片中主角邦德也多次表达了对宝马的喜爱。这种断言就使得宝马在公众心中成为一部独特的 007 座驾车——科技、炫、酷，这就是晶化后舆论所形成对品牌的固化印象。

在奥运会之上，无数品牌耗费巨资去争取奥运会的赞助资格，目的就是借助奥运会这个影响力巨大的平台，晶化公众对自己品牌的印象——××品牌是奥运会的赞助商或合作伙伴。

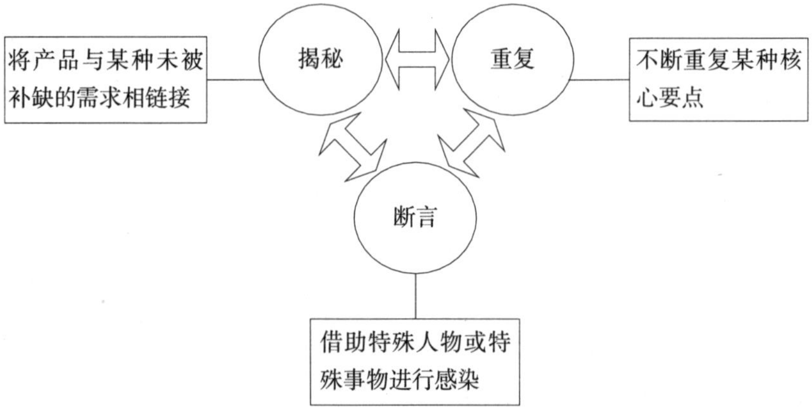

晶化舆论的三种策略

案例解读1：合纵连横，热水器上演新“三国演义”

2008年，华帝成为北京奥运会燃具独家供应商。借助奥运战略，华帝正式迈开国际化战略的第一步，开始跻身中国一流企业行列。

而在2000年之前，华帝还只是一个仅限于灶具行业的知名品牌。在经过2000年2~3月我们所策划和运作的“华帝两权分离”（即华帝7个创业老板退居二线，让职业经理人上台，实行企业经营权和所有权分离）公关活动之后，华帝作为“开中国职业经理人先河”的民营企业，开始引起公众的关注。

华帝集团也迫切希望，随着企业的快速发展和大规模进军热水器行业，华帝能由原先较单一的灶具企业成长为综合性的大型燃气具企业，其品牌由燃气具行业的小品牌成长为这一行业的大品牌。

无疑，华帝面临着如何迅速提高企业知名度和更快丰满企业形象的挑战：如何使华帝的知名度和美誉度不光在整个行业里，同时也在社会公众和消费者中；不光是企业形象，同时也包括华帝产品销量，都能有一个巨大的提高，有一个突飞猛进的突破，这正是公关营销造势要解决的问题。

机会与挑战

多年来，中国燃气热水器行业一直处于混战之中，1000多家大大小小的热水器厂家良莠不齐，产品技术含量小，进入门槛很低。这种状况带来的最严重后果是，消费者的生命安全无法得到保障，每年起码有两位数的中国消费者死于直排式燃气热水器一氧化碳中毒。燃气热水器安全问题触目惊心，迫切需要行业和生产厂商作出有力的回答。

国家一直采取淘汰直排式燃气热水器的政策，如原来规定，从2000年5月1日起，禁止销售浴用直排式燃气热水器；更强硬的政策是国家经贸委16号令《淘汰落后生产能力、工艺和产品的目录》中，直排式燃气热水器作为落后产品被列入淘汰目录，自2000年6月1日起被正式淘汰。

那么，淘汰掉落后的不安全的直排式燃气热水器后，消费者如何去选择新的没有安全问题的热水器产品呢？燃气具行业如何来引导消费者更放心更理性地选择新的产品？行业如何走向纯洁自律，以更加尊重生命安全、更加有序和良性的发展，促进产品更新换代？燃气热水器行业需要严正的回答和给消费者以更坚实的信心，因为市场研究的结果表明，正是由于燃气热水器的安全问题长期得不到解决，结果燃气与电热水器的市场占有率之比由原有的8∶2演变为5∶5，甚至更低。燃气热水器行业面临前所未有的严峻挑战。

强排燃气热水器作为直排热水器的替代产品，基本上已解决了热水器的安全问题，也代表着热水器的发展方向。作为主推强排热水器的万家乐公司，推广这一产品已经两年多了，也是产品标准的制定者，但势单力薄，市场反应一直不太乐观，无法形成行业和市场消费的主流。而在热水器行业中，万家乐多年来一直是当之无愧的领导者，有着强大的号召力和公信力。

华帝集团作为多年来灶具行业的领导者，2000年也已成功地推出了新一代强排热水器，并且在许多技术上有领先优势。但在热水器行业，华帝进入时间还不长，排名也较为落后，是个雄心勃勃的后来者。

项目策划

我们在综合考虑项目背景的基础上，寻找各方的契合点和华帝公关活动可能的突破口，可以看出在燃气热水器这一焦点问题上：

● 消费者：需要更安全、高标准的强排热水器产品。

● 政府与行业协会：需要企业支持响应国家的产业政策，理顺行业的秩序，调整行业的产业结构。而这些都需要在市场经济下以企业为主体去自发完成，而不是靠政府强令推行。

● 社会舆论：需要热水器行业走出混战，创造和谐，人心思静，燃气热水器行业必须摘掉“杀手”这一丑陋的帽子。

● 行业：国家实行“禁直推强”（推广强排燃气热水器，禁止直排燃气热水器），全面淘汰和禁止生产直排热水器后，行业陷入无所适从和混乱——产品标准和技术门槛的提高，对市场前景的无法把握，对国家产业政策的怀疑和否定，使整个行业迫切需要一个正面的声音，来引导行业的健康发展。

● 万家乐：作为行业的领导者和强排标准的制定者，需要行业的支持者和同盟军，净化市场，共同推广强排燃气热水器，而无论是在推广的阵营上，还是推广的力度上，以及对强排产品标准的响应上，万家乐都需要有一个强有力的战略合作伙伴。

● 华帝：2000年大规模进军热水器行业，并主推强排式燃气热水器，华帝需要找到一个最恰当的行业进军时机，并一跃而上，争取成为热水器行业的领军企业之一，同时，迅速提高企业知名度。华帝要做热水器行业的“黑马”，关键在于，这匹黑马何时出闸，以何种方式出闸最能赢得先机？

无论从哪一方面而言，在2000年，在中国这个竞争混战最激烈最无序的燃气热水器行业，都需要一种理性和平和，人心思静：消费者要有好的安全的产品选择，政府需要好的行业规范和产业结构，社会舆论需要正面的消息，厂商需要走出混战；那么，华帝为什么不利用这个机会联手行内厂商来登高一呼，以实际行动来创造双赢甚至多赢呢？

而联手行内，最好的合作伙伴无疑非万家乐莫属：两家企业一个是热水器市场的老大，一个是燃具行业多年的第一；都走专业化生产、品质取胜的经营之道，在经营理念、企业价值观上有很多共同之处；一个在中山、一个在顺德，隔河相望，远亲不如近邻；都希望做大做强强排热水器产品、纯洁市场，引导行业良性发展，造福消费者；都认同目前的行业整体环境与发展方向，认同并大力支持政府的产业政策，为民族工业振兴而努力……

方向既定，我们即展开了以相应的公关活动为核心的营销造势，并制定了本次活动的几大原则：取得政府和行业协会的大力支持；合作是有实质性的技术和产品推广联盟，而不仅仅是限于表面的炒作；多赢合作：政府、行业、消费者、厂商多赢。

经过华帝、万家乐几轮磋商，初步确定了双方的合作意向与方案之后，热水器行业第一个竞争合作的强强联盟——“万华联盟”艰难诞生。

“万华联盟”中的新闻价值

多年来，同行是冤家，中国大多数企业之间只有竞争，不会有合作，更不用说在混战多年的热水器行业。万家乐和华帝虽然是竞争对手，但是为了响应国家的产业政策，为了消费者的安全，为了倡导行业的纯洁化和自律，毅然携手真诚合作，建立了“强强联盟”，促进多赢，“由竞到合，竞合双赢”。这无疑是为中国企业界开了一个好头，是业界发展的一个重要里程碑，对中国热水器行业的发展将起到不可估量的促进作用。

市场经济无疑需要竞争，但是也需要合作。“万华联盟”标志着中国燃具行业开始由恶性竞争时代迈入理性合作时代。这对于加入 WTO 前的中国企业具有极重要的启示意义。

由“万华联盟”开始，中国热水器进入强排时代。联盟热情欢迎中国其他热水器企业广泛参与，共同做大市场。

项目实施

整个活动分为三个阶段实施，我们根据不同的阶段制定了各自的运作策略，有张有弛，较好地把握了活动的节奏。

第一阶段：2000 年 4 ~ 5 月，活动筹备。严格注意行动的保密性并一一落实活动计划。

第二阶段：2000 年 5 月底 ~ 6 月底，活动正式发布。全国范围的大众媒体、财经媒体、电视、电台、网络聚焦“万华联盟”。

第三阶段：2000年7月~2000年底，现场咨询、促销，双方技术和服务的合作共享。在全国大中城市开展“万华联盟”强排热水器现场咨询、推广活动，万家乐华帝技术交流活动，强排热水器以旧换新活动，让消费者关注强排热水器，并推动强排热水器的普及与购买。

第一阶段：媒体预热造势

2000年4月，我们制定了“万家乐华帝合作推广进程（纲要）”（代号407）如下：

□ 合作方式

- 双方共同倡导推广更安全、高标准的强排热水器，强强联手。
- 双方技术共享，为消费者造福。
- 服务共享（推出相同的服务承诺）。
- 双方信守良性合作的市场竞争。
- 探讨相互持股的可能性。
- 其他领域的合作（如信息共享、高层热线沟通）。

□ 合作原则

- 万家乐是热水器行业的领导者，并率先倡导安全强排；华帝响应万家乐号召，加入安全强排阵营，双方共同创造安全强排标准，共同推广更安全、高标准的强排产品，为消费者服务。
- 双方友好合作，良性竞争，不相互攻击，不打价格战。
- 中国灶具大王华帝进军热水器市场，强强联手，推进热水器技术革命和市场纯洁化。

□ 合作公关报道策略

- 报道周期：5月底到6月底，为期1个月。

•阶段及区域划分：第一阶段：消息发布——北京、广州为主；第二阶段：事件深度报道——北京、广州及全国。

•报道策略：

▲ 正面关注事件，引导媒介尽可能摆正万家乐与华帝的关系，目标在于为下一步华帝品牌及市场地位上升创造积极的条件，明修栈道，暗度陈仓，让华帝成为热水器市场真正的“黑马”。

▲ 向媒介提供经双方同意的新闻背景资料，以统一双方对外的口径和事件说法。

▲ 引导媒体报道时巧妙暗示：万家乐是热水器老大，华帝是行业第二；华帝加入万家乐安全强排阵营，也是强排标准的制定者；华帝万家乐倡导同行业的合作竞争精神。

▲ 充分利用事件，提高华帝品牌的知名度和华帝强排热水器的知名度。

▲ 以《南方周末》率先发布合作的内幕专题报道，其他全国性及地方性媒介跟进报道，策略如下：

A. 为什么“中国热水器老大”要与“中国灶具老大”强强联手？

背景：神州万家乐之争——“两万”之争——恶性竞争——良性竞争——WTO 和追求市场竞争更高层次——共同推出更安全、高标准的产品，为消费者服务。

直排热水器——烟道热水器——万家乐、神州推广强排热水器，但销量少——万家乐需要真正的市场策略联盟——华帝万家乐“强排共同体”。

B. 中山文化与顺德文化的融合：为什么万家乐选择华帝？

背景：顺德企业快速成长，但激进浮躁；中山企业稳健经营，但成长较慢——双方融合，互补——共同良性发展。

华帝以实力低调做企业——正面、友善、稳健的华帝品牌——“两权分离”、新体制的改革先驱——良好的社会形象——热水器市场的后起之秀——万家乐和华帝共同催熟强排产品。

C. 华帝为什么肯与万家乐携手？

背景：万家乐是行业老大、楷模——华帝靠拢、响应——更安全、高标准产品——共同为消费者服务。

七年底蕴积累，实力较强——欲快速发展，五年内实现“一二三四五”目标。

D. 对热水器市场的深远影响和未来市场走向。

背景：更安全、高标准的强排产品净化市场——冲击假货——消除市场消费阻碍——共同创造强排消费潮流——市场格局会如何变化？

E. 其他：策略联盟等。

2000 年 5 月初，我们开始有选择地、渗透性地向部分媒介传播少量的联盟信息，但更进一步的细节却欲擒故纵，未加透露。加之 6 月 1 日是国家淘汰直排热水器的最后期限，媒介对来自热水器行业的新闻倍加关注，从一开始就极大地调动了媒体对整个事件的关注度。

经过华帝和万家乐多次磋商沟通之后，双方就“万华强排推广联盟”基本达成了共识，并形成了合作的基调：

双方强强联手推强排，促进行业整体健康发展——万家乐占据热水器市场的半壁江山，华帝作为热水器行业的“黑马”和中国灶具老大，两强合作，推动行业根本性改变，彻底淘汰那些没有独立科研能力和技术支持的山寨小厂；双方技术共享，共同推动万家乐强排标准向国家标准的过渡；探讨双方服务网络共享的可能性，相互支援，共同推出高品质的服务标准；联合促销，推动消费者对强排产品的认识和普及。

双方合作的三大目的在于：

▲ 合作是为推秩序——推进行业有序合作竞争，促进政府、行业、消费者三赢；

▲ 合作是为推标准——推进高标准、更安全的强排产品普及社会，造福大众；

▲ 合作是为推服务——提升服务品质和服务标准，共享服务网络、先进技术。

经过双方的努力，争取到燃气热水器行业协会、中国五金制品协会相关人员莅临顺德召开“强排热水器国家补充标准宣告会”，届时由行业主管领导对“万华联盟”作出肯定。

第二阶段：立体的新闻发布和深度、广度报道

自2000年6月初开始，“万华联盟”宣告成立的新闻和内幕报道正式对外发布。除新华社、中新社通稿之外，我们全面调动了全国的大众媒体、专业财经媒体，以报纸、电视、电台、财经杂志、互联网新闻、互联网讨论区等多种形式进行广泛而深入的报道。由于准备充分，对事件的背景资料、报道基调等都做了详尽的把握，所以新闻一出来，即引起极大反响，并吸引全国众多媒体前来采访和报道。整个活动的报道持续了一个月之久，发布新闻近110条，近13万字，其中1500字以上的深度报道占85%之强。

2000年6月12日，值中国五金制品协会会同相关企业在顺德召开“强排热水器国家补充标准宣告会”之际，中国五金制品协会理事长张东立，副理事长、秘书长石僧兰与万家乐总经理潘泽民、华帝集团总经理姚吉庆进行了会谈，并就万家乐、华帝强强联盟和联合推广强排给予了充分的肯定：强强联手，由竞到合，竞合双赢，大大加快了行业的产业结构调整步伐，形成较强的市场竞争力量；并且两家公司的品牌定位都是走高品质、高技术的精品路线，反对价格战，反对低层次竞争，提倡全新的竞争秩序，促进行业的整体发展和繁荣。万家乐和华帝的联盟对中国热水器行业的发展将起到不可估量的作用，其正面影响是非常大的。

行业协会的肯定及对此评价的最终报道，又极大地推动了媒体和公众对“万华联盟”的关注，一时间，“万华联盟”成为社会的热点和焦点。

6月12日，华南强势媒体《南方都市报》对“万华联盟”做了一个整版的报道。题为《热水器市场提前进入强排时代　万家乐与华帝携手共谋大局》的文章高度赞扬了“万华联盟”，并将华帝视为“燃气热水器行业的巨头”。

《中华工商时报》在一篇题为《热水器掀起洗牌浪潮》的文章中谈到，燃气热水器行业出现大洗牌格局已经只是时间问题，而“万华联盟”正是行动的最初征兆。

6月20日的《中国经营报》发表了一篇题为“直排出局强排造势”的文

章，文章在引题中将华帝当成与万家乐齐名的强势企业："继科龙与小天鹅跨行业结盟后，热水器两大强势企业万家乐、华帝又达成了业内联合。代表着国际竞争趋势的强强联合，是否会在国内演变为继价格大战后的又一种流行?"

北京、上海、广州、成都、深圳、长沙、西安、武汉、哈尔滨、沈阳、南昌、乌鲁木齐、济南等地有影响的媒体均对万家乐华帝"万华联盟"进行了深度报道。其中，新华社、新华网、南方周末、北京晚报、广州日报、南方都市报、中国经营报、中国经济时报、中华工商时报、北京青年报、华声报、新浪网、21CN 网站、南方网、千龙网等强势媒体都以大篇幅进行了报道。

第三阶段：地面活动扩大影响

2000 年 7 月 1 日，为配合国家淘汰直排热水器、推广强排热水器的政策，由广东华帝集团和广东万家乐燃气具有限公司联合主办、广东卫星广播电台现场直播的"万华联盟强排热水器有奖文艺咨询活动"在广州宏城广场举行。

这次活动寓教于乐，精彩的表演和丰厚的礼品吸引了几万名观众。消费者协会和技术监督局领导在这次活动中高度肯定了万家乐和华帝为推广强排热水器而举行的这一有意义的活动，他们希望有更多的消费者接受更安全的强排热水器。中国燃具业两大巨头万家乐和华帝集团的两位总经理潘泽民、姚吉庆第一次在公开场合出现，表明双方联盟已有了一个较好的开端。

项目评估

由"万华联盟"开始，中国热水器进入了竞合双赢的强排时代。这次活动真正达到了多赢的局面：

消费者：禁直推强，消费者得到了更安全、高标准的强排热水器产品。

政府与行业协会：在"万华联盟"的感召下，众多热水器企业积极响应国家禁直推强的产业政策，行业产品迅速升级换代，燃气热水器行业开始告别"杀手"的恶称；行业秩序和行业产业结构得到合理的理顺和调整。

社会舆论：热水器行业开始赢得正面的积极的肯定和关注，“万华联盟”倡导新型的竞争合作模式，为加入 WTO 前的中国企业界和民族工业开了先河，树立了良好的典范。

行业：强排热水器得到消费者的关注和认可，行业秩序进一步理顺，产品升级换代，热水器进入强排时代。

万家乐：股票急升。作为行业的领导者和强排标准的制定者，万家乐得到政府和行业的充分肯定，企业形象进一步得到提高，万家乐强排热水器终于大规模走向市场，占有了市场先机。

华帝：作为本次公关活动的最大赢家，华帝企业的知名度迅速提升，华帝由一个灶具行业的知名品牌，迅速成长为燃气具行业的全国性著名品牌。同时，2000 年华帝大规模进军热水器行业的计划得以实现，市场排位大幅提升，成为热水器行业前几位的领军企业之一；华帝成为热水器行业一匹引人注目的“黑马”。

当无数双眼睛被媒体引导着投向华帝时，华帝的收获远远超出了“万华联盟”本身。

华帝成功地搭上了“万华联盟”的快车。所有的媒体报道“万华联盟”的基调基本上都是一致的，即热水器巨头万家乐与华帝在以全行业的整肃为己任的崇高目标下，形成了这个联盟。

在媒体所给予的这种定位下，当热水器行业重新洗牌开始时，华帝轻而易举地令自己的品牌地位大大提升，由燃气热水器行业的第二品牌军团迅速跃升为该行业的“巨头”。

对“万华联盟”的成功运作，华帝完成了一次历史性的跨越——由一个名气不大的民营企业发展成为一个凝聚众多“眼球”的知名企业。根据国务院发展研究中心 2000 年 12 月公布的调查结果，广东华帝集团 2000 年的国内企业知名度由年初的 20% 上升了 20 多个百分点，达到 40. 8%，产品的市场销售更是一片飘红。“万华联盟”的营销造势取得了全面成功。

案例解读2：雷霆出击，全方位新闻策划打击黑手机

2008年中国十大网络热门流行词中，“山寨”一词就是其中之一，山寨文化、山寨明星、山寨春晚、山寨名牌等事物一时四处开花。

或许许多人并不知道“山寨”一词其实起源于广东，而且其来源就出于深圳等“山寨”手机的制造工厂。“山寨”手机也即“黑手机”。黑手机指的是水货手机、贴牌手机、杂牌手机、冒牌手机等非正规厂商、非正规渠道生产、销售的手机。

黑手机以其价格低廉、销售渠道灵活、市场反应速度快迅速占领了市场，从而给正规手机厂商特别是国产手机的销售造成了重创。

而在数年前，我们曾联合某本土手机厂商，策划过一次影响力巨大的“反黑”行动，通过新闻策划的方式打击了黑手机的慑人气势，最终引发政府相关部门的重视，并出手干预市场，使黑手机的发展势头得到一定的抑制。

“反黑行动”历时半年，从调研、分析、策略制定到执行，虽然中间经历过许多波折与起伏，但“反黑行动”最终得以轰轰烈烈地展开。这场反“劣币驱逐良币”的行动，既是一场市场秩序保卫战，更是一次危机公关战，而对新闻公关的出色把握与运用，则是行动成功的最大保证。

黑手机泛滥，国产手机深陷危机困境

作为长期浸淫于移动通信行业、手机运营行业的专业人士，我们一向密切关注中国手机行业的发展，对手机行业的发展脉络有深度的了解。

有一次，我们与国内某手机厂商巨头陈总交流，他抱怨公司发展业绩比起去年同期下降了近30%，库存量积压巨大。同时，他也透露，同行业几家对手也出现同样的销售不理想甚至巨亏的情况。造成上述情况的原因有很多，除了跨国手机巨头加紧进攻中国市场，不断蚕食低端市场之外，黑手机的泛滥成灾也是造成国产手机市场不断萎缩的重要因素。

长期身居广州，我们虽然一直知道黑手机在市场上销路不错，但我们却

从未意识到黑手机的增长势头已经给国产手机带来了严重的冲击。

陈总的话触动了我们敏感的神经。在谈话结束之后，我们立即展开了对黑手机的市场调查，调查的结果让我们大吃一惊。2005 年上半年黑手机销售份额达到 20% 之多，在整个 2005 年上半年共销售的 4457 万部手机中，黑手机就占到 900 万部左右！由于跨国品牌手机多集中于中高端，而国产手机多数以中低端产品为主，黑手机依靠着低廉的价格，对中低端市场也就是国产手机赖以生存的空间，造成了巨大的冲击。

另一组调查数据也显示，黑手机年销量平均可达 1500 万部，吞噬了中国 1/3 的手机市场，年销售总金额达 300 亿～500 亿元。

而从消费者调查、渠道销售势头来看，黑手机的增长还在不断快速地发展，在国产手机陷入冬天之时，黑手机却似乎正在进入春天。

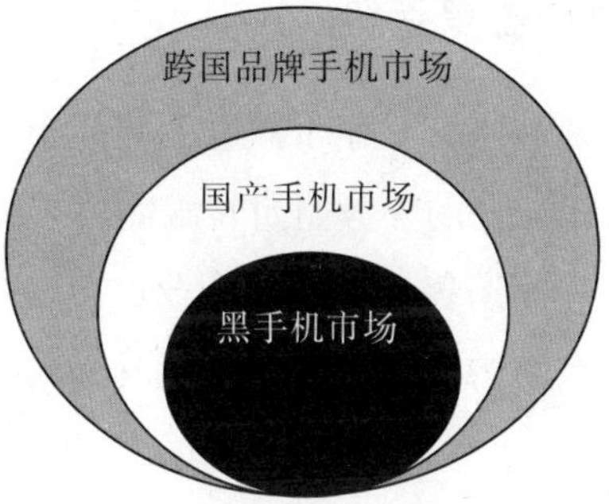

跨国品牌手机、国产品牌手机、黑手机市场态势示意图

从这个示意图中我们也可以看出，国产手机受到跨国品牌手机和黑手机的内外夹击。国产手机深陷危机困局，一方面，它上有跨国品牌高压打击，他们以本土化、抢占渠道、推出低端品牌等多种方式大力出击，以高压的势头限制国产手机的增长。另一方面，黑手机又以低价格、灵活的销售方式迅速崛起，不断蚕食着国产手机中低档市场。

如果将中国手机市场比喻成一片原野，由于跨国品牌手机的压制，国产手机在外围市场无法扩张的情况下，内在市场还不断受到黑手机的蚕食分割，黑手机发展越迅速，国产手机的处境就越困难。

黑手机发展势头不遏制，国产手机真正的春天就不会到来。

事有凑巧，广州媒体巨头羊城晚报集团也同样密切关注着黑手机在全国各地的泛滥。在多次与羊城晚报集团深入交流之后，我们决定联手策划一场轰轰烈烈的“反黑行动”，在全国范围内迅速掀起对黑手机的讨伐声势，使黑手机的危害问题得到政府、厂商、渠道销售商、消费者及媒体的强烈关注，最终形成对黑手机的多方打击力量。

我们立即抽调精英人马，成立专项团队，上北京，赴重庆，转深圳，下东莞，前往黑手机泛滥最严重的地区进行调研了解，同时组织多次座谈会，邀请渠道商、厂商代表、政府机构代表进行前期沟通交流，从多个角度把握黑手机的发展趋势。经过详细的分析，一份打击黑手机、拯救国产手机危机困境的公关策划方案正式形成。

上兵伐谋，多方合力打击黑手机

一场超级女声的比赛，使三个原本默默无闻的小女生迅速成为万众的偶像；几次网络炒作，身无长技的芙蓉姐姐转眼间“名扬”大江南北；一篇严厉的负面报道，可以令一家销售几十亿的企业命运终结——在一个注意力时代，没有什么比公众的注意力、社会的舆论更具强大的推动力、鼓动力和杀伤力。

多年的公关实战经验告诉我们，事件发展的成败很多时候并不取决于事件本身的性质，而是取决于如何有效地引导公众的视线，引导社会的舆论。而对于黑手机而言，既然存在着庞大的市场需求与发展空间，必然有着坚实的现实基础与舆论基础做支撑。打击黑手机，首先就必须从瓦解这种基础开始。

舆论的误导及利益的博弈造成了黑手机一直存在发展空间。对于许多消费者而言，黑手机意味着更优良的性价比，但他们往往忽视黑手机质量缺欠的隐藏问题；对于地方来说，黑手机的销售给不少地方创造巨大的收入，但是国家却损失了更巨额的税收；对于渠道而言，黑手机可以给渠道商带来比正规手机更高的利润额，但也造成严重的市场竞争秩序的混乱。正是这种多重利益的博弈与矛盾，使黑手机在生产及销售方面一直顺风顺水，利益既得者顺其自然，国产手机脱离等利益受损者却无可奈何。

所以，在缜密的分析之后，我们认为使国产手机脱离危机困境的有效方法之一，就是发动一场规模空前的打击黑手机行动，从社会的舆论引导入手，从高空进行媒体造势，彻底扭转社会、公众、地方政府机构及渠道商以往对黑手机的一些错误认识。然后再团结外部力量，将影响力继续扩大，最后上书政府，促使政府采取强有力的行动。

“反黑”行动三步曲：舆论造势，吸引关注——巨头峰会，团结力量——上书政府，促使行动。

策略制定之后，全面的执行立即展开。《记者奔走三地探内幕　撕开黑手机便宜外衣》、《黑手机“狐狸尾巴”揭底　专家教你识别三大高招》等系列报道首先在《羊城晚报》打响第一炮，同城其他媒体也接着跟进，黑手机事件一时间成为社会谈论的热点，舆论对黑手机的发展、危害、负面影响已经逐渐形成旋涡焦点。

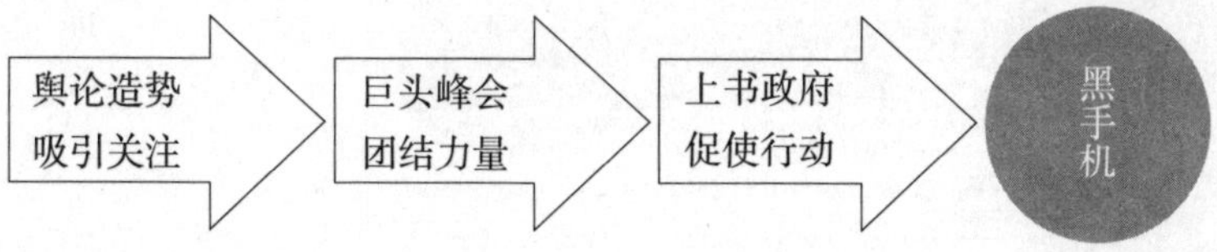

鉴于网络的强大影响力与传播速度，在平面媒体造势的同时，我们迅速组织多个网络专题，在搜狐、21CN、网易等重点门户网站引爆，短短数天内，关于黑手机的话题迅速升温，网友的评论跟帖多达几千条，大的舆论环境已经开始形成，各方对黑手机的危害有了初步的认识，也开始密切关注黑手机的发展。

就在社会对黑手机事件关注度不断升温的时候，我们认为团结外部力量、成立“反黑”战略联盟、扩大事件影响力的时机到了。

2005 年 6 月 20 日，“规范手机市场秩序，促进手机行业发展”的巨头峰会在广州召开。波导、夏新、康佳、TCL、中兴通讯、联想、摩托罗拉、索尼

爱立信手机厂商出席，国美、苏宁等大的渠道商代表以及广东省工商局、信息产业厅等政府机构领导一同参与峰会。与会巨头们发布了《羊城宣言》，正式建立“反黑”战略联盟，痛陈黑手机之危害，集体向黑手机宣战。

巨头峰会的召开意味着“反黑”行动正式进入高潮，第二轮媒体深度宣传紧接着展开，并从黑手机对国家税收的损失、对消费者利益的损害、对行业秩序的破坏三个方面进行深层剖析。新华社、第一财经日报、广东电视台、华西都市报、新民晚报、北京青年报等重磅媒体纷纷对黑手机进行深度报道或系列报道，使黑手机事件再也无所遁形，整个社会舆论已经形成对黑手机先诛而后快的期望性。

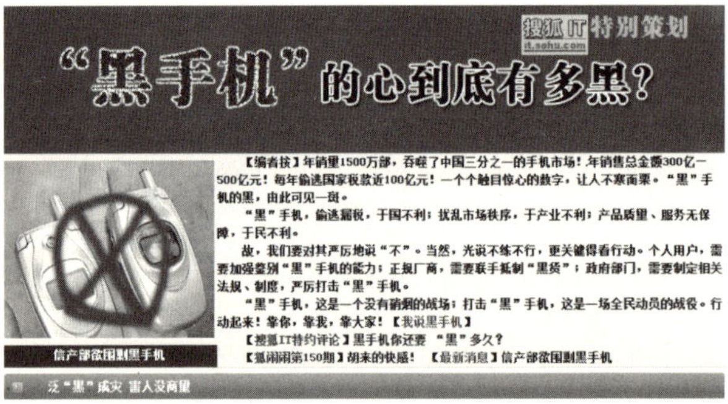
搜狐IT特别策划
it.sohu.com

“黑手机”的心到底有多黑？

【编者按】年销量1500万部，吞噬了中国三分之一的手机市场！年销售总金额300亿—500亿元！每年偷逃国家税款近100亿元！一个个触目惊心的数字，让人不寒而栗。“黑”手机的黑，由此可见一斑。

“黑”手机，偷逃漏税，于国不利；扰乱市场秩序，于产业不利；产品质量、服务无保障，于民不利。

故，我们要对其严厉地说“不”。当然，光说不练不行，更关键得看行动。个人用户，需要加强鉴别“黑”手机的能力；正规厂商，需要联手抵制“黑货”；政府部门，需要制定相关法规、制度，严厉打击“黑”手机。

“黑”手机，这是一个没有硝烟的战场；打击“黑”手机，这是一场全民动员的战役。行动起来！靠你，靠我，靠大家！【我说黑手机】

【搜狐IT特约评论】黑手机你还要“黑”多久？

【狐闹闹第150期】胡来的快感！ 【最新消息】信产部欲围剿黑手机

信产部欲围剿黑手机

泛“黑”成灾 害人没商量

大环境的预热造势之后，如何促使政府对黑手机采取实际行动被提上了日程。经过仔细的磋商，我们决定联合各手机巨头向温家宝总理、七大部委递交请愿信，数列黑手机肆虐的重大危害性，促使政府采取强有力措施，整顿市场秩序，保证国家、行业、消费者的利益。

在我们积极的牵线斡旋之后，参与羊城巨头峰会的手机厂商在请愿信上签名以示支持，并由六大手机厂商的代表正式向国务院、七大部委递交主题为《打击黑手机，为中国手机行业的发展营造良好的生态环境》的请愿书。

在多方力量的聚结之后，加上社会舆论的大力推动，政府部门开始意识到黑手机的危害性。

2005 年 11 月 26 日，国家信息产业部联合发改委、公安部、海关总署、国家税务总局、国家工商行政管理局、国家质检总局七大部门联合公布了《移动电话机市场秩序专项整治方案》，这是政府相关部门首次就黑手机正式表态。

在整治黑手机方案出台不久，各地政府部门就对北京木樨园和公主坟通信市场、广州文园通信市场、深圳华强北远望通信市场、成都太升南路通信街、石家庄太和电子城等黑手机泛滥严重的市场进行重点整治。

作为“反黑”行动幕后的策划者，我们对政府的行动感到欣慰。同时我们也知道，黑手机在中国生存发展多年，不仅拥有庞大的市场基础，而且在许多地方的发展已经根深蒂固，不是短时间内能撼动其根基的。但是我们相信，随着“反黑”行动的不断深入，黑手机的发展势头必然会逐渐受到遏制，手机市场秩序、国产手机的生存空间也会得到不断的改善，而这正是我们所希望看到的结果。

“反黑”之后，国产手机路在何方

在整个“反黑”行动执行的过程中，由于接触到许多黑手机的一手资料，我们一直在思考为何黑手机在中国发展会如此迅猛。造成这种结果，除了市场竞争秩序尚不够规范之外，国产手机在某方面缺乏核心竞争力、无法与黑手机拉开竞争的距离也是不争的事实。

手机狂人万明坚曾发出向“黑手机学习”的口号，作为国产手机的领军人物，万明坚喊出此口号决不仅仅是为吸引人眼球，而是代表着一种新的策略思维：黑手机之长恰好是国产手机之短。国产手机应该学习黑手机的快速市场反应、灵活销售方式、出色的成本控制，在打击黑手机的同时，国产手机也必须迅速提升自己的优势，才能够在竞争中得以生存发展。

回顾长达半年多的“反黑”行动，令我们感慨的不仅是黑手机强大的市场基础，也为国产手机的发展感到担忧。从市场的角度看，国产手机目前所缺失不仅是核心技术，其口碑与美誉度也有待提高。同时，国产手机在品牌宣传上也有待提高，许多消费者甚至对许多国产手机品牌闻所未闻，更别说购买。

许多跨国品牌手机之所以无惧黑手机的侵袭，是由于他们大多以强大的品牌影响力作为产品销售的后盾，能够明显拉开与黑手机的差异化距离。而这也正是国产手机所要反思的深层问题之一：如何通过出色的公共关系提升品牌知名度，塑造品牌的美誉度，为品牌构筑一道天然防火墙，从而有效抵御黑手机的恶意侵袭，这是国产手机要重视的战略性问题。

市场竞争已经从产品的竞争进入心理认知的竞争，黑手机的发展恰好给国产手机敲响了一记警钟：没有技术就难以形成核心竞争力，缺乏品牌影响力的产品就容易受到竞争打击。

第六章
营销造势的网络传播法则

概要

进入 21 世纪，一种全新的营销浪潮正在席卷而来。在新的市场环境中，营销传播不再像以往那样单纯追求对消费者进行信息灌输，而是以媒体的创新、内容的创新、传播沟通方式的创新去征服目标受众，这是全新营销造势的网络传播法则。

“封杀王老吉”的反向法则

第一法则：反向法则

代表品牌：王老吉

典型案例：“封杀王老吉”

影响力：☆☆☆☆☆

案例描述

2008年5月18日，在中央电视台为四川地震举行的赈灾晚会上，东莞加多宝（凉茶王老吉的生产商）捐出了高达1亿元的善款，使这家公司“一举成名天下知”。

就在加多宝出人意料地以巨款捐助感动公众的社会心理下，次日晚，国内知名网络论坛天涯上出现了一个叫嚣着要“封杀王老吉”的帖子，帖子标题为“让王老吉从中国的货架上消失！封杀它！”

帖子这样写道：“王老吉，你够狠！捐一个亿！为了整治这个嚣张的企业，买光超市的王老吉！上一罐买一罐！”

帖子只有50多字，却马上引来许多支持者。到6月2日，这个帖子的浏览量已经超过52万，回帖多达5000多条。加多宝一时成为“爱心企业”的样板，“封杀王老吉”的帖子，被网民们转载到越来越多的论坛上，几乎到了人人皆知的地步。

大部分网民直接将“今年过节不收礼，收礼只收王老吉”、“让王老吉从超市消失，有一罐买一罐”的呼吁，变成了真金白银的采购行动。他们认为，购买一罐王老吉，就等于向地震灾区捐献了一份爱心。

网络上数量惊人的讨论、转载和点击量，使这一事件引起众多传统媒体的关注和跟进报道。数日后，网上出现了王老吉在一些地方卖断货的传言。

“封杀王老吉”事件的出炉及网络对此话题的持续关注其实是加多宝操作

的一次堪称完美的网络创意营销传播的结果。

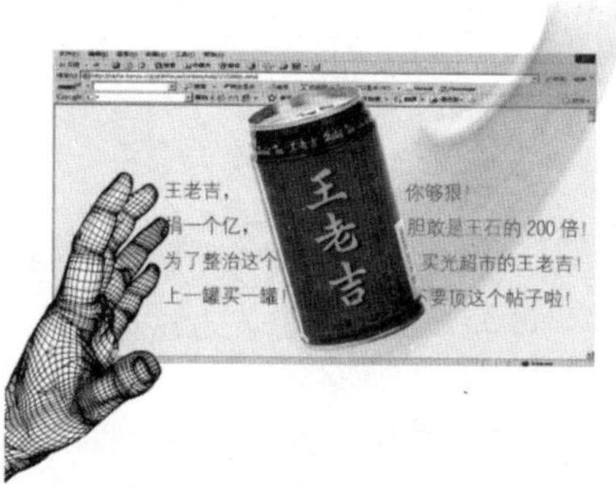

加多宝从 2007 年就开始重视网络营销的传播效果，并在该领域有所投入，正是因为有此前的资源和经验积累，加多宝才能在捐款后的第一时间快速、高效地开展网络营销。

一个公众瞩目的企业行为、一条引人关注的帖子、一群高效有力的网络推手，及最终引发的广受关注的社会新闻，这些重要因素都天衣无缝地融合在一起，造就“封杀王老吉”事件的成功引爆。

反向法则的启示

创意之一：成功借势。汶川地震之后，全国人民都对企业捐款贡献爱心非常关注，在当时“比富”（比谁捐款多）的大舆论背景下，当大部分企业都是捐赠几百万或数千万元额度的背景下，王老吉一出手就是一亿元，毫无疑问是一鸣惊人的。这也为“封杀王老吉”事件造势营销的推出奠定了舆论基础。

创意之二：反向策划。网友是单纯的，也是容易被煽动的。王老吉捐款一个亿的“壮举”在接下来的几天里迅速成为各个论坛、博客讨论的焦点话题。但这些话题是分散的，需要一个更强有力的话题让这场讨论升级。于是，“封杀王老吉”成为由议论赞扬到付诸实际购买行动的号令。创意本身契合当时网友的心情，使得可能平日里会被人痛骂为“商业帖”的内容一下子成了人人赞誉的好文章。

创意之三：持续推动。任何一个创意营销传播话题要最终变成现实的营销拉动力，必须要让话题得到持续的关注，并且不断扩散。

“封杀王老吉”这样一个单帖能够有如此大范围的影响，背后严密的网络推手对于这个帖子的初期转载和回复引导至关重要。BBS 营销在这个事件中显得尤为成功。首发天涯等大论坛，然后迅速转载到各个小论坛，之后，就可以依靠病毒自身的传播惯性去进行扩散了。

“iPhone girl”六天火遍全球的隐秘法则

第二法则：隐秘法则
代表品牌：富士康
典型案例：“iPhone girl”六天火遍全球
影响力：☆☆☆☆

案例描述

2008 年 8 月初，一位英国网友“markm 49uk”在网上写道，他购买了一部全新的 iPhone 手机，激活之后，发现主屏幕上显示的是一张可爱的中国女孩的照片，而且手机里不只一张这样的照片。这位消费者便将照片发到网络论坛，照片随即被传播开来。很多网友都被女孩的笑容感染，有国外网友甚至还为她制作了网站，称她为“iPhone girl”。

从 iPhone girl 照片上，我们可以看到富士康工厂厂区和流水线的图片（深圳富士康是苹果 iPhone 的代工厂）。看上去，这些照片都显得很规范，工人们身着工作服，正在有条不紊地工作。还有的照片则表明，工人们正在进行篮球等业余活动。

这一系列照片显示，富士康工人生活、工作都相当不错。

8 月 22 日，各网站和论坛纷纷开始转发。8 月 26 日之后，国内纸质媒体开始陆续报道。此时，国内网站和论坛对此事的转贴更是达到了一个高潮。在不到一周的时间内，Google 搜索引擎已有 18200000 项符合 iPhone girl 的查询结果；而百度的相关网页则有约 903000 篇，并成为该周第 9 大搜索热点。

到 8 月底至 9 月初，一些大牌美国媒体开始介入。首先是《华盛顿邮报》进行了报道，接着是《今日美国》等媒体。据《华盛顿邮报》报道，美联社的记者也曾试图用邮件采访富士康的新闻发言人，但未获回音。

经过这一事件之后，富士康的知名度急剧上升，更重要的是，这一系列的照片让许多读者开始扭转 2006 年《第一财经日报》批评富士康是血汗工厂的负面印象。

隐秘法则的启示

毫无疑问，“iPhone girl”是富士康一次成功的新闻策划，虽然它伤害了一些网民纯洁的心理，但对于一直深陷血汗工厂丑闻的富士康来说，亟须一些正面宣传的事件与案例来重塑企业的形象，而“iPhone girl”的推出正好满足了这种需求——一个知名的电子产品品牌 + 一个纯洁美丽的小姑娘 + 一个富有悬念的故事，这三者相加足以引爆媒体的疯狂报道，吸引消费者的高度关注，更重要的是，以这个故事为载体，向外界传递富士康良好的工作环境及快乐的工作氛围等信息，从而改变外界对富士康的负面印象。

隐秘造势以润物细无声的方式去制造新闻焦点，并将企业或品牌的信息巧妙地嵌入其中，在吸引消费者关注的同时塑造了企业的形象。其核心要点在于，首先是必须深刻把握新闻媒体的报道原则，了解什么样的事件才是媒体愿意追逐的报道焦点；其次是必须将品牌或产品的信息巧妙地嵌入其中，不能太过暴露或张扬，否则将会引来反效果。

“联想红本女”事件的矫情法则

第三法则：矫情法则

代表品牌：联想笔记本

典型案例：7天7夜追踪红本女

影响力：☆☆☆

案例描述

2009年4月24日，在搜狐数码公社出现了一个帖子“7天7夜不吃不喝网络追踪红本女事件”。内容是一名男子在跟踪一个漂亮MM，用7天时间持续报道他的跟踪过程。这个姑娘有一个明显的特征，无论到哪里，手里都抱着一台红色的联想ideaPad U110笔记本电脑，所以称之为“红本女”。

该红本女使用Gucci包包，随身带着一部红色超薄高档笔记本，经常在咖啡厅与朋友见面，很喜欢与宠物接触，很有爱心，喜好晨练，如此种种……

“红本女”刚一推出，就成为网络上一个热门话题。“红本女”事件中多次曝光的真正主角ideaPad U110是联想（Lenovo）收购IBM PC业务后推出的最具战略意义同时也最具挑战性的品牌。

现在人们热衷于小型笔记本，ideaPad U110采用的就是11.1英寸宽屏，虽然之前已有ideaPad Y510和ideaPad Y710推向市场，但是ideaPad U110是人们期待已久的一款产品，在CES上也获得过最佳笔记本产品奖。相对于ThinkPad的商务性，ideaPad U110系列更是一个定位高端的消费类本本，所以联想也必须策划一个高档的人物形象及故事去衬托这个系列的格调。

“红本女”一身高雅，开宝马MINI，提Gucci包包，出入高端休闲场所，还时不时早起晨练，秀下曲线完美身材，所有这些动作都极具白领特色，是白领女性阶层的标准模板和梦幻生活状态——虽然在偷拍“红本女”的过程中，企业有意操作的痕迹非常明显，但“红本女”的漂亮、其所展现的高尚生活、“偷拍”一词带来的吸引力，让这种矫情造势吸引了大量的关注度——

从某个层面上讲，“红本女”的矫情与芙蓉姐姐的自恋有异曲同工之妙，尽管事件显得矫情发嗲，但仍然吸引了大量好奇的网民。

“红本女”是发在搜狐论坛摄影专区的帖子，截至2009年5月13日，论坛数据显示，该帖的跟帖量和浏览量分别是25862、239687。从理论上讲，搜狐论坛最多有223万的网民关注了这位让人怦然心动的“红本女”；在百度和谷歌两大搜索引擎用“红本女”作为关键词，百度可以找到相关网页约2.5万篇，谷歌则更胜一筹，显示约有45.2万项符合查询结果。

联想真正的目的就是想通过“红本女”的高端定位，与本本建立隐形链接，以提高ideaPad U110的定位，引领一时的高端本本潮流。从关注度来说，这个造势策略无疑是成功的。

“红本女”事件矫情法则的启示

“红本女”事件正是充分利用搜狐数码社区的用户基础和用户黏度，积极曝光“红本女”的生活写真、优雅姿势、性感身材，成功利用了网民共有的爱“美”心态，吸引网民眼球，提高网民关注度。

矫情法则的运用其实是利用了网民对美女、偷窥、高尚生活的好奇或追逐心理，尽管许多人知道事件的背后是企业在操作，但出于共同的好奇心理，网民还是愿意参与到企业这场市场宣传的“阴谋”中去。

矫情法则的运用有三个要点：一是必须抓住网民最感兴趣的话题，如美女、偷窥、财富等；二是必须持续地进行追踪推进，使得事件的影响力不断扩大，将“矫情”之势造到最大；三是只有强势媒体的合作能够保证事件得到最高关注度。

红牛“高考前最重要的八句话”的归纳法则

第四法则：归纳法则

代表品牌：红牛

典型案例：高考前一定要看的最重要的八句话

影响力：☆☆☆

案例描述

在某一年高考来临之前，一个网络论坛上出现了一篇题为“高考前一定要看的最重要的八句话”的帖子，帖子的内容这样写道：

随着高考日子的临近，很多准备高考的同学心里感到莫名的紧张和恐惧。高考，不仅是对考生知识能力的应战，更是对考生身体心理的考验。以下的帖子，只要认真看，真的很灵验哦……

1. 高考像弹簧，你强它就弱，你弱它就强！

2. 一分耕耘，一分收获，上苍从来不会忘记努力学习的人！尽量去考，没必要患得患失。

3. 大胆去考，没必要杞人忧天，天生我才必有用！

4. 如果有些紧张，就告诉自己：“紧张”实际上也是一种兴奋，也有利于发挥。适当的紧张是正常的和必要的。

5. 保持良好精神状态，少喝碳酸饮料，常备一些像红牛一样的能迅速补充能量的饮料！

6. 保持和洽的同学关系，在一起奋斗不容易（上大学后的最深感悟）！

7. 有问题就要问老师，当天的问题当天解决！

8. 回帖是一种美德，相信我，你一定能考上理想的大学！

因为这篇帖子内容很有针对性，对许多准备高考的学生有一定的帮助，所以被疯狂转载，谷歌的搜索量在短短几周内上升至 20 多万。许多父母或学生都以为这篇帖子是某个有经验的老师所写，所以都当成是经验之谈推荐给自己的孩子或朋友，殊不知这是一场高明无比的企业策划，其背后的推手就是红牛。在帖子的第五条中，红牛极为高明地将自己隐身为助力高考的一种能量饮料代表，几乎没有几个读者能读出这是一条商业广告——这正是其信息宣传最高明之处，润物细无声。

归纳法则的启示

互联网上的信息极为庞大，能够真正被网民记住的却寥寥无几，所以，企业要提升信息传播的有效性，首先必须提升信息被有效记忆的可能性。

从人的记忆特性来讲，那些经归纳总结得出的信息更容易吸引注意力，如五款最具性价比的手机、中国十大成功人士、四大天王等。在这些商业传播中，红牛成功之处在于将产品的特性巧妙地与其他信息进行归类，摇身变成某一种事件的必备之物，在大大提高消费者的关注度的同时，也使自身产品成为消费的必需品。

这种归纳法则简单易用，而且非常行之有效，适合大多数品牌应用，特别是在营销造势中，能够起到四两拨千斤的作用，以极小的投入制造出一个强大的信息再传播源头，从而令无数受众在潜移默化中认同其品牌。

“MSN 红心爱国签名”的情感法则

第五法则： 情感法则

代表品牌： 微软 MSN

典型案例： 红心爱国签名

影响力： ☆☆☆☆☆

案例描述

“MSN 名字前面请加（L）China，支持 2008 北京奥运会，让全世界看看华人的团结，请转发给您的 MSN 朋友！”在 2008 年 4 月份的某一周，这样一则简短的信息在 MSN 用户间迅速传递。按照这一操作方式转发，MSN 用户的名字前面就会显示为一颗红心，意为“Love China”。

大批网友迅速响应这一提议更改签名档，支持北京奥运。这一匿名发起人发起的活动迅速在 MSN 上蔓延，一周时间内已有 700 万 MSN 用户亮起了红心签名。

这起活动是微软 MSN 中国发起的“我爱奥运”MSN 签名活动，旨在通过 MSN 聊天工具传递全球华人对祖国的热爱、对奥运的支持，以及对 2008 北京奥运会成功举行的祝愿。

MSN 推出的“红心爱国”活动恰好是在北京奥运火炬海外传递遭遇阻挠风波发生之后，与路易威登—莫特轩尼诗集团等其他国际商业巨头的不明智之举相比，微软“红心爱国”的行动很让人眼前一亮，甚至让人感到一种别样的友好。因此，MSN 借此契机赢得了大量的支持与肯定，网上随处可见对微软此次行动的赞扬之辞，同时很多不经常使用 MSN 的用户也使用了“红心”签名，使 MSN 用户的上线率远高于平时，可见 MSN 在宣传爱国的同时也进行了一次成功的事件营销。

情感造势法则的启示

借力爱国情感永远是行之有效的情感法则，这是一种根植于大多数人心中的一种情结，只要适当创造给予表达或宣泄的机会，爱国情感很快就会由涓涓细流变成汹涌大海。

使用情感造势法则的时候，必须抓住公众心目中反应最强烈的话题，如民生、爱国、社会疾苦等，在表达公共诉求的同时，也体现出企业在这其中所起的作用，使得公众支持某个公共诉求的同时，也认可了企业的做法，并给予企业充分的肯定。

“可口可乐在线奥运火炬传递”的邀约法则

第六法则： 邀约法则

代表品牌： 可口可乐

典型案例： 可口可乐在线奥运火炬传递

影响力：☆☆☆☆

案例描述

2008 年 3 月 24 日，北京奥运圣火在奥运会的发源地——距离雅典 370 公里处的古奥林匹亚遗址上点燃。就在同一天，可口可乐联合腾讯 QQ 举办了一个叫“可口可乐在线奥运火炬传递”的活动——2008 年备受关注的网络营销盛事就此诞生。

2008 年奥运会圣火采集仪式是中国人乃至全球都广为关注的盛事。各大电视台、网络传媒都在关注着这一盛事。可口可乐是奥运会火炬传递赞助商。2007 年，当“祥云”火炬设计出来之后，可口可乐就在全国范围内选拔奥运“火炬手”，各大城市可口可乐的销售点都有其醒目的海报，可谓在线下就已经得到了广泛的传播。同时，可口可乐一直在思考如何通过网络传播让更多网民参与和关注奥运。

可口可乐最终选择拥有 2 亿多人口基数的 IM 软件腾讯 QQ 作为消费者互动参与的载体。在中国，QQ 在年轻人的生活中相当于网络世界的手机，是生活中不可缺少的一部分。同时，年轻人又是可口可乐的核心消费群体，因此，可口可乐与腾讯的合作在受众互动参与的便利性和品牌营销活动的核心受众精准度方面都是最优化的选择。

活动前夕，可口可乐通过网站招募了 8888 名第一棒火炬在线传递大使。2008 年 3 月 24 日，“可口可乐在线奥运火炬传递”活动正式开始。活动以 8888 名第一棒火炬在线传递大使作为 8888 条路线的起始点开始推进，所有 QQ 用户都可以参与到活动中来。

在这次活动中，每个被邀请参加的 QQ 用户都成为其品牌传播的接触点，向该用户的好友传播自己已经参加“可口可乐在线奥运火炬传递”活动的信息。

成功邀请好友参加活动的第一棒火炬在线传递大使可获得由可口可乐提供的专享奖品，其他参与“可口可乐火炬在线奥运火炬传递”的用户将点亮

QQ 上的图标和获赠 QQ 秀胜利徽章。拥有未点亮图标的“火炬大使”可以获得邀请一位用户参加活动的资格。拥有未点亮图标的“火炬手”有将火炬传递给下一位用户的传递权。作为“火炬大使”，要点亮图标，需要在限定的时间内成功邀请其他用户参加活动；作为“火炬手”，要点亮图标，需要在限定时间内成功将火炬传递给下一个用户。活动初期的邀请（或传递）时间限定为 15 分钟，后期则根据活动状况作出变动。

刚成为“火炬大使”或“火炬手”的用户，会在其 QQ 好友面板个人头像处获得一枚未点亮的图标，图标在 2008 年 5 月 4 日之前为“徽章”样式，之后为“火炬”样式。当鼠标停留在这个“徽章”上时，可以看到 QQ 好友面板右边的页面，会显示出现实用户所参与的“火炬在线传递路线”的火炬状态，包括参与人数、目前所处的区域等。

以邀请代替灌输，以互动代替单向沟通，实现了消费者的互动参与，这就是“可口可乐在线奥运火炬传递”活动的核心所在。

邀约法则的启示

在新的营销环境下，企业的品牌营销行为的核心工作是：精确定位品牌的目标顾客群，构建品牌与消费者的互动沟通平台，基于受众的心理，建立品牌与消费者的价值交流，通过消费者的互动参与实现品牌营销传播活动的扩散。从这个角度而言，可口可乐与腾讯 QQ 联合开展的“可口可乐在线奥运火炬传递”活动是一次成功的营销2.0的活动——可口可乐成功地利用社会热点和受众的关注点，巧妙地实现了“受众参与体验，品牌蔓延扩散”的营销目的。

可口可乐通过邀请8888名第一棒火炬在线传递大使，实现受众的卷入互动，通过这8888名大使的传递，实现更多的用户卷入，使得整个活动出现广泛蔓延。QQ用户参与“在线火炬传递”只是消费者参与互动的一个方面。同时，“火炬传递大使”还可以在icoke. qq. com网络平台上传个人照片，建立大使个人风采，写下个人的奥运心情，还可以到Qbar参与火炬在线传递的讨论等，实现全方位的受众卷入。

此次营销活动最大的特点就在于它主要是依靠QQ好友间一对一的传播。这种传播特性从某种程度上来说是一种新型的人际传播，可以创造消费者与品牌间的价值交流，达到品牌与消费者交心，强化品牌运动的黏度，实现品牌价值的深度传播的目的。

“兰董谩骂事件”的激怒法则

第七法则：激怒法则
代表品牌：woyo网站
典型案例：兰董炫富
影响力：☆☆

案例描述

“80、90后的儿子们，都歇菜吧！”、“我的车，你们倾家荡产也买不起”、“80、90后的女孩，你们都是便宜货”……2008年4月，一位自称是“70后”、名为“兰董姐姐”的“牛人”就接连在网络上发帖子、贴视频，她总是戴着墨镜，翘着兰花指，用尖酸刻薄的声调谩骂“80后”、“90后”，一时间，兰董姐姐就成了继芙蓉姐姐之后的又一位“姐姐级”网络红人。

兰董姐姐不仅口无遮拦，甚至还经常用带有侮辱性的批评语言来指责年轻人。更为夸张的是，兰董姐姐还经常贴出自己的照片来炫富，她显摆着自己的名车、名包，还声称“你们一辈子都买不起，可我买了几天就不喜欢了”。如此高调的言谈举止，一度引起了“80后”、“90后”的年轻人狂轰滥炸。“兰董”火了，在“80后”、“90后”甚至一些“70后”的谩骂声中名声大振。

“兰董”的所有视频和照片都十分醒目地打着“woyo. com”这个网站名字（其中大部分还是水印，转载的时候也无法去掉）。到后来推出的视频更是鲜明地打上了“兰董”在woyo的空间地址，相信大部分网友都会在看到这个网址的第一时间想去看看这个“兰董”的个人空间究竟是什么样子。

到最后，网友的愤怒被激发到极点时，woyo才对兰董身世大揭秘——其实这一切只是个骗局，“兰董”是woyo公司的一个前台，这一切都是woyo策划的——“兰董”从此臭名远扬，之后慢慢淡出人们的视线。“兰董”激怒网友的真正目的在于推广woyo网站！

激怒法则的启示

从信息传播的角度看，正所谓“好事不出门，坏事传千里”——这就是为何恒源祥在2008年初推出12生肖“雷人”广告引来一片骂声之后，2009

年再次推出“雷上加雷”的生肖广告的原因，恒源祥同样希望用激怒观众的方式使观众记住其品牌。

同样，woyo 竭力打造“兰董”这样一个让所有人口诛笔伐的人物，其自身特性和言语行动足以让所有人唾弃而最终引发大面积的关注。同时，其聪明之处在于“借势”——恰逢之前一个“90 后”女孩大骂“80 后”和“70 后”的视频大火，于是策划者趁热打铁，推出一个“70 后”大骂“80 后”和“90 后”的事件，骂得更加淋漓尽致，更加无所顾忌。

为了使“兰董”更加臭名远扬，woyo 不惜启动“粉丝”登场，正反 PK 不断制造声音。从人的道德良知上来说，“兰董”应该没有支持者的，可恰恰相反的是，“兰董”的粉丝随处可见，而且全都跟“兰董”一样，出口成“脏”，言语挑衅。于是网友们更加愤怒，更加恨“兰董”，“兰董”也更加出名。

woyo 与恒源祥一样，采取挑战消费者忍耐力极限的“激怒传播”，宁可留下骂名也要被记住，这是一种很危险的营销方式，当然，在某些情况下，也是一种迅速吸引眼球的有效策略。

“回形针换别墅”事件的娱乐法则

第八法则：娱乐法则

代表品牌：超女王晓光

典型案例：回形针换别墅

影响力：☆☆☆☆

案例描述

加拿大 26 岁的凯尔利用互联网，用一枚红色曲别针开始与人交换，在一年多的时间里换得钢笔、陶瓷门把手、烤炉、发电机、百威啤酒桶、敞篷车……最终没花一分钱，换回了一套漂亮的双层别墅。

这个故事在网上激发了无数人的好奇心与联想，而这个故事现在被复制到中国——一个异想天开的“回形针换别墅”的事件在互联网迅速蹿红。

有个网名叫做“艾晴晴”的女孩打算在100天的时间里用“回形针换别墅”，在100天的时间里，艾晴晴一共成功交换了16次，其交换的路径大概如下：

①回形针—②路人照片—③玉佛挂件—④手机—⑤珍珠项链—⑥数码相机—⑦邮票小全张—⑧两瓶五粮液酒—⑨琵琶—⑩琵琶CD—⑪温碧霞的女用装饰镜—⑫美国原装海报—⑬《高丽大藏经》—⑭《别针换别墅——艾晴晴画传》（暂定）图书出版权—⑮恒昌珠宝价格为128000元的一只翡翠手镯—⑯广州美美音像有限公司的签约协议书

正是由于“回形针换别墅”的传奇性，无数网民对这个故事高度关注。网名为艾晴晴的姑娘举着一个回形针出现在网络，并在新浪网上开通博客，公布自己“坚持一百天，回形针换别墅”的计划。“艾晴晴”在网上迅速蹿红，此后40多天的时间里，全程记录其交易动向的博客点击竟超过270万。

无数网络媒体及平面媒体都加入到对这个童话般的故事的跟踪报道之中，“回形针换别墅”一时间成为网络最热事件。然而，就在“回形针换别墅”事件即将完满结束之时，幕后策划人因利益关系愤然撕破这个所谓的童话，将自己与“艾晴晴”这个落选超女王晓光之间的矛盾公开化，并向媒体公布整个事件的策划经过，使该事件半途夭折。

娱乐法则的启示

在运用娱乐法则进行营销造势方面，蒙牛应该算是先行者。2005 年，蒙牛赞助超级女生的成功让所有人见识到了娱乐营销的强大效果。

而在“回形针换别墅”事件的初期，网民同样为这个极富童话色彩的事件所吸引，在持续关注的同时，也使事件不断地升温。在这个娱乐化时代，娱乐化的传播毫无疑问是最具有吸引力的因素。

从营销策略的角度看，产品可以是同质的，不同的娱乐带来的快乐却是不相同的。在市场营销中，成功的关键不在于企业的基础，而在于对消费心理的准确把握及对营销方式的创新性运用。

企业要成功运用娱乐法则进行营销造势，就必须对时尚潮流、消费者娱乐心理保持高度的主动性和敏感性，密切关注社会潮流的发展动态、焦点事件及新生现象，准确把握消费者的心理，利用媒体的传播特性，使事件一鸣惊人。

第三部分　谋势篇

营销造势实战攻略

激水之疾，至于漂石者，势也；鸷鸟之击，至于毁折者，节也。故善战者，其势险，其节短：势如弩，节如发机。

——《孙子兵法》

第七章
营销造势之竞争对决篇

概要

竞争永远存在。企业在运营过程中要考虑的不仅仅是满足消费者的需求或是遵循一般的市场规则，四周虎视眈眈的竞争对手与潜在对手决定了市场竞争将是一场斗智斗勇的生存大挑战。

在辽阔的非洲大地上，每天太阳升起的时候，狮子和羚羊就开始日复一日、周而复始的赛跑。为了生存，它们必须在最短的时间内追上对手或者不被对手追上。这种永不停歇的追逐已经成了企业之间竞争对决的一种图腾。

企业与企业之间的竞争就是一种追逐与超越的游戏：当竞争成为一种生存常态之后，每一家企业都必须尽力在最短的时间内追上或者超越对手才能继续在市场上立足。

从一般竞争到恶意竞争，企业在运营过程中，所要考虑的不再仅仅是满足消费者的需求，或仅仅遵循一般的市场规则，四周虎视眈眈的竞争对手与潜在对手决定了市场竞争将是一场斗智斗勇的生存大挑战。适者生存、优胜劣汰，生存规则一向如此残酷无情，而那些懂得机智应对一般竞争、沉着超越极度竞争、冷静防范恶意竞争的企业，将会是最后的大赢家。

一般竞争—激烈竞争—恶意竞争，竞争的状态随着竞争程度而不断升级，恶意竞争已经成为市场竞争中的一种常态，而谋略深远的恶意竞争和恶意阻击往往会给企业造成重大损失。

面对竞争对手的来势汹汹，企业要以什么样的谋略去阻抑或者反击？新闻公关的造势策略往往在这个时候显出奇效。

移动通信行业：中国移动 PK 中国联通

对决主角：中国移动 PK 中国联通

对决关键词：手机辐射

对决重点：手机辐射对人体的影响一向是一个让人欲说还休的话题，就像是先有鸡还是先有蛋一样，这个话题永远属于有争议性、没有明确结论的疑难问题。正是由于问题具有争议性，中国移动与中国联通展开了激烈的新闻公关暗战。

案例名称：移动 GPRS 大战联通 CDMA

案例介绍

作为中国两大移动通信巨头，移动与联通向来是水火不容的两大敌对阵营，所以相互之间的竞争与反竞争就屡见不鲜了，收集对方情报、分析对手动向、防范对手的攻击也就成为移动与联通的重要日常工作的一部分。

在数年前，联通推出 CDMA 之时，曾掀起一场打击移动 GSM 系统的新闻攻击战。面对对手的进攻，移动迅速启动了新闻公关反击战，对决之激烈，策略之高明，令人印象深刻。

竞争对决，山雨欲来风满楼

中国移动通信业经历了四个阶段。第一个阶段是最早在中国使用的蜂窝式移动电话，也就是最能体现使用者身份的“大哥大”；第二个阶段升级到 GSM 系统，也即是目前最普遍使用的移动通信系统，俗称 2G 时代；第三个阶段是 2.5G——介于 2G 产品与 3G 产品之间的一种过渡式的通信产品，GPRS 与 CDMA 就是属于此阶段。2009 年开始商用的 3G 则是属于第四个阶段。

由于入市的时间晚，联通正式加入中国移动通信业争夺战时，中国的 GSM 市场几乎完全被移动所垄断。虽然联通靠着较为低廉的通信费和大规模的宣传广告从移动手中抢夺了部分客户，但是总的客户人数与移动的客户人数相比，还是相差很远，在 GSM 市场上，联通毫无竞争力可言。

更致命的是，联通的 ARPU（每个客户平均收入）值很低——也就是说，联通从移动手中所抢到的大部分是低端客户，他们为联通创造的利润率和贡献的价值很低。如何在竞争对手固若金汤的市场堡垒中撕开一个缺口，把对方的高端客户吸引过来，成了联通殚精竭虑的心头大事。既然靠低价吸引不了高端客户，那么就必须寻找新的卖点，从客户最关心的问题出发，重新制定市场策略，出奇制胜。于是，联通决定以“绿色手机——低辐射”为主打卖点推广 CDMA。

同时，为了攻击移动的 GSM 网络，迅速打造 CDMA 的品牌，联通开始了更具进攻性的市场推广。联通联同某省消委会做了一次手机辐射的测试，并在媒体上发布一篇题为《手机功率 CDMA 比 GSM 低 842 倍》的极具挑衅意味的文章。经大量媒体的转载，使得移动承受巨大的压力，许多消费者都质疑移动 GSM 辐射对身体健康的影响，并开始转向使用联通的 CDMA 业务。

手机辐射对人体的影响一向是一个具有争议的话题。正是由于问题具有争议性，市场嗅觉敏锐者从中觉察出了商机。

从消费者心理角度分析，各个层次的客户都关心健康问题，所以联通的 CDMA 打出“无辐射”的牌子，既“准”又“狠”，既能切中消费者使用安全手机的潜在心理，又能避开与移动在网络基站方面的竞争。

绿色手机的概念推出之后，联通辅以大规模的宣传攻势，市场上即刻有了反应，CDMA 的专卖店被前来咨询购买的人群挤爆。在很短的时间内，联通靠着“CDMA 等于无辐射手机”这把“尚方宝剑”吸引了大批高端客户。

山雨欲来风满楼。移动明显感觉到了市场的压力。

GPRS 应运而生。GPRS 的推出既是移动制衡联通的有力砝码，也是移动在自身 GSM 市场已相对饱和的情况下的一种战略突破，更是为未来争抢 3G 制高点在技术上的一种尝试，可谓一石三鸟。

相对于 CDMA 强调绿色手机无辐射的用意，GPRS 主攻的目标同样是具有高 ARPU 值的高端客户——GPRS 的卖点就是数据传输功能，这对工作繁忙的商务人士同样具有一定的吸引力。

一场高端客户争夺战正式拉开帷幕。

新闻公关打击 CDMA 市场攻势

联通大举推广绿色 CDMA 之时，移动也在紧锣密鼓地进行情报分析，力争洞察竞争对手的下一步发展动向。经过详尽的分析，移动预计联通必然在“绿色、无辐射”这一诉求点继续大做文章，并可能以此为原点，对移动的 GSM 网络进行攻击。

当联通联同某省消委会在媒体上发布题为《手机功率 CDMA 比 GSM 低 842 倍》的文章时，整个市场的战斗气氛一触即发。

进攻是最好的防守，移动要在市场上打响 GPRS，势必要先抑制联通 CD-

MA咄咄逼人的发展势头。为了达到此目的，就必须进行一场严密、有效的市场反击战，在降低CDMA市场影响力的同时，把GRPS的名声打响，移动决定以新闻公关为策略重点，进行全面市场造势，一一拆解联想的攻势，扭转消费者对GSM错误看法的同时，也给CDMA以打击。

策略一：讲事实，摆数据

首先，移动从正面出击，利用报纸新闻、网站新闻专题、BBS、电视专题、测试活动等将手机辐射的科学论据和事实展示出来，澄清有关手机辐射的报道。同时，将GPRS各优势方面突出宣传出来，清除CDMA对GPRS所加的各种似是而非的误导，更重要的是形成GPRS代表移动通信发展方向及现有技术定位的强大优势，建立GPRS时尚潮流的形象。报纸媒介、网站全面启动，形成立体攻势，增强公关效果。

其次，引导消费者重新认识手机辐射，澄清、消除、反击联想关于手机辐射对消费者的影响的说法，并针对CDMA用户作重点传达：手机无CDMA所谓的“绿色神话”，GSM和CDMA一样是绿色手机；中国移动的GPRS是真正的2.5G技术，是手机未来发展潮流和方向，是当下唯一能投入商用的2.5G产品；GPRS可以实现数据高速传输，有众多移动互联服务商提供各种服务；运营商网络成熟服务，等等。

策略二：釜底抽薪、以子之矛攻子之盾

移动紧紧抓住了联通所做的CDMA与GSM手机功率测试只是在联通的网络内进行，根本不够科学与全面这一点，来反驳联通所谓《手机功率CDMA比GSM低842倍》一文。

采取读者询问的方式，请省消委会对5月17日某报发布的GSM与CDMA手机辐射测试比较作出一个明确的解释，请其证明此次所做的测试是在联通网络进行的，与移动的网络无关。

用权威手机辐射测试机构的实验结果说明联通此次所做的辐射测试方法是错误的。联合手机厂家质疑消委会测试结果，消除误导。

利用多层次的媒体宣传破解 CDMA 的误导宣传，如组织“手机辐射知多少”专版，用科学的资料和数据说明没有“绿色手机”一说，凡是符合国家辐射标准的手机都可以称为“绿色手机”。

同时，移动在其官方网站上设立手机辐射专题，在 BBS 上开展反击。移动还拍摄了 5 分钟有关手机辐射的电视专题片在电视台和移动营业厅播放，以科学、生动、形象的方式向观众介绍手机辐射的知识。

考虑到联通攻势的猛烈，移动决定整合技术、服务等各个方面的优势，形成系统回应。尽快启动二线媒体，扩大影响范围。其中，许多高端用户都是成功人士，对一些财经类媒体的关注度高、影响力大，有利于降低联通绿色手机概念的影响力。

最后，利用移动短信平台开展“手机辐射知多少”有奖征答活动，普及手机辐射知识，教育消费者。

为了让反击战役能全面开展，移动专门成立了联通媒体监测小组，由专人每日负责收集联通在媒体上发表的所有信息，包括新闻、广告、活动等，每周汇总一次，并做出详细的分析报告，从中寻找机会与突破口，从而步步为营，处处抑制、降低 CDMA 绿色手机概念的宣传影响力。

营销造势全面启动 GPRS 市场推广

在还击联想的进攻的同时，移动的工作重点逐步移向对 GPRS 的宣传推广上。配合媒体、公关、活动，全面打响了 GPRS 的市场攻坚战。

移动决定正面传达 GPRS 在全国正式商用的信息，确立中国移动 GPRS 业务是现阶段最先进的 2.5G 移动通信技术的概念，引领手机消费新潮流。

同时，移动正面出击，利用 5·17 世界电信日，形成 GPRS 正式商用的强大媒体声势，提高目标消费群对 GPRS 的认知度，特别是提高目标消费群对 GPRS 比 CDMA 更领先、更时尚的认知度。

移动多角度、高调传达 GPRS 正式商用、手机捆绑、回馈消费者等信息，让社会公众了解和认同移动的负责精神和成熟服务（GPRS 为什么需要如此长时间试商用），间接还击 CDMA 前段时间的攻击。

移动充分地调动媒介（主要是报纸、互联网）的参与和关注，并且在广告及促销活动的配合下，加大宣传力度和扩大媒介传播辐射范围，正面树立GPRS的品牌形象；从正面的角度传递正式商用的GPRS的优势：网络服务更好、手机选择更多、提供的便利和内容更丰富、增值服务更强大。

确立中国移动GPRS业务是现阶段最先进的2.5G移动通信技术的概念，引领手机消费新潮流；淡化2.5G概念，强调GPRS为经严格测试的成熟技术，不是过渡性的产品，避免引起消费者驻足观望的心态。

移动强调全球五大手机巨头携手联推GPRS，有终端产品制造商的紧密合作，也有多个系列、具有价格优势的基于GPRS平台的手机支持。

移动强调得到ISP的全面合作，可提供更丰富的服务内容与资讯；强调在推广GPRS的过程中会不遗余力回馈消费者（例如一键无线上网、免费用GPRS连环送话费、购GPRS手机送大礼包），向消费者暗示现在是享受GPRS服务的最好时机。

这场激烈的竞争对决战只不过是移动与联通血拼的一个缩影，双方互相攻击与反攻击已经成为市场营销中常见的情况。而新闻公关的造势策略往往在营销对抗中显示出惊人的功效，把握一定的造势技巧、防范对手的恶意攻击，已成为企业市场营销中不可忽视的重点工作。

食品行业：娃哈哈VS达能

对决主角：娃哈哈VS达能

对决关键词：企业控制权

对决重点：十年前，达能与娃哈哈的合作被视为一桩技术换市场、利润换管理的“跨国婚姻”，能够带给中国饮料行业以新的生机。十年后，两家企业反目成仇。一方以法律诉讼为矛，另一方则以民族情结、国家利益为盾，毫不留情地进行攻击对抗。

案例名称：娃哈哈VS达能：错位博弈

案例介绍

2007年，中国市场上第一场并购与反并购的“国际影片”令人瞩目：“电影”主角就是法国达能集团董事长弗兰克·李布和娃哈哈董事长宗庆后。

达能与娃哈哈从合作到反目，中间整整跨越了十年时间。一家是世界领先的饮料集团，而另一家则是中国市场领先的饮料集团。当初两者的“联姻”曾使不少人为之欢欣雀跃，期待着一桩技术换市场、利润换管理的“跨国婚姻”能够带给中国饮料行业以新的生机。

但是十年过后，两个曾经彼此寄予厚望的合作伙伴却反目成仇，毫不留情地进行攻击对抗，这实在让人感慨不已。

丘吉尔曾经说过：没有永远的朋友，也没有永远的敌人，只有永远的利益。面对眼下来势汹汹的达能，再回想双方十年的合作之路，宗庆后是否对丘吉尔的话有了更深刻的理解？

从合作到对决

1996年，娃哈哈集团陷入经营困境。在百富勤的协助下，娃哈哈进行股权重组，由达能控股的合资公司独家拥有娃哈哈商标所有权，公司经营大权则仍由娃哈哈创始人宗庆后完全掌控。娃哈哈、法国达能公司、香港百富勤公司共同出资建立的5家公司生产以“娃哈哈”为商标的包括纯净水、八宝粥等在内的产品。娃哈哈持股49%，达能与百富勤合占51%。亚洲金融风暴之后，香港百富勤将股权卖给达能，使达能跃升到51%的控股地位。

很显然，当时娃哈哈看中的是达能的金钱和技术，而且还能获得外资企业的优惠政策；达能看中的则是娃哈哈在国内饮料市场的地位和未来发展潜力，所以双方一拍即合。

在签订合作协议之后，达能提出将“娃哈哈”商标权转让给其合资公司未果后，双方改签了一份商标使用合同。其中一款称“中方将来可以使用（娃哈哈）商标在其他产品的生产和销售上，而这些产品项目已提交给娃哈哈与其合营企业的董事会进行考虑”，即“提交合资公司董事会考虑”是中方使用娃哈哈商标的前提。也正是这一条款，为后来的强行收购风波埋下了伏笔。

合同签订后的几年中，娃哈哈集团在西部、革命老区和三峡库区等地投资了多个相关产业公司，到2006年，这些公司的总资产达56亿元，当年利润为10.4亿元。

据媒体报道，这些公司之所以没有引入达能合资是因为双方在战略发展上产生分歧。而几年后，达能以商标使用合同中娃哈哈集团“不应许可除娃哈哈达能合资公司外的任何其他方使用商标”的条款为由，要求强行收购这几家公司。因为达能不能容忍合资公司2006年销售额为200亿元，利润仅20亿元，而非合资公司总资产才56亿元，销售规模也小得多，但利润却高达10.4亿元。

计划赶不上变化，在巨大的商业利润面前，海誓山盟的契约也是不堪一击的，达能与娃哈哈从合作走向决裂，似乎在多年前就已埋下了种子。

舆论造势之下的竞争对决

在中国商业市场摸爬滚打几十年的宗庆后，不可能没有预料到这一天的到来，只是这一天来得太快了，快到超过宗庆后的预料。

这一桩外表看似完美的“姻缘”背后，其实是“同床异梦”。达能在与娃哈哈合作之后，又不断发力，接连收购了娃哈哈最大的竞争对手乐百氏和正广和，并参股光明和蒙牛集团等公司，大大拓展了其在中国饮料市场的版图。

为了获得更多与达能博弈的势力，宗庆后也先后成立了多家与合资业务直接竞争的企业，这些公司使用的是娃哈哈商标，但股东主要是宗庆后本人及其妻子和女儿，在股权关系上基本上与合资公司或达能无关。随着娃哈哈的不断成长和壮大，其品牌价值大幅提升，双方矛盾开始升级。

当达能忽然出手，拿出法律的武器向娃哈哈进行威迫利诱时，宗庆后毫不示弱，坚决地给予回应。

从2006年下半年起，警惕外资并购、保护民族产业就一直是社会上非常热门的话题。娃哈哈很聪明地选择了利用舆论来为自己争取优势，尤其是网络舆论。娃哈哈知道，如果单纯从法律的框架上去与达能对抗，娃哈哈是凶多吉少，所以娃哈哈必须独辟蹊径，从新的角度回应达能的挑衅。于是宗庆后举起了保护民族产业、民族情结的大旗，并广泛启动媒体舆论的造势势能，让工会、职工代表、销售代表、经销商、学者、网民等各种利益相关者连续发表声明，大有把达能葬送于“人民舆论”的汪洋大海之势。

据内部消息透露，娃哈哈为了在网络舆论上压过达能，不惜巨资聘请第三方网络炒作公司在网上制造一个话题，指责达能是如何不遵守商业道德，它在中国的目的就是为了搞垮中国企业，同时将娃哈哈描述成一个被压迫的弱者。

在第三方公司的运作下，网上支持娃哈哈、保护民族品牌的言论大量涌现，各种各样的网络舆论声浪一阵高过一阵，很快地，平面媒体也介入报道，从舆论上支持娃哈哈。

而就在娃哈哈攻势强劲时，达能也开始进行网络舆论的造势，指责娃哈哈不遵守十年协议，没有契约精神。

从双方舆论造势对决的结果看，宗氏的博弈策略显然在民间层面赢得了更多支持。这既是由于宗庆后已经成为中国最优秀企业家的代表之一，也是娃哈哈在长期的发展中，其品牌已经拥有了坚实的民众基础，所以宗庆后祭起民族旗帜后立即赢得了许多民间舆论的支持，在民心的争取上已经略胜一筹。但是在官方及业界，更多人是以客观及冷静的态度看待此事的，并没有轻易为宗氏的民族情结所煽动。

无论是哪一种结果，从短期来看，双方的对抗大战都没有赢家，最终可能是两败俱伤。在媒体和公众的聚焦下，随着更多细节的披露，娃哈哈、宗庆后和达能良好的公众形象均受到了不同程度的损害。

从法律上来说，宗氏是理亏的，因为跨国公司奉行的是对法律的尊重和对契约的执行，这在许多时候恰恰是中国企业的软肋。而从长远来看，国内企业要真正发展壮大，就必须重视法律、契约在并购中的地位与应有的作用，滥用民族情结只能显示自己的气短与实力欠缺。学会在法律、契约、民族利益之间寻求平衡，这才是企业真正的发展之道，这或许就是达能与娃哈哈之战带给我们最大的启示吧。

快速消费品行业：农夫山泉 VS 纯净水生产商

对决主角：农夫山泉 VS 纯净水生产商

对决关键词：天然水 VS 纯净水

对决重点：农夫山泉凭借自身的资源优势（千岛湖的国家一级水资源），站在维护消费者利益的立场上，借助于一个尚有争议的营养学知识，单挑"纯水联盟"——向全国1000多家纯净水厂商挑战，进行了一次热点不断的新闻营销，为自己的新产品的特色进行了一系列裂变式的免费宣传，形成了轰动效应。更为重要的是，重创了竞争对手——纯净水，以全新的形象挺进天然水市场。

案例名称：世纪水战

案例介绍

2000年4月，养生堂公司总裁钟睒睒宣布了一项石破天惊的决策：农夫山泉不再生产纯净水，全部生产天然水。

为强势推出"天然水"概念，农夫山泉做了以下三个实验：

（1）植物实验。水仙花在纯净水和农夫山泉天然水中生长状况为：7天后，纯净水中的水仙花根须只长出2cm，天然水中的长出4cm；40天后，纯净水中的水仙花根须重量不到5g，天然水中的根须超过12g。

（2）动物实验。摘除大白鼠身上分管水盐生理平衡的肾上腺，在喂以同等食物的基础上，分别喂以纯净水和含钾、纳、钙、镁微量元素的农夫山泉天然水，6天后，那些喝纯净水的大白鼠只剩20%活着，而喝天然水的还有40%活着。

（3）细胞实验。取两个试管，一个装纯净水，一个装天然水，然后滴两滴血进去，放在高速离心机里离心，结果，纯净水中的血红细胞胀破了。

这三个实验的结果在媒体上公布之后，引来行业的强烈反应。

2000年6月8日，杭州娃哈哈遍撒英雄帖，组织69家纯净水生产厂商结成生死同盟对农夫山泉口诛笔伐。娃哈哈老总宗庆后更是跳出来大骂农夫山泉。当时，娃哈哈纯净水占到了市场份额的50%以上，它亲自牵头对抗农夫山泉，这说明农夫山泉这一记猛棍打得又准又狠。

一场凶猛的营销对决正式拉开帷幕。

营销对决

农夫山泉的实验点燃了中国纯净水行业里的一个烈性炸药包，引发了20世纪末的一场空前激烈的“水仗”。

由69家纯净水生产企业推举的代表向国家工商局等5个部门分别提交了对农夫山泉的申诉。

申诉代表团由浙江的娃哈哈、广东的乐百氏、上海的正广和、四川的蓝光、北京的国信和鑫丽等6家公司组成，娃哈哈负责协调。代表团分别向国家工商局、国家质量技术监督局、教育部、卫生部和中国科协递交有关材料，从不同方面要求对农夫山泉进行制裁。

2000年6月8日，由娃哈哈牵头，全国69家纯净水企业在杭州集会，共商对策。会上纯净水企业发表一项声明，指责农夫山泉有不正当竞争行为，要求养生堂公司立即停止诋毁纯净水的广告宣传活动并公开赔礼道歉。

就饮用水标准问题，代表团向国家质量技术监督局提出的申诉请求是：“我们请求贵局对其（农夫山泉）水源进行检测，如果不符合生活饮用水标准，应责令其停止生产。此外，要对其制定的企业标准和产品名称进行审查，同时，责令其对全国媒体公布这一切，以挽回国家标准的权威形象。”

代表团递交国家工商总局的申诉材料称：“根据《中华人民共和国反不正当竞争法》和《中华人民共和国广告法》有关规定，经营者不得捏造、散布虚伪事实，损害竞争对手的商业信誉、商品声誉，广告不得含有虚假的内容，不得欺骗、误导消费者，也不得贬低其他生产经营者的商品或服务。因此，养生堂的上述行为明显属于以诋毁竞争对手和发布虚假广告的手段进行不正当竞争的行为。为保障饮用水行业正常的竞争秩序，维护纯净水生产企业的合法利益和广大消费者的权益，恳请贵局依照反不正当竞争法和广告法的有关规定责令其停止发布虚假广告和诋毁竞争对手的行为，向全国消费者以及纯净水生产企业公开道歉，并赔偿损失，同时对其上述违法行为进行严肃查处。”

代表团递交卫生部的材料称：“我们请求卫生部对养生堂公司的水源进行检查，如果不符合生活饮用水标准，就应责令其停止生产，以维护消费者的合法权益。”

面对竞争对手的重重包围，农夫山泉没有示弱。先是根据浙江大学的“水与生命”的实验结果，单方面向媒体宣布自己的选择，并在中央电视台黄金时段播放自己宣布停止生产纯净水的广告，继而在电视上播出新的广告片，宣传自己的产品特色，同时还兴建设备先进的水厂，以环环相扣的策略引起了媒体和公众的关注，借新闻之势，产生了冲击力强、波及面广的轰动效应。

2000 年 7 月 9 日，新华社发出的电讯稿报道“专家提醒”：“纯净水”不宜大量地长期饮用。终于，国家权威通讯社在新闻舆论上为这场“纯净水之争”作了结论。

新闻策划引爆市场知名度

企业生产什么和不生产什么只是企业的自身行为，但农夫山泉采取新闻发布会的形式，在纯净水占市场统治地位的情况下，抛出“纯净水对健康无益”这一爆炸性观点，成为中国第一家全面放弃纯净水生产，转而生产天然水的企业，以一“石”激起全国纯净水企业的“千层浪”，一场“水战”由此打响，更重要的是，农夫山泉借此重创了竞争对手。新闻造势使农夫山泉一次简单的企业生产转型变成了全国瞩目的社会事件，知名度由此急剧上升。

2001 年 1 月 2 日，《中国经营报》刊登新世纪特刊，将“农夫山泉搅水市狂澜”评为 2000 年中国十大经营新闻。而农夫山泉母公司养生堂老总钟睒睒也因成功策划了这场波澜壮阔的“水仗”，被《新快报》评为 2000 年“中国经济十大新闻人物”之一。

天然水与纯净水之间的“水仗”带给农夫山泉的正面效应非常明显。最具深层意义的是，原先完全陌生的“天然水”概念，通过媒体的不断炒作，已基本被消费者接受，使得天然水同其他饮用水迅速拉开了距离，借此树立了自己倡导“健康”的专业品牌形象。同时，也迫使竞争对手不得不调整产品方向而推出“矿物质水”或“天然矿泉水”。这可是花多少广告费也买不来的效果。

正如评选“中国经济十大新闻人物”的《新快报》所说：“虽然这场水战直到现在也没有定论，但有定论的是钟睒睒的目的达到了，即农夫山泉再一次成功地进行了差异化营销，就像‘农夫山泉有点甜’的策划一样，农夫山泉让人们知道了自己和别人的不同之处。”

手机行业：波导 VS 侨兴

对决主角：波导 VS 侨兴

对决关键词：手机价格黑洞

对决重点：手机价格黑洞的整个营销造势引发了高度的社会关注和行业关注。这一新闻话题不仅曝光了手机价格黑洞，让消费者对国产手机品牌有一个更清醒的认识，不再盲目消费，还为某个厂商敲响了警钟，更在长远的角度推动了国产手机行业的健康发展。

案例名称：曝光国产手机价格黑洞

案例介绍

2003 年“非典”过后不久，中国本土手机巨头波导在上海一家豪华酒店内举行了一场盛大的新品发布会——号称国内第一款女性高端手机——波导女人星品牌在万众瞩目中现身。几十家权威传媒机构、诸多社会名流、数百家来自全国各地的经销商出席了此次盛典。

发布仪式之后，波导立即启动了全面的女人星市场推广计划：从令人眼花缭乱的广告播放，到轰轰烈烈的公关活动，短短两个多月时间，女人星品牌的投入高达数千万元，其知名度也迅速提升，市场销售量开始逐步攀升。

就在女人星轰轰烈烈推出之际，另一手机巨头侨兴却在积极研究阻击女人星市场成长的方法：他们专门组织人员对女人星的产品、广告投放、渠道策略等各方面进行仔细研究，力图找出纰漏，从而给女人星以沉重一击。

在经过仔细的研究分析之后，侨兴发现其旗下 CECT 的 Q818 和波导的女人星 F1（型号为 SCO4）两者使用了基本相同的主板，甚至其印刷线路板的版本号也一模一样，而市场价格却相差一倍！两者的最大不同只在于外壳！波导女人星存在巨大的利润黑洞。

侨兴决定从产品的角度着手，拆穿女人星的虚幻色彩，从价格黑洞角度入手，通过新闻造势的方式，给予波导以沉重的打击。

2003 年 7 月 25 日，中国权威大报《广州日报》刊出一篇报道——《外观不同价格差千元　国产手机惊曝价格黑洞》。该报道以一份消费者送来的手机测评报告为引子，通过对两款国产知名手机的测评对比发现，这两款手机只是外壳不同，但两者使用了基本相同的主板，甚至其印刷线路板的版本号也一模一样，而市场价格却相差一倍！文中的叙述及所配发的图片将箭头直指波导女人星。

此篇报道一出，立即被多家媒体转载，手机价格黑洞一事迅即在业界及消费者中间掀起巨大的波澜。消费者阅读报道之后，都有种被波导女人星欺骗的感觉，波导女人星的终端销售受到了严重的冲击。

虽然波导相信此事必定有竞争对手在背后兴风作浪，但是苦于被人抓住弱点，而且对手攻势凶猛，一时间应对无策。而消费者的信心一旦失去，任凭企业再如何努力都无济于事。波导女人星只能眼睁睁看着自己的销售量不断下滑。

整个新闻造势持续了近一个月，全国主流大众媒体、财经专业媒体、门户网站等做了有关“手机惊曝价格黑洞”的报道，报道形式包括专题、新闻、评论等。

其中，《广州日报》作为首发媒体，不仅以头条《外观不同价格差千元　国产手机惊曝价格黑洞》的醒目标题报道了这一事件，还进行了后续的深入报道——《新款手机价格爆炒背后》。《南方日报》整版报道《手机价格是否存在黑洞?》、《手机价格存在暴力吗?》。除广州之外，北京、上海等重点区域的主流大众媒体也均有较大关注，《上海青年报》、《福州晚报》、《东方早报》、《中国消费者报》、《经济日报》等报纸均做了1500字以上的深度报道；网易、新浪、搜狐等门户网站和众多专业网站均有转载，引发了网友广泛的关注和讨论。

国内一家知名手机中文网站（www. younet. com）还以“这是欺诈，还是合理的销售策略”展开专题讨论，一周时间内，共有4186人参与投票，250多条网友留言。有74%的网友投票认为这是欺诈，该手机网站在讨论期间遭到黑客持续性攻击，几乎被迫停止运转。

关于手机价格黑洞的报道在手机企业中引起广泛关注，一些手机企业给媒体提供了更多内情。某国产手机企业人士说：“我们的手机不算最暴利的，还有更暴利的手机。”他甚至举出了国内多款暴利手机。还有一些手机企业人士向媒体陈言，目前国产手机业进入了一个混乱无序的竞争时期，通过媒体的呼吁，可以促进整个行业的长远和规范健康发展，加强国内手机业的自律、透明和有序。

手机价格黑洞的整个营销造势收到了预期的传播效果，并引发了一定强度的社会关注和行业关注。不仅曝光了手机价格黑洞，让消费者对国产手机品牌有一个更清醒的认识，不再盲目消费，更揭发了国产手机行业的人为暴利。

一系列的新闻传播深入剖析了价格黑洞现象存在的行业背景和原因，指出了这一现象的危害，在整个行业范围内引起了广泛的关注。这一营销策划，不仅仅为某个厂商敲响了警钟，更在长远的角度推动了国产手机行业的健康发展。

第八章
营销造势之形象打造篇

概要

打造品牌形象的深层次目的是为了提升品牌价值，能够让社会公众全方位了解企业，了解品牌背后的人、企业、文化和故事，促成他们对品牌由认识而了解，由了解而无限忠诚，品牌得人心者得天下。

一块香皂也需要形象管理吗?

是的。虽然您买它的理由可能很简单:用来洗手或者洗脸。

但作为专业公关人士,为了让这块香皂给人感觉更好或者更加引人关注,我们还将继续深究以下问题:

- 生产香皂的这家公司是不是一个有责任感的企业?
- 他们的香皂是否曾经做过动物实验?
- 他们的香皂采用的是不是可回收的包装?
- 他们有没有使用人工色素?
- 他们的香皂会不会造成环境污染?
- 公司的CEO是个什么样的人?
- 如果产品出现质量问题找谁解决?
- 他们是不是在电视上做了广告?
- 他们公司有没有良好的经营业绩?
- 他们公司的管理是不是完善?
- 他们是否支持艺术、体育、教育等公益事业?

……

没有别的,我们只是想让这块香皂能让人感觉与众不同,无论是第一眼看见它的商标时,还是在用它的时候。

企业与产品其实也一样,有效的形象打造与策划将使其获得与众不同的价值。

品牌形象打造的深层次目的正是为了提升品牌价值,能够让社会公众全方位了解企业,了解品牌背后的人、企业、文化和故事,促成他们对品牌由认识而了解,由了解而无限忠诚,品牌得人心者得天下。

九运火炬点燃华帝世纪梦想

案例主角:华帝集团

营销核心：火炬营销

造势手段：新闻发布会、活动宣传、媒体传播

造势效果：美誉度提升

影响力指数：☆☆☆☆

当每一届奥林匹克运动会辉煌落幕时，位于瑞士洛桑的奥林匹克博物馆会将两样物品珍藏起来——奥运会会徽和火炬。因此，这两样东西将承载着五大洲对这一届奥运会的记忆载入史册，更是主办国人民深厚情感的寄托。所以，奥运火炬的研制是一个举世瞩目的事件，对于参与研制的企业而言不仅是一种荣耀，更是一种营销的借力点。

与奥运火炬的举世瞩目性一样，中国全运会的火炬研制则称得上是全国性瞩目的事件，而对这一事件的成功借势策划，则使华帝从一家默默无闻的地方性企业成为全国性的知名企业，品牌美誉度急剧上升。

2001 年 11 月 11 日，全国第九届全国运动会在广州如期举行。20 时 35 分，江泽民主席宣布：中华人民共和国第九届运动会开幕。当大会主持人宣布点燃九运圣火之后，首名火炬手、中国第一个在奥运会上获得金牌的射击运动员许海峰高举火炬跑入会场。

许海峰手持火炬从百米跑道起点附近的入口跑进体育场。接着，奥运会柔道冠军庄晓岩、奥运会体操冠军李小双等接过火炬各跑 100 米。悉尼奥运会女子举重冠军陈小敏最后一个接过主火炬时，她已处于体育场北边的圣火台底下。陈小敏高擎火炬从体育场中间的人丛中穿过，跑到体育场南边跑道的弯道处。20 时 35 分左右，陈小敏矫健地走上点火台，点火台缓缓升起，陈小敏将火种伸向引火器。这时，奇迹出现了，火光变作一团绿色的光环，刹那间，绿光像闪电一样，在体育场上空划过一道弧线，飞向广场对面的火炬台，火炬台瞬间便冒出熊熊巨焰。8 万观众顿时掌声雷动。

九运圣火由此熊熊燃烧，直至 11 月 25 日九运会闭幕。

然而，在这神圣、伟大的时刻，火炬作为九运会的前奏，却有一段鲜为人知的感人故事，有着华帝的世纪梦想。

华帝的成长梦想

在2000年之前，华帝还只是一个仅限于灶具行业的知名品牌。在经过2000年策划执行的“华帝两权分离”和“万华联盟”之后，华帝开始引起公众的关注。根据国务院发展研究中心2000年12月公布的调查结果，广东华帝集团2000年的国内企业知名度由年初的20%上升了20个百分点，达到40.8%，华帝品牌由燃气具行业的小品牌成长为这一行业的大品牌。

与此同时，随着企业的快速发展和规模的不断扩大，华帝面临着如何进一步提高企业知名度和提升企业形象的挑战：如何使华帝的知名度和美誉度不光在整个行业里，同时也在社会公众和消费者中得到大幅度提升；不光是企业形象，同时也包括所有华帝产品都能有一个巨大的提高，有一个突飞猛进的突破，这正是公关活动要解决的问题。

2000年是华帝由民营企业走向现代型企业的关键一年，华帝如何在2001年将“好火好生活”升腾为世纪梦想，让华帝更坚实更自豪地走向全国，是华帝面临的迫切需要解决的问题，也是2001年集团公关活动的重点。

中华人民共和国第九届全国运动会是2001年全国人民继申奥成功、足球打入世界杯决赛之后又一体育盛事，在全国的影响不亚于中国入世。华帝若能搭上九运会的班车，其影响是不可估量的。如何才能让华帝切入九运会，让华帝乘九运会的春风走向全国是这次公关活动的关键点。

寻找项目策划的借力点

华帝意识到应充分利用事件，提高华帝企业形象，展示华帝的高科技含量和雄厚的企业实力；同时体现华帝集团“当好九运东道主”、热情襄助公益事业的博大胸襟。但是如何找到一个更好的切入点，让华帝参与九运会是这次公关活动的关键，于是，从自身的实际情况出发，通过充分的准备，华帝决定从九运会的火炬入手。

华帝号称是全球的灶具生产基地，华帝燃气灶在中国一直处于领先的地位。通过2000年一系列的公关活动，华帝由原先较单一的灶具企业成长为综合性的大型燃气具企业，华帝品牌由燃气具行业的小品牌成长为这一行业的大品牌。华帝集团的知名度和美誉度大幅度提升。

九运会是我国进入新世纪的第一个全运会，也是新千年我国举办的第一场规模盛大的全国综合性体育盛会，它象征着中国人民迈向新世纪的开始，展示着中华民族昂首阔步地走进新时代的精神风貌。举办九运会是为了进一步提高我国体育运动水平，锻炼和培养优秀运动人才，展现体育改革的成就，推动我国体育事业的发展，为社会主义两个文明建设作出贡献。

华帝是中国燃气具行业的新秀，在燃气领域有国际领先技术。“文明进步圣火”火炬传递活动是九运会的前奏，其影响力是可想而知的。火炬成了这次华帝与九运会的结合点，也是这次公关活动的焦点。

经过华帝与九运会筹委会的磋商，确定了双方的合作意向与方案之后，新世纪盛会九运会火炬就此诞生。

本次公关活动的新闻眼在于：

- 九运会是新千年我国举办的第一场规模盛大的全国综合性体育盛会，全国甚至全球瞩目，影响非同一般。

- 2000 年是华帝由传统的民营企业走向现代型企业的关键一年，2001 年则是华帝提升产品的科技含量，为华帝“专业燃气具”品牌形象提供更多专业内涵的开始。

- 九运火炬是这次世纪盛会重要的一步棋，“文明进步圣火”代表着国家文明、进步，象征着国家蓬勃发展。华帝研制的火炬科技含量之高是历届全运会所无法比拟的。

环环相扣高潮迭起

- 火炬问世

由于九运会是以“科技九运、绿色九运”为主题，所以对火炬的制作要求特别高。但令九运会筹委会十分为难的是，竟然没有一家企业能接手研制。华帝号称是全球的灶具生产基地，其燃气灶在中国一直处于领先的地位，其首创的低氮技术和旋压技术是国内领先的专利技术，达到国际先进水平。鉴于华帝强大的技术实力，九运会筹委会找到华帝，咨询其能否担此重任。华帝老总姚吉庆谨慎地表示“可以见面谈谈”。

姚吉庆回到公司后，马上讨论为九运会制造火炬的可行性。一周后，研究人员经过大量调查与研究，终于向姚总表示：“完全可以研制火炬。”华帝和九运会筹委会在第三次会晤后一拍即合，决定研制出最先进的九运火炬。经过科研人员的不懈努力，终于将火炬研制出来并经省政府主要领导及九运会组委会评审，通过国家体育总局的审定。

2001 年 4 月 25 日，在全国第九届运动会火炬捐赠新闻发布会上，华帝首次公开展示了我国科技含量最高的全运会火炬和火种盒。据介绍，火炬顶端火盘是英文“胜利”开头字母“V”的演化，9 个镀金的围型象征着九运会，寓意九运会在广州的胜利召开；火种盒外形如同一个飞碟模型，寓意着全国人民追求新生活、新科技，以新的姿态走进新时代。

为研制科技含量最高的火炬，华帝直接和间接的总研制费用达 300 万元。但在 2001 年初，华帝为了更好地支持九运会，毅然决定无偿捐赠价值近 200 万元的火炬和火种盒。

华南强势媒体《广州日报》第一时间报道了发布会的消息，宣称这次火炬的“制作水平超过了历届全运会”。《合肥晚报》则以题为《科技含量最高的全运会火炬问世》的文章报道了这次事件。4 月 27 日的《信息时报》发表了一篇题为《九运会火炬、火种盒首次公开展示》的文章，文章以“华帝集团成为独家研制单位”作为副标题，并在文章中称“率先以实际行动支持九运会的华帝集团，引起了新闻界的广泛关注”。

广州、合肥、兰州、广西、长春、福州、黑龙江等地有影响的媒体均对华帝独家研制并无偿捐赠九运会火炬的事实进行了报道。

中央电视台新闻联播节目报道了“九运会火炬捐赠新闻发布会”的新闻。

- 火炬揭秘

这次九运会的序曲就是以“走进新时代”为主题的全国性火炬传递活动，小小火炬是中华民族精神的凝聚，通过火炬的传递，架起和平友谊的桥梁，弘扬、传播体育精神。第九届全运会的火炬传递涉及全国 30 多个省市，由于地理环境、气候条件有所差异，所以传递的火炬必须具备良好的燃烧性能。

华帝集团精心研制的火炬，既要让火炬燃烧，也要保证火炬在阳光下也能看到，而且要把燃烧后产生的氮氧化物、一氧化碳的含量减到最低。而这一切的关键就是要严格控制火炬燃烧的温度。可是火炬燃烧的温度是最难控制的，因为影响火焰燃烧的因素很多，非常复杂。温度过高，火焰看不见，氮氧化物的浓度也随着增高；温度过低，又不能保证燃烧。为此，研究人员采用具有国际先进水平的低氮燃烧技术，并运用计算机仿真技术进行火炬的设计，将种种因素汇集起来，经过计算机上万次的计算，从中选定出一个最佳的火炬内部结构。

与此同时，火炬的防风设计也必不可少。计算机仿真告诉我们火炬周围的空气流动情况，什么地方将产生气流、旋涡，以此为依据设计了防风罩和外壳。其实火炬在传递过程中防风罩不一定朝向迎风面，设计时已经考虑到最恶劣的情况，将火炬防风罩设计在后面。

另外，火炬在传递过程中将发生什么意外也很难预料。为此，设计人员还为火炬上了双保险。自动点火装置和目前中国最先进的防熄火保护装置，确保了火炬的冉冉燃烧。

科学合理的设计在实际使用中将会怎样？火炬设计好了之后，科研人员进行了严格检验。

先进行氮氧化物的检测。用仪器采集燃烧产物，排放物能达到环保要求，低氮燃烧技术有效地控制了火焰燃烧的温度，使火焰既美丽又环保。火炬还能抵御六级大风，在人工降雨下火焰仍自在地燃烧。在零下18℃的冰柜里冷冻6个小时，火炬照燃不误。火炬中装有3个大气压的丁烷燃气罐，装上可靠的减压阀，保证了火炬的使用安全，小小的火炬简直是性能稳定，功能齐备。最后采用当时国内最先进的激光快速成型技术制造出火炬模型，经过一系列加工，再用先进的喷涂工艺，给火炬穿上高科技金属质感的外衣。

燃遍祖国大江南北的熊熊火炬，在“科技九运、绿色九运”的盛会上把广州奥林匹克中心会场的主火炬点燃。

中央电视台《科技博览》节目以《九运火炬科技》为题，详细报道了华帝研制九运会火炬的情况，让世人更清楚地了解到九运会火炬的高科技，并对华帝企业进行了介绍，无形中增强了人们对华帝及华帝产品更深入的了解，也丰满了华帝在消费者心目中的形象。同时，广东卫视以《九运火炬研制揭秘》为题制作播放了专题节目。

- 火炬传递

2001年9月11日上午，以“走进新时代”为主题的中华人民共和国第九届运动会的火炬传递活动在北京天安门广场举行，标志着充分体现国家富强、祖国统一和民族大团结的规模盛大的火炬传递活动正式在全国范围内展开。

首枚奥运会金牌得主许海峰与广东省优秀运动员代表孙淑伟用分别采自北京和广东的新世纪圣火和文明进步圣火引燃了引火棒，并点燃了放置在主席台前中央位置的世纪宝鼎内的火源。

国家副总理李岚清致辞：“我们在天安门广场点燃九运会‘走进新时代’火炬，象征着我们祖国走进新的时代，踏上实现中华民族伟大复兴的征程。”之后，国家领导人江泽民主席从燃烧文明进步圣火的世纪宝鼎内，点燃主火炬并高举火炬向周围的人群致意，然后将火炬传递给国家体育总局局长袁伟民，再由袁伟民传递给主火炬手——奥运冠军、著名运动员孔令辉，孔令辉和两名副火炬手依次点燃了火炬传递队员手中的火炬，这些队员来自并代表全国31个省、自治区、直辖市和香港、澳门特别行政区。点火仪式之后举行了火炬传递起跑活动，孔令辉和两名副火炬手带领主火炬队伍从人民大会堂东门外广场出发，穿过天安门广场到历史博物馆门前结束。

全国九运会“走进新时代”火炬传递活动后，各地分别举行了火炬传递起跑活动。中央电视台新闻联播对活动进行了详细的报道。

这场举国瞩目的点火仪式具有极高的新闻关注价值，在媒体密集的报道之中，华帝品牌自此传遍大江南北。

“火炬营销”给华帝带来什么

华帝经过2000年的“两权分离”和“万华联盟”之后，知名度大大提高。2001年是华帝由民营企业向现代型企业转变关键的一年，如何通过公关活动凸显华帝产品的科技含量？广东举办九运会给了华帝这个契机。华帝通过对九运火炬的公关运作，成功展示了华帝产品的科技含量，为华帝“专业燃气具”的品牌形象提供了更多的专业内涵，同时也提升了企业形象和知名度。

九运火炬象征着文明进步，九运火炬点燃了华帝世纪梦想。华帝巧借九运会火炬的研制公关，使“好火好生活”升腾为世纪梦想，让华帝更坚实更自信地走向全国。

全球通：创广州传说，我能

案例主角：广州移动

营销核心：文化营销

造势手段：精英选举、新闻发布会、活动宣传、媒体传播

造势效果：品牌形象丰满

影响力指数：☆☆☆☆

中国移动通信行业的两大巨头——中国移动与中国联通之间的竞争，从某种意义上代表着中国移动通信行业的发展历史。作为移动与联通的最核心业务品牌全球通与联通新时空 CDMA，在多年的竞争对抗中，彼此的营销策略不断调整，品牌理念不断演变。

2004 年，中国移动正式推出“我能”理念，代替以往的“专家品质，信赖全球通”口号，这代表了全球通营销重点的战略转移：从“物本”的产品服务转变为“人本”的客户体验，中国移动力图以全新的品牌理念营销去扩大与竞争对手的差异，并从高端发力，以文化营销的方式，将全球通的品牌精神潜移默化地渗入目标客户的心里，赢取客户深层次的精神认同，从而提升客户忠诚度，“创广州传说，我能”活动正是在这种市场背景下推出的。

声势浩大的“创广州传说，我能”活动是由广州移动主办，通过广州市民的参与推荐，从文艺、教育、饮食、医疗、IT、传媒、企业、交通运输、

社会公益等多个领域选拔出最能代表当代广州人的时代精神与奋斗精神的精英人物，展现广州人的楷模榜样。

一个企业以如此大的投入去承办这样一场具有社会精神文明宣传色彩的大型活动，这在中国的移动通信行业还属首次。在激烈的移动通信行业竞争中，竞争的重点从价格战、服务战、客户心理战到品牌文化战，竞争的层面不断升级。

品牌理念的生动化营销

广州全球通的发展历史与广州高速发展的重要时期几乎同步，全球通的很多客户都是各行各业的中坚力量，为广州的经济建设和文化事业作出了重要贡献。如何将全球通的品牌内涵和品牌理念与广州的城市精神相对接，让全球通承载起广州人精英文化的核心精神，使全球通品牌更加具象化、生动化，这正是广州移动全球通进行品牌营销所要重点考虑的问题。

一个品牌代表的是一种文化，这种文化能否实现社会、企业及消费者之间的价值对接，是品牌营销成功的关键所在。广州移动将“创广州传说，我能”活动通过推荐、评选的方式，发掘出广州人优秀的奋斗精神，将广州主流文化思想与全球通的“我能”精神相对接，将这批成功的广州精英隐性地替换成全球通的客户精英代表，通过这种方式赋予全球通品牌人格化的色彩，将全球通的品牌精神直接根植于社会主流精英身上，从而促使社会主流精英对全球通产生强烈的心理认同。

“创广州传说，我能”活动从采访著名年轻音乐人赵胤胤开始，并在广州最具影响力的报纸《广州日报》进行刊载，在讲述赵胤胤成长故事的同时，重点突出他在追求理想过程中的努力、坚持不懈的奋斗精神，通过这位著名音乐大师的成功故事，深刻地诠释了“我能”的理念。

广州电视台同步播出赵胤胤电视专访节目，遍布广州的车亭、灯箱、广告牌也铺天盖地地介绍“创广州传说，我能”活动及候选精英人物的照片，广州移动在最短时间内、以最集中的火力将“创广州传说，我能”活动信息全面传播出去，通过精英人物的现身说法，力图使“我能”理念以生动化的方式被更多的人所接受。

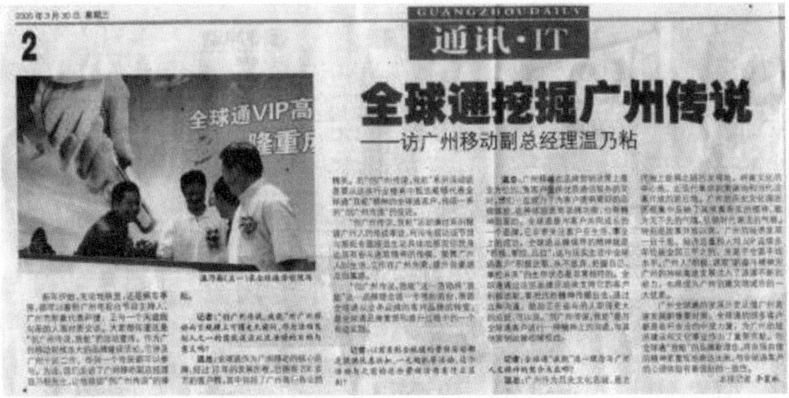

2

GUANGZHOU DAILY

通讯·IT

全球通挖掘广州传说

——访广州移动副总经理温乃粘

该活动迅速在广州市引起消费者高度关注，并在全球通目标客户群中引起了强烈的反响。该活动从各行各业中有效举荐的候选人有上万人，精准定位目标，最后从入围候选的30多人中评出“全球通广州十大传说人物”。

全球通作为一种业务品牌，其品牌理念所承载的不仅是对品牌的定位，更是移动唤起目标客户的心理共鸣的希望，赢得他们精神上的认同。广州移动推出“创广州传说，我能”活动，是希望将广州建设者们的“积极进取，勇于掌控自己命运”的精神作为全球通品牌与客户沟通的价值纽带。同时，通过这种方式，将全球通品牌精神生动地表现出来，而且在社会主流文化、消费者心理期待、全球品牌精神三者中找到价值对接点。

文化营销全面强化客户忠诚度

广州是全国移动通信行业竞争最激烈的城市之一，不仅如此，在城市文化氛围的影响下，广州消费者的消费行为也较为理性，在这种背景下，移动、联通、电信三大运营商不得不各出奇招，为巩固市场地位、争夺消费者而进行激烈竞争。

全球通是广州移动的高端品牌，全球通的客户也是移动通信市场中最有价值的客户。广州移动全球通品牌经过10年的发展历程，已拥有200多万的客户群，其中包括广州各行各业的精英。如何提高这批高端客户的满意度，强化他们对全球通品牌的精神认同，继而提升他们的忠诚度，这是广州移动在制定营销策略时重点考虑的事情。

在许多行业，文化营销作为一种强有力的营销方式，正在被越来越多的企业所运用，文化对消费者的渗透力、对消费者购买心理潜移默化的影响力，在营销过程中显示出惊人的力量。作为饮料市场的后来者，百事可乐挑战可口可乐的营销策略之一就是将自身定位为年青、时尚、自我，以此作为文化支撑点去影响年轻一代的选择，从而达到挑战可口可乐霸主地位的目的。

同样，移动全球通面对着挑战者联通 CDMA 的步步进逼，巩固自己市场地位的最重要举措就是对社会精英群体进行心理攻占战，以“我能”理念作为文化营销的核心，以精神人物现身说法、媒体宣传、公关活动等多种方式，赢取社会精英群对全球通的内心认同，从而避免与 CDMA 进行正面、恶性的价格战。

另外，移动旗下的四大业务品牌“全球通”、“动感地带”、“神州行”及“大众卡”，由于业务品牌之间的本质差异不断缩小，其他三大品牌（加上联通的 CDMA）对“全球通”原有客户已造成了一定的分流。如果全球通不能树立起鲜明的差异化形象，这种分流蚕食的现象将会进一步恶化。以文化营销的方式去树立全球通最尊贵、最优质、最精英的品牌形象，从心理上提升全球通客户的优越感，巩固他们的忠诚度，这正是移动所要达到的目的，“创广州传说，我能”活动的推出正是基于这种战略考虑。

事实证明，这种文化营销的策略是正确的。“创广州传说，我能”活动推出之后，收到了良好的社会反应，在电台、报纸、电视的连续宣传和报道下，一时间，“谁是全球通广州十大传说人物”成为市民津津乐道的话题，全球通客户更是特别关注，不仅参与推荐精英人物的客户络绎不绝，而且在活动期间，新入户的全球通客户数比同期有大幅的上升。这次成功的文化营销活动大大拉近了客户对全球通品牌的心理距离。

2005 年 7 月 25 日，广州星海音乐厅举行了一场隆重的颁奖晚会，疯狂英语创始人李阳等人荣获“全球通广州十大传说人物”称号。这场晚会为历时五个月之久、备受广州人关注的“创广州传说，我能”活动画上了完满的句号。

“创广州传说，我能”理念营销的成功之处，在于将全球通作为一种移动通信品牌的无形内涵具象化，让枯燥的品牌理念生动地变成一个个社会精英出现在公众面前，让人们可以感受到、体验到，甚至可以触摸到！从营销的角度看，也只有这种理念营销的高度才能代表全球通最核心的品牌精神，也是全球通与 CDMA 这个成立历史短、品牌内涵沉淀不足的竞争对手之间质的区别。

“创广州传说，我能”活动的成功，深刻地说明了移动通信行业的一种发展趋势：在一个营销转型的时代里，移动通信品牌只有先赢取客户心理认同、文化认同、精神认同，最终才能赢取客户对品牌的认同。

“优先进入人心，胜过优先进入市场。”全球营销定位理论大师阿尔里斯多年前提出的诤言，现在听起来仍然有着深刻的现实意义。

芝华士：活出骑士风范

2008 年 11 月 15 日晚，保乐力加旗下苏格兰威士忌品牌芝华士，于上海创意新地标“1933”，隆重举行了“芝华士骑士风范全球首发庆典”，并用一出音乐剧《骑士星光》重新演绎了骑士精神。

这是一个现代特色和艺术气息并存的骑士故事，由张智霖扮演的剧院制片人和由林志颖扮演的才华横溢的音乐家是一对好友。这一天，音乐家带着自己有歌唱才华的女友 Rose 投奔好友，Rose 旋即得到重用。这引来了原先的头牌也是制片人未婚妻的 Ruby 的嫉妒。Ruby 刻意挑逗音乐家的场面被 Rose 和制片人看到，在误会中音乐家被赶出剧院。然而，几年后，当剧院经营不下去的时候，最终是功成名就的音乐家挽救了剧院，四个人也各有美好归宿。

芝华士骑士风范全球首发庆典拉开了芝华士形象重塑的开端，这也是保乐力加中国进行市场营销造势的一次大手笔，目的在于提升旗下品牌特别是芝华士的知名度。

中国洋酒市场增长迅速。2007年，洋酒在中国的销售额达35亿元，近两年洋酒整体以30%的速度迅猛增长，在酒吧、夜场中的年轻人是洋酒在中国最大的消费群体。为了打开市场，各大洋酒品牌都在进行非常有针对性的营销活动，如在节日、重大事件期间进行有重点的广告密集投放，不惜重金直接冠名各种体育赛事，举办各类时尚活动吸引追逐时尚潮流的年轻人等。

但是，面对国外众多洋酒品牌，国内消费者知道的并不多。即使是洋酒的准消费群体，能一口气说出五个以上洋酒品牌的也寥寥无几。因此，除了很多靠体验式宣传的家族式葡萄酒庄，更多的洋酒品牌希望能通过增加曝光率来提高品牌知名度，通过先入为主的品牌宣传，加大在中国的传播攻势，毕竟酒香也怕巷子深。

世界著名白兰地品牌人头马进入中国市场非常早，早在1993年就用“人生得意，享受之时”等中国式广告语打开了市场，“人头马一开，好事自然来”更是成为一句老少皆知的广告语。而尊尼获加威士忌经典广告语“Keep Walking”的中译版则套用了一句中国俗语：有志者事竟成。

自进入中国以来，芝华士的广告语“这就是芝华士人生”已有不小的知晓度，芝华士的品牌建设取得了巨大的成功。但是在形象表现上，芝华士还未能真正达到想要表现的程度。所以，芝华士推出了“活出骑士风范”新商业形象，是对“芝华士人生”形象的进一步提升。

在重塑芝华士形象之前，保乐力加曾经做过一系列的全球市场调查，看大家对于骑士价值观的接受程度。在中国有95%的受访者认为骑士风度这种价值观的回归能够让生活更加美好，因为在中国的传统中，像助人为乐、互相帮助的观念也是根深蒂固的。因此，芝华士作为一个国际性的品牌，其骑士风度源于欧洲的传统，中国本身有着自己独特而深厚的文化积淀，这二者的完美结合就产生了芝华士“活出骑士风范”新品牌形象。

“活出骑士风范”是对现代“骑士风范”的精彩演绎，诠释了现代人应具有的荣耀、勇气、手足情义及绅士风度四个价值观，有力地表现了芝华士的品牌精神，赢得了广大消费者的赞誉。

芝华士一直借助国际巨星在中国进行商业推广，包括众多如日中天的华人歌手，还有诺拉·琼斯、碧昂斯、克里斯蒂娜·阿奎莱拉、黑眼豆豆组合等世界一线大牌，以及风靡世界的全球十大DJ巡回表演。而诸多华人明星主演的音乐剧《骑士星光》，也为中国舞台带来了一股国际“骑士”风。

国际形象及中国文化的完美结合，已经成为芝华士中国式营销的关键词。

文化营销：美国雪茄联合会重塑形象

案例主角：美国雪茄联合会

营销核心：情感沟通

造势手段：活动策划、终端宣讲、媒体传播

造势效果：认同感上升

影响力指数：☆☆☆☆

美国雪茄制造商曾经面临着一场巨大的行业危机。

由于政府立法明确禁止香烟制造商在许多公众媒体上刊登广告，同时，民间反对吸烟的呼声也日益高涨，一场又一场规模浩大的反对吸烟的示威活动将雪茄制造商推到进退维谷、四面楚歌的境地：雪茄在公众心目中的负面形象不断加强，而新产品的良性信息却无法向公众传达。在短短三个月时间里，整个美国雪茄的销售量下降了三成，全行业面临着全面萎缩的危险。

雪茄制造商多年来一直都是依靠巨额的广告费去打开市场销路，建立产品的优势。但现在，他们忽然间发现生存之道越来越窄，不仅信息宣传渠道

锐减，同时社会反对的呼声也不断高涨。整个行业该何去何从？

美国雪茄联合会明白，行业之所以会陷入严重危机，与人们对雪茄不断升级的负面认知有密切关系。雪茄联合会意识到，决定雪茄制造商未来生死的不是政策、法规、竞争等其他因素，而是人们对雪茄的看法及雪茄在人们心目中的形象。要改变人们对雪茄一向的负面印象、建立雪茄良好的社会与产品形象，当务之急就是要在雪茄与社会公众之间建立起某种情感的联系，而这就要依靠活动、传播、事件等一系列的公关推广去重塑雪茄形象，强化其与社会公众之间的情感沟通。

美国雪茄联合会与本土一家优秀的公共关系公司合作，通过一系列以文化营销为核心的公共关系宣传策略，力挽狂澜，试图将这种不利的局势扭转过来。

在公共关系宣传中，雪茄联合会首先突出了雪茄与人生幽默之间的本质联系，表现吸雪茄者在面对人生逆境时那种敢于自嘲、坦然面对的勇气，更重要的是突出雪茄深层次的功能：吸雪茄是一种精神放松的最好表达方式。

针对以上主题，他们采取了一系列主题明确但又表现巧妙的公关活动。例如，举行“马克·吐温之夜”，借助模仿这个著名作家勇敢、智慧、幽默的雪茄爱好者的形象，来表现吸食雪茄者同样乐观勇敢的个性，引起了目标客户的强烈共鸣。

凭借社会公众对马克·吐温的喜爱与尊敬，雪茄联合会巧妙地将这种情感延伸到雪茄之上，也表达了“只有成功者才会吸雪茄”的理念，引发了许多雪茄爱好者甚至非雪茄爱好者内心的共鸣。

长期以来美国民间有一项古老的民俗，刚做父亲的男性会向自己周围的亲朋好友赠送雪茄，以表达自己兴奋而又紧张的心理感受，但是这项传统正在逐渐衰落。雪茄联合会抓住这项古老的民俗，将其灌入现代的情感表达中，举办了“放松点，吸根雪茄吧”与“雪茄情人节”等活动，将雪茄定位为人们舒缓情绪的最佳表达方式。这些活动不仅吸引了大批参与者，更是唤起了许多人内心潜藏着的某种怀旧的情结。

在公关活动的辅助下，雪茄协会又策划了一系列新闻宣传造势，借助雪茄爱好者之口，向公众表达雪茄在生活中不可或缺的地位——面包是身体的食粮，而雪茄则是精神的食粮。这些宣传得到众多雪茄爱好者的认可。

在雪茄联合会系列公共关系方案实施三个月后，不仅民间反对吸雪茄的呼声减弱了许多，整个美国的雪茄销售量也激增近三成。雪茄形象的重塑，使一个濒临困境的行业重新获得了生机。

而在中国，烟草行业同样处于一个尴尬的境地。一方面，烟草行业的税收每年为中国财政带来了巨大贡献；另一方面，随着全世界禁烟运动的不断兴起，烟草行业的发展也受到抑制，在营销上，烟草广告的投放已被许多地方明令禁止。

在这种背景下，烟草行业必须在营销方式上独辟蹊径。对于消费者而言，吸食香烟的重点并不在于物质上的享受，而是一种精神的鼓舞和满足，所以，烟草需要贩卖的更多的是一种概念、一种精神、一种时尚、一种情调和生活方式。对于烟草行业来说，通过文化营销进行营销传播就是营销突围与品牌塑造的最佳方式。

雅典奥运会后，“飞人”刘翔在世界一举成名，白沙集团迅速和刘翔签约，邀请刘翔作为“白沙文化代言人”，而且白沙集团声明不会让刘翔代言白沙的任何产品和出席任何商业活动，让刘翔远离那些商业利益。在电视上，观众看到刘翔代言白沙的广告，确实只是其奥运夺冠的历史画面而已，没有任何一句有关白沙集团香烟产品的字样。

白沙集团是国内最早开始通过文化营销进行品牌传播的烟草企业之一，“鹤舞白沙，我心飞翔”更是被评为2001年国内最受欢迎的十大传播语。

在白沙集团的品牌文化中，“鹤舞飞翔”代表了一种从容、优雅、坚定的方向感和坚强的力量感，这与刘翔的奋力拼搏、在冲刺前后张开双臂的忘情姿态有着惊人的一致。同时，刘翔获得成功之后，他的知名度、精神价值、个人品牌美誉度都得到了广泛的认可。白沙集团希望将刘翔所代表的精神价值延伸到企业中，而邀请刘翔作为文化代言人就是最好的方式——白沙认为刘翔的价值，就在他的田径跑道上，因而这种远离商业利益的诉求，无疑对刘翔自身的运动生涯发展，以及对白沙开发和提升刘翔的长远品牌价值都是最有利的。

除了白沙集团外，国内诸多烟草企业也通过文化营销的方式进行品牌宣传：利群“让心灵去旅行”，成都娇子点燃爱情故事，福建“七匹狼”牵手马拉松赛事等，这些无一不是体现文化营销成就品牌的成功案例。

没有一种营销方式比文化营销更能满足消费者的心理需求。文化营销将目标对象内心深处最珍贵的和最难以忘怀的那份情、那份人生体验和感受，或将目标对象所追求、所向往的生活行为，以大众熟知的生活形态表现出来，同时赋予该品牌特定的内涵和象征意义，建立目标对象对产品的品牌联想，从而达到与消费者产生共鸣，使产品成为他们生活的一部分的效果。这就是以文化营销为核心的营销造势越来越受到企业重视并被频频使用的原因。

第九章
营销造势之上市推广篇

概要

产品是同质的，但不同的产品在价值提炼与推广策略方面带给消费者的感受却有天壤之别。脑白金等产品的成功正好给企业家们上了一堂最深刻的营销造势课：在市场营销中，成功的关键不在于企业的基础，而在于对消费者心理的准确把握，以及对营销方式的巧妙使用。

在美国一个农村，住着一个老头儿，他有三个儿子。大儿子、二儿子都在城里工作，小儿子和他住在一起，父子相依为命。

有一天，一个人找到老头儿，对他说：“尊敬的老人家，我想把你的小儿子带到城里去工作。”

老头儿气愤地说：“不行，绝对不行，你滚出去吧！”

这个人说：“如果我在城里给你的儿子找个对象，可以吗？”

老头儿摇摇头：“不行，快滚出去吧！”

这个人又说：“如果我给你儿子找的对象，也就是你未来的儿媳妇是洛克菲勒的女儿呢？”

老头儿同意了，让儿子当上洛克菲勒的女婿这件事打动了他。

过了几天，这个人找到了美国首富石油大王洛克菲勒，对他说：“尊敬的洛克菲勒先生，我想给你的女儿找个对象。”

洛克菲勒说：“快滚出去吧！谁需要你给我介绍女婿？”

这个人又说：“如果我给你女儿找的对象，也就是你未来的女婿是世界银行的副总裁，可以吗？”

洛克菲勒一听，立马同意了。

又过了几天，这个人找到了世界银行总裁，对他说：“尊敬的总裁先生，你应该马上任命一个副总裁！”

总裁先生摇头说：“不可能，这里这么多副总裁，我为什么还要任命一个副总裁呢？而且必须马上？”

这个人说：“如果你任命的这个副总裁是洛克菲勒的女婿，可以吗？”

总裁先生当然同意了。

这虽然只是一个小故事，但却是企业家推广产品时最应该读的经典故事——如何找到产品卖点，进行有效包装，并进行市场造势，最终使产品一飞冲天！

8 个月系统公关传播缔造 A 公司洗衣液品牌第一销量第一

案例概述

2008 年底，A 公司签约某奥运冠军明星代言洗衣液新品，于北京举行盛大的新闻发布会。从 2008 年 11 月到 2009 年 6 月，A 公司洗衣液新品推广的唯一策划执行公关公司——××公关，以“营造洗衣剂升级换代舆论，助力 A 公司开创洗衣新时代”为核心，综合利用各种公关手段，通过系统的公关运作，为 A 公司策动了四大新闻事件，成功执行了多达 7 轮的公关传播。

2008 年 12 月，A 公司深层洁净护理洗衣液上市一个月，便以超过 30% 的市场份额成为国内洗衣液销量第一，随后一直稳居第一。在 A 公司的带领下，众多日化企业亦开始厉兵秣马，新的洗衣液品牌如雨后春笋相继涌现，国内洗衣液行业呈现出从未有过的蓬勃生机。

仅仅通过八个月的系统公关运作，A 公司洗衣液已成为当之无愧的洗衣液行业第一品牌，成功的品牌管理及系统公关传播的力量由此可见一斑！

案例背景

◆ 市场和行业背景

在国外尤其是欧美等国家，洗衣液早已是最主流的洗衣剂产品，部分国家洗衣液市场份额占比达到 80% 以上；而在国内，洗衣粉仍是市场绝对主角，占洗衣剂份额 70% 以上，洗衣液只有不到 3% 的微小份额；国内大部分消费者不了解洗衣液，有很多消费者甚至从未听说过洗衣液。

◆ 企业背景

深谙洗涤之道的广州 A 公司，秉承“一心一意做洗涤”的理念，将国际尖端技术融入中国人的生活，成为洗涤行业的领先代表，其产品涵盖个人清洁护理、衣物清洁护理及家居清洁护理三大门类，但其最具知名度的产品则是洗手液，被誉为国内的“洗手液大王”。

到2008年，A公司洗衣液上市已经5年，但其知名度和美誉度都不高，网络上搜索A公司洗衣液的相关新闻，信息量几乎为零，市场调查结果亦表明更多消费者知道A公司洗手液而不知其洗衣液。

而在这一年，A公司在洗衣液研发上打破行业局限，实现了洗衣液洁净力的跨越性突破，推出了当时国内去污力最强的洗衣液产品——深层洁净护理洗衣液。A公司希望凭借新品，全面进军洗衣液市场，抢占洗衣粉市场份额，并先发制人地确立其行业领导品牌地位。

为此，A公司计划斥巨资邀请某奥运冠军郭晶晶代言，并将于2008年11月底召开郭晶晶代言及洗衣液新品上市新闻发布会，配合代言和新品上市的广告将在发布会后进行大规模投放。

□ 公关策略

四个阶段，四大新闻事件，四个强有力的背书，全力营造洗衣剂升级换代的趋势和舆论，成就A公司洗衣液领导品牌。

□ 策略核心

双线结合，全力营造洗衣剂酝酿升级换代言论和趋势。

明线：营造洗衣剂正酝酿升级换代的趋势和舆论，让洗衣液市场受到关注。

暗线：A公司洗衣液是最好的洗衣液，A公司是洗衣液的领导品牌。

□ 策略解读

所谓洗衣剂升级换代，即洗衣粉将遭淘汰，洗衣液成为革命性的替代新品。

这一舆论无异于给洗衣剂行业平静的湖面投下重磅炸弹，它将改变目前洗衣粉为洗衣剂市场绝对主流的状态，让洗衣液以“替代者”的身份出现在公众视线中，便于公众去理解、认识洗衣液这一最新产品。

同时，A公司携洗衣液新品挺进洗衣剂市场，更为A公司赋予了洗衣液行业开路先锋的角色，将A公司与洗衣液行业的崛起紧紧捆绑在一起，“A公司是洗衣液领导品牌”一说呼之欲出！

□ 公关执行

A公司洗衣液公关推广的挑战性在于其面对的是：

- 一个缺乏媒体关注度的行业；
- 一个高度内敛，除了广告外从不与媒体有任何联系的企业；
- 一个从来没有相关产品新闻报道的品牌。

如何为A公司寻找最强有力的背书，迅速营造洗衣剂升级换代的趋势和舆论？如何让“洗衣液取代洗衣粉”被行业、公众、市场所认可？如何确保A公司洗衣液成为行业的领导品牌？

在8个月的公关运作中，××公关分四个阶段策动四大新闻事件，利用了四个强有力的背书，全面推动了“洗衣剂酝酿升级换代，A公司成为洗衣液行业领导品牌”的公关传播，成功引发了洗衣液行业的新发展，并迅速树立了A公司洗衣液的行业领导品牌形象。

总策略	阶段	阶段任务	背书方式	事件
全力营造洗衣剂升级换代的趋势和舆论，成就A公司洗衣液领导品牌	第一阶段 2008.11—2008.12	营造舆论—— 洗衣剂酝酿升级换代	行业专家背书	洗协会议整合传播
	第二阶段 2008.11—2009.01	树立品牌—— A公司开创洗衣新时代	名人背书	郭晶晶代言及新品上市传播
	第三阶段 2009.01—2009.02	强化认知—— 洗衣液即将取代洗衣粉	消费者背书	消费者洗衣习惯调研报告传播
	第四阶段 2009.04—2009.06	促进购买—— A公司洗衣液称王	市场背书	A公司市场第一数据传播

第一阶段：营造舆论

如何有效地让“洗衣剂酝酿升级换代”成为媒体关注的热点，成为行业认可的“大势所趋”？

××公关抓住了一个行业专家云集的时机，精心设计了两个传播角度和稿件，巧妙地借专家之口，道出了“洗衣剂面临更新换代，洗衣液是市场发展趋势”的关键话题。

2008年11月18日，恰逢中国洗涤用品行业年会在杭州举办。参与的人员、会议议题等都具有相当高的权威性，有着行业的话语权、影响力和较高的新闻价值，××公关建议邀请记者前往报道，通过有针对性的洗协专家、日化企业代表的采访和资料收集，形成相关稿件，使其在整个“洗衣剂酝酿升级换代”的造势过程中，起到“引发需求和关注”的目的，为即将进行大规模洗衣液公关传播打响头炮。

□ 发布执行

××公关邀请国内两家重量级媒体的资深记者，专门奔赴杭州洗协会议现场进行了采访，并形成会议通稿和深度稿2篇稿件。

稿件类型	稿件内容	新闻标题
新闻通稿	结合会议中“技术创新应用、节能减排”的主题，针对洗衣液的行业发展情况，报道各个日化企业的相关动向，点出“洗衣剂面临升级换代”这一趋势	《洗衣液或成洗涤行业节能环保新宠》
深度稿	结合行业“节能减排，绿色环保”趋势，带出洗衣粉等传统洗衣剂的不足，传达出传统洗衣剂需要革新换代的信息；并结合洗衣液发展的国际趋势，分析国内洗衣剂行业现状，带出洗衣液的优势，点明“洗衣液是市场发展趋向”这一结论	《洗涤市场变局前夜：洗衣液加速蚕食地盘》

稿件从专家、企业的角度，对洗涤行业趋势进行了预测，并凸显了行业对洗衣液潜在市场的认可。稿件成功发布后，“洗衣剂酝酿升级”的观点立即受到了众多媒体和洗涤剂同行的关注，“洗衣剂即将更新换代”的舆论被顺利营造出来，而A公司洗衣液也被作为洗涤剂的新兴产品，带入到公众视线

当中。

□ 发布效果

此次传播成功地让“洗衣液或成洗涤行业节能环保新宠”成为洗协年会唯一的权威声音，意义非凡。

◆成功引发权威舆论：本次年会由中国洗涤用品工业协会主办，权威性极高，有着行业的话语权和影响力，此次新闻传播制造了“洗衣剂酝酿更新换代”的舆论，引发了行业需求和媒体关注度。

◆奠定后续基础：此次新闻报道皆以行业角度进行，行业领袖意见和消费者的普遍需求两者紧密结合，前后呼应，形成整体的传播声势，更加强了传播效果和整体性。同时，为即将进行的新品上市传播做了进一步的铺垫。

◆正面客观达到预期：经济类主流媒体的记者与会采访和挖掘，新闻报道内容正面，客观，不攻击洗衣粉，从国外趋势、国内经济和政策的宏观方向，以及行业发展趋势，结合洗衣液的优点优势报道，达到预期的效果。

第二阶段：树立品牌

当整个行业都在议论“洗衣剂酝酿升级换代”话题之时，以郭晶晶代言及A公司洗衣液新品上市发布会为契机，针对即将开始的大规模广告攻势，公关将如何进行有效配合，为A公司洗衣液新品尽快抢占市场高地提供强大助力？

答案是：借郭晶晶的影响力塑造A公司洗衣液品牌，让这位大热名人为A公司洗衣液的第二轮公关传播进行背书！

2008年11月24日，A公司在北京举行郭晶晶代言A公司洗衣液暨新品上市发布会，××公关为发布会设计的主题是“开创洗衣新时代”，这是A公司以企业的姿态，对市场对消费者作出表态：A公司携最新突破的洗衣液产品，欲进军洗衣剂市场，掀起洗衣剂市场的新变革。

□ 发布策略

◆两轮传播，集中造势：代言及新品上市发布会之前，A公司热炒郭晶晶最新的动向，带出郭晶晶为A公司洗衣液拍摄广告的种种信息，为发布会造势；发布会传播则从郭晶晶和A公司企业两个角度撰写稿子进行密集发布。

◆双剑合璧，全力出击：发布会次日，大规模的发布会新闻传播的同时，密集的广告轰炸也即刻开始。

◆整合传播，强化舆论：配合洗协会议的整合传播，继续强化“洗衣剂升级换代”舆论。

◆三线合力，抢占先机：以上三线传播同时进行合力，形成了强大的传播合力，助力A公司洗衣液抢占先机。

◆选题及报道角度设计：以11月24日发布会为时间节点，分预热和引爆两个阶段，并从郭晶晶及A公司企业两个角度设置新闻稿，最大化地发挥传播效应。

阶段	稿件类型	稿件内容	新闻标题
发布会预热阶段	娱乐稿	第一轮预热：对郭晶晶动向的透露和揣测，提升公众对她的关注度	《郭晶晶神秘现身训练馆为新代言拍片》
		第二轮预热：进一步解密郭晶晶动向，加强郭晶晶和A公司之间的关联和联想	《郭晶晶最新广告大片即将上映》
发布会引爆阶段	娱乐稿	郭晶晶代言A公司洗衣液新品，畅谈健康洗衣新选择	《郭晶晶代言A公司，T台首谈“洗衣经”》
	财经稿	向公众传达A公司洗衣液新品信息及市场目标，对比国内外情况，介绍洗衣液市场发展趋势，烘托A公司洗衣液的技术革新对于整个行业发展的意义	《A公司携手跳水女皇郭晶晶 洗牌400亿洗涤市场》

□ 发布效果

此次传播充分传达了以下重要信息：郭晶晶与A公司洗衣液同具“开创新时代”的象征意义，同处行业领军地位；郭晶晶选择A公司洗衣液，是新时代女性的洗涤新选择；指出A公司深层洁净洗衣液的技术革新与提升，诠释了其“洁净更保护”的核心价值，为“开创洗衣新时代”做了最好的注解。

第三阶段：强化认知

从消费者的角度去影响消费者，促成消费者在洗衣剂选择上，从洗衣粉到洗衣液的品类转换，让消费者为洗衣液升级换代做背书！

经过洗协会议整合传播和配合郭晶晶代言A公司洗衣新品上市新闻的几轮传播，我们已经分别从行业、企业以及专家等角度配合了“洗衣剂酝酿升级换代”的舆论宣传，但从受众心理分析的角度，来自消费者本身的声音更容易令消费者信服和受到影响。

2008年底，华南国际调研公司在广州、北京、上海、重庆四个城市进行了大规模的“消费者洗衣消费习惯”调研，××公关对调研结果展开传播。

□ 发布策略

做足前期功课，提高新闻时效性：调研开始前，××公关根据多方资料收集和研究，初步预测了调研结果，并预先准备了稿件。调研结果显示：超过八成的消费者对洗衣粉不满，不满的主要原因是洗衣粉伤手问题，与××的预测基本符合，××公关立即调整相关稿件，即刻进入发布，大大提高了新闻的时效性。

从消费者角度发稿：稿件以坚实的数据资料，及各地消费者的反馈意见，为洗衣液即将取代洗衣粉做了消费者角度的有力背书。

□ 发布效果

在发布中，××公关还根据媒体反馈调整了稿件角度，提出“洗衣健康”这一全新的概念，并设计了《八成消费者最关注洗衣健康问题》这一新的标题和新的稿件，在消费者背书的同时，更将A公司洗衣液的保护概念不落痕迹地传达给了消费者，为接下来A公司洗衣液的产品功能传播做足了铺垫。

第四阶段：促进购买

权威调查机构尼尔森的数据证明：A 公司洗衣液已经连续三个月获市场销量第一，行业领导品牌地位已经初步确立，利用尼尔森数据融入产品信息，能大大增强消费者对 A 公司产品的信任，刺激购买，同时也是让这份响当当的市场数据为洗衣液升级换代以及 A 公司洗衣液第一品牌地位做背书！

经过前期一系列公关宣传，A 公司洗衣液品牌知名度及认知度得到了大幅提升。2008 年 12 月和 2009 年 1 月、2 月 A 公司新品洗衣液上市后连续三个月市场份额突破 30%，洗衣液市场销量第一。

为进一步加强消费者对 A 公司洗衣液的品牌忠实度，助力打造 A 公司行业领导品牌地位，××公关策划了 A 公司市场销量第一的新闻稿件，展开传播。

□ 发布策略

突出 A 公司行业领导地位：传播关键在于突出 A 公司洗衣液的行业领导地位。稿件强调 A 公司对洗衣液行业作出的贡献，即引领“洗衣剂更新换代潮流”。

2008 年洗衣液与洗衣粉的年增长率对比，洗衣粉首次出现负增长，成为稿件的重要信息。

稿件的意义从 A 公司升华到洗衣液行业发展的层面，具有重大的行业意义。

市场第一为主体，增强 A 公司品牌价值：A 公司市场第一的信息作为稿件主体，体现了 A 公司企业在行业中的绝对优势，进一步增强了 A 公司的品牌价值，巩固了消费者对 A 公司的品牌忠实度。

□ 发布效果

此次传播充分传达了以下重要信息：

A 公司洗衣液成为销量冠军，受到消费者欢迎；

A 公司“有保护的洁净”引发消费需求，推动洗衣剂市场发展；

A 公司洗衣液产品是国内洁净力最强的洗衣液；

此次传播效率空前：

受到国内各大媒体重点关注，发布后 3 天内，就有 13 家媒体对此稿件进行快速报道；

全国有 62 家媒体对稿件展开了 1000 字以上篇幅的重点报道；

在整个发布过程中，直接在标题中出现 A 公司洗衣液全国第一信息的稿件达到 72%，保证了消费者对此轮传播核心信息的关注。

□ 综合评估

2008 年 11 月—2009 年 6 月，共 8 个月；

A 公司第一次引入××公关策略型公关体系；

××公关为 A 公司策划并执行了 7 轮新闻公关传播；

A 公司由生产洗手液的小品牌转变为洗衣液大品牌；

A 公司洗衣液销量由全国第三跃居全国第一；

A 公司品牌价值由 29.59 亿元升到 31.16 亿元；

大众消费观产生重大改变：洗衣粉伤手伤衣伤环境，洗衣液逐渐取代洗衣粉；

A 公司的成功打破洗衣粉为绝对主角的市场格局；

迅速引爆了整个洗衣液行业的发展；

A 公司洗衣液上市公关模式被后来者争相效仿，

A 公司已成为全国洗衣液市场的第一品牌！

至此，A 公司开创洗衣新时代全案公关收到的成效已远远大于我们预期的效果，这不仅仅是 A 公司洗衣液树立行业领导地位的一次公关案例，更为洗衣液行业公关推广开辟了全新的模式。

风暴减肥胶囊：从零到市场前三甲的营销奥秘

如何使一款减肥胶囊只用 10 天时间旺销全国市场？

如何使一款减肥胶囊不到10个月即进入减肥产品前三甲?

如何使一款减肥胶囊推出不到2个月,即获得国内最高级别的医学学术团体——中华医学会的权威论证,在减肥品中第一个进入“中华医学会重点推广工程”,获其重点推荐?

而且,如何确保它被《人民日报》、《光明日报》、《参考消息》、《中国医药报》等国家级传媒争相报道,令其市场营销的故事在保健行业被各级经销商广为传颂?

创造以上成绩的品牌叫“风暴”减肥胶囊。

1999年4月,风暴减肥胶囊在北京、上海、广州、南京、深圳等24个市场推出,并以其科学的减肥理论、高达80%的有效减肥率、行之有效的市场推广体系,一举占领市场,取得空前成功,掀起了一场轰轰烈烈的减肥风暴,被业界誉为“风暴模式”、“风暴现象”。

作为“风暴模式”的主要设计者和执行者,我们参与了风暴减肥胶囊1998—2000年度策划、推广的全过程,从产品概念及机理、功效、疗程的测试和设计,到产品的命名、包装、价格和京沪穗三地的消费者研究;从全国24个城市的广告策划、媒体投放、SP活动,到国家级媒介的公关炒作和中华医学会的唯一认证,我们用无数的整体策划和系统创意及公关努力,为“风暴”打造了狂飙突进的平台。

让我们进入风暴的旋涡中心,探究风暴刮起的奥秘吧。

“风暴”要革减肥的命——我们应该怎样做减肥产品

1998年4月,客户带着一种叫丙酮酸钙(缩写为Pyr)的化学合成品找到了我们。

中国减肥品市场狼烟四起,而遍观整体减肥市场,尽管经过长达六七年的市场培育,消费者对减肥产品的评价仍处于一个较低的水平,这是与该行业的无序竞争、厂商的鱼龙混杂、产品功效的参差不齐等诸多因素相关的。但机会正在于此!

我们清醒地看到了竞争的激烈性和残酷性,围绕减肥观念、减肥机理和推广策略，我们针对竞争对手作了周密、细致的部署。在长达一年多的市场调研过程中，我们发现近几年的减肥品市场中，老品牌的影响力在逐渐下降，而新品牌则迅速上升，处于新老交替关头，无明显的领导性品牌。传统减肥品以中医理论为主，许多产品长年累月自说自话、自吹自擂，翻来覆去的都是些陈词滥调，而且是“你不说我反而清楚，你愈说我愈糊涂”。这个市场太沉闷、太守旧，简直是死水一潭！

事实也正是如此：1998 年市场调研发现，80% 的消费者对现有减肥品持不满意态度。1999 年 3 月，中央电视台播出专题片，全面评价中国现有减肥品，提出应以更科学的减肥方法来规范中国减肥品市场。

消费者正在出现信心危机！市场需要震撼性、革命性而且令人信服的创新产品！

而“风暴”（此时尚未命名）理应成为主导性的第一层次品牌！正是有了这种大胆的远见，我们才找到了“风暴”的准确定位。

务虚：我们需要跳出为减肥谈减肥，高屋建瓴，首先从减肥观念上与对手拉开距离。

务实：我们与对手打的是一场科技大战，并以此拉开竞争档次，避免在低水平线上发生竞争。

因此，我们的最终目标定在：“风暴”带来的不仅仅是显著的减肥塑身效果，更重要的是，它带来了全新的科学减肥概念——它宣告了一个真正科学减肥时代的降临！它是中国减肥市场一场革命性的风暴！

而这一切，都将取决于一个独一无二、无出其右的产品概念。它是一切正确过程的开始。

正因为这样，我们将这种减肥品前所未有地命名为——“风暴”减肥胶囊。“风暴”，意味着这是减肥史上的一次革命，那迅猛、强烈、震撼而彻底的感觉，那个性张扬的强大冲击力，非常容易记忆并深入人心。我们希望消费者明白，在这个响亮而极具个性的品牌名称背后，是一个革命性的产品，能迅速被消费者认知和记忆，而根本不同于其他同类的“凡夫俗子”。

我们选用“风暴”命名丙酮酸钙（Pyr）的另一个原因，在于我们希望借助于消费者在使用产品的同时，获得真正科学的减肥概念和方法。这种新的概念和方法，对传统减肥概念和方法而言，正如同一场风暴、一场革命。这一场风暴之后，广大的消费者不仅能获得产品的收益，更能获得真正科学的减肥方法，形成正确的生活方式。

减肥风暴一触即发

事实上，产品上市两个多月后，“风暴”已经从单纯的品名逐步升华为一种行动，其内涵正在增加，许多消费者在购买和咨询时，会脱口而出地叫出“风暴减肥”或“减肥风暴”，这与我们希望形成的消费者认知是相符的。“风暴”不仅仅意味着一种减肥产品的诞生，更重要的是它将引发世纪末的一场科学减肥的革命。

而“风暴”更深的一层含义在于，以风暴为代表的一套全新的减肥理论，将摧垮旧时代的减肥谬论，建立新一代的风暴王朝；在风暴的全新理论狂飙下，所向披靡，无坚不摧，任何轻泻类、替食类、食欲抑制类减肥品都将荡然无存。

可以说，“风暴”的这一命名，浓缩了我们对整个产品概念的把握。

设计出“风暴”减肥品的产品概念是所有策划工作的重点。

市场研究证实，消费者对市场上已有减肥品普遍感到不满意，不太相信某些功能宣传，会不断尝试新的品牌（品牌忠诚度不够），能够理解并接受比较先进、科学的减肥概念（例如西医机理），但在实际行为中会采用错误的标准（如期待减肥品在短时间内发挥作用，以体重变化衡量减肥效果等）。从消费动机看，使用减肥品最主要的目的是“爱美”，其次为“改善机能”和“健康”。

一个本身具备优良素质的产品并不意味着它在市场的推广中必然成功，“风暴”也是如此。消费者是理性化与感性化的混合体，他们对一个所谓好产品的认同接受是有条件的，那就是产品是以一种什么姿态、一种什么现象呈现给他们，它能否引起人们的共鸣。它需要一个鲜明、易懂、令人信服的产品概念，一个革命性的全新的产品概念。它应该也必须代表着科学、可信、有效、科技感和突破。

什么是科学的减肥理论和方法？在我们看来，它就是 Pyr 在人体内带来的一切变化：脂肪逐步减少；肌肉力量增强，体态优美，使人充满健康活力；不需节食，不会使人因营养不良而四肢无力、昏昏欲睡而影响正常的工作和生活；最低的反弹率，因为 Pyr 已经使你成为一个活泼好动、饮食均衡、充满自信的人。更简单地说，科学的减肥方法是：比以前多一些运动（哪怕是多做家务），均衡饮食（不必少吃食物，只需多吃些高纤维、低热量的食物），匀速慢减，减多余脂肪，而非单纯减体重。

与这种品牌个性相适应，我们设计的产品包装应该有很强的科技感，现代气息要浓厚，简洁明了，品牌突出，有一点女性化；广告诉求应该讲清原理，突出产品的高科技含量，推广科学的减肥方法；广告表现风格应该是朴实、严谨、知识性强。而在整体广告推广中，重视产品的综合优势的体现，突出表现一种减肥方法的革命性突破，其具有新的、高科技的、高效的特点，对目标人群更具吸引力。

在此基础上，我们对风暴整体产品概念的设计形成了（以下内容有美国众多科学家 25 年研究和临床验证为据）以下设计。

产品概念：源自美国尖端医药技术的突破性减肥产品。

产品承诺：每天多减 48% 的脂肪。

承诺内容：人体每天都要合成和消耗一定量的脂肪。Pyr 能帮助人体多消耗 48% 的脂肪。也就是说，哪怕今天你只减了 1 克脂肪，服用 Pyr 之后，就能多减脂肪到 1.48 克！这种神奇的减脂效果在人类减肥史上是绝无仅有的。Pyr 这种神奇物质应用于人类与肥胖斗争的领域，是减肥科学具有革命性的突破。

产品核心机理：Pyr 是决定人体肥胖与否的调节剂。Pyr 是天然存在于人体血液中的一种物质，是人体能量代谢的中间产物，在正常人体内的浓度为 0.01～0.1mmol，起分解和消耗脂肪作用。肥胖的人之所以会不断发胖，就是因为体内 Pyr 的浓度比正常人的低，造成脂肪分解的速度小于合成的速度，引起脂肪堆积，导致肥胖。当体外补充了 Pyr 之后，增加了人体内 Pyr 的浓度，能够对组织细胞的“动力加工厂”——线粒体产生强烈刺激，加速体内的Krebs循环，加快了体内合成ATP的速度，从而消耗更多的脂肪，减少人体脂肪含量。美国匹兹堡大学的实验表明，由于Pyr加快了人体内ATP的循环速度，人体脂肪消耗量比正常脂肪消耗量要增大48%，这是一个非常令人惊叹的数字。Pyr堪称人体肥胖的调节剂。

通过产品概念的成功把握和创新突破，我们极富创意地把产品命名为“风暴”，将来自美国的最新科技“Pyr”作为产品概念主线，以“Pyr，人体肥胖的调节剂”作为产品的核心机理，提出了减肥要“匀速慢减”、“减脂肪，而非减体重”等科学的减肥观念，并成功地提炼出“每天多减48%的脂肪”的广告主题。

随后，《一场酝酿1/4世纪的减肥风暴》、《减肥，迎接新世纪》两篇专题文章极具煽动性地全面阐述了风暴减肥胶囊的科学理论、机理及作用效果，极具震撼力和冲击力地在全国24个大中城市的主要报刊上大版面登出，营销造势全面启动，减肥市场风暴一触即发。

瞄准竞争对手，为减肥市场“减肥”

中国减肥品出现较早，但市场的全面启动是在20世纪90年代中期，一大批减肥品蜂拥而至，正值保健产品行业发展的鼎盛时期。整个中国庞大的肥胖人群无疑为减肥品提供了一个巨大的市场空间。

而从中国减肥品自身的发展来看，大致经历了三代产品的更迭：

第一代产品属于“替食型”，出现于20世纪90年代初期。这类产品用低卡路里食物替代高热量、高糖食物，使人体只吸收生命所需最低能量，从而达到快速减肥的目的。这种方法易使减肥者感到饥饿，在恢复正常饮食后，体重容易反弹。

第二代产品属于“轻泻型”，出现于20世纪90年代中期。这类产品利用能利泻通便的中药，使减肥者轻度腹泻，减少体内水分，从而减轻体重。使用这种产品后，体内脂肪含量并没有改变，且对肌肉组织有损伤。

第三代产品属于“补益型”，出现于20世纪90年代后期。所谓“补益”

只是一些商家出于宣传需要的一种新提法，它提倡“营养+调节”的减肥方式。它是目前市场上销售得最好的产品，但在产品设计上较前两类并没有根本性的突破。另外，一些产品的成分中含有氛氟拉明、β-阻断剂等违禁药物，通过抑制食欲的方式进行减肥。这种产品对人体的副作用比较大，容易引起抑郁症等神经系统疾病，已经被国家卫生部门明令禁止销售。但由于这些成分的减肥效果非常明显，目前仍有许多生产厂家在其产品中添加使用。

减肥品市场经过多年的发展，消费群开始变得理性和成熟，对于某些减肥品对身体的危害及科学减肥都有了比较深刻的认识。随着以中国特色的减肥茶为主体的第三代减肥品衰退期的来临，以及消费者对减肥品的进一步了解，可以预言，市场将呈现一个新的彼消此长的“减肥”格局。在新的格局中，我们可以看到带有西方减肥概念的产品的市场地位会进一步得到提高，如果价格能为国民接受的话，其必将成为主流产品。

可以说，“风暴”同竞争对手的竞争主要是产品理论和消费观念的竞争。谁能赢得消费者的心理，谁就赢得了这场战争。随着××寿等产品衰退期的来临，它们的产品理论也即将过时，消费者在不断寻找新的减肥方法。接受一种新的减肥方法也就意味着一种新的减肥理论的产生和确立。而“风暴”在这些方面具有其他产品所不具备的独特优势：最具革命性突破的高科技科学减肥理论；突破性的“风暴”四大原则——不节食、不反弹、增强耐力、无副作用。

但是，消费者头脑中已经存在的减肥观念将严重制约“风暴”产品的推广。风暴减肥胶囊的产品形式和机理理论对于目前的消费群来说都是全新的，要取得他们的认同、理解和接受，将是比较艰难的工作。我们要做的，就是细分再细分竞争对手，制定有强烈针对性的推广策略，打击竞争对手，为减肥市场“减肥”。

针对正面对手××寿、××乐，我们主要奉行风暴科学机理及响应世界卫生组织倡导的减肥新观念，以“减肥应是减脂肪而非减水分”、“快速减肥危害大”、“厌食减肥危害大”、“正确解决减肥的反弹问题”等科学的减肥观念来争取消费群。

针对侧翼对手 w××、××克，我们主要利用世界最新的减肥动态和观念进行宣传，剖析美国几代减肥产品，帮助消费者认识 w××、××克属淘汰和违禁的产品，只有 Pyr 才能代表 20 世纪末的最新科技。

针对××含片、××领等“黄雀式对手”，则主要是在特定的市场进行针对性的回击。

1999 年，风暴减肥胶囊的所有营销传播及地面活动一直紧紧围绕一个中心来展开：以目标消费群为媒介传播对象，通过对美国 Pyr 概念的全面的传播造势，建立新型减肥观念，摧毁第一、二、三代产品所秉持的错误的减肥理论，打击竞争对手，建构“最新一代”的减肥新理论，塑造“风暴”优秀的品牌形象，从而压制竞争对手，促使消费者转移购买，完成“风暴”的全年销售计划。

上市几个月后，最终的消费者测试表明：消费者普遍认为“风暴”的营销传播比较有吸引力，提出了新的减肥观念，讲得有道理，符合科学；普遍能接受“减肥应该是减脂肪而不是单纯减体重”和“慢减的减肥方式符合人体科学”的说法，并能理解肥胖主要是体内脂肪过多造成的。“风暴减肥胶囊，每天多减 48% 的脂肪”，对于这个商品概念及对它的解释，消费者普遍表示认同，因而有效地促成了购买行为的产生。这也正是“风暴”短短几个月市场全线飘红的消费基础所在。

事实证明，建立在产品概念基础上的推广总策略的成功，是“风暴”的最独特之处——以产品高科技机理和新型减肥观念为切入点，有力地打击了竞争对手的错误减肥观念，并树立起“风暴——科学减肥品”的品牌形象；而产品差异性的成功策划，在极大程度上拉开了与前三代减肥品的差距，充分体现了“风暴”的高科技含量。

作为营销传播的有效补充和配合，我们还在北京、上海、广州、武汉、重庆等五个 A 类市场举办了提升“风暴”品牌知名度的大型活动，并辐射到了周边的市场。

此外，经过多方努力，1999 年 5 月 21 日，我们终于使风暴减肥胶囊通过了中华医学会的权威论证，纳入“中华医学会重点推广工程”产品。

“中华医学会重点推广工程”旨在推广具有国际首创水平，并在临床应用中有显著诊断、治疗或协同作用的高科技医疗保健用品。

中华医学会是国内最高级别的医学学术团体，“风暴”能够进入中华医学会重点推广工程，有力地说明了“风暴”产品的科学性。我们结合中华医学会的论证策划出一系列的主题活动，成功地树立了“风暴——科学减肥品”的品牌形象。这也正是“风暴”较其他减肥品在品牌形象上胜出一筹的地方。

2000 年 3 月，我们又在全国范围内首家隆重推出“全程服务”计划，旨在使消费者购买“风暴”产品的同时，也附加购买一套品牌叫做“全程服务”的产品服务，给肥胖者“一个彻底的减肥承诺”。在功效至上、消费信心大跌的减肥品市场中独树一帜，掀起了新一轮的减肥风暴。

强化市场管理，让风暴来得更猛烈些

在制定“风暴”销售策略时，我们重在建立新型的销售模式，强化市场管理，使其更易于控制，加快资金回流。从入市开始，以有效的手段增强经销商的信心，提高其进货量。“风暴”实行总经销制，现款现货，明确界定生产商和经销商双方责任，激励经销商，提高总经销商的积极性，保证货款的正常流转。为了达到生产商和经销商的双赢，规范经销商行为，“风暴”设立了市场管理保证金，对产品流向、低价倾销、货款承付均作出了极其详细的规定，谁违约，谁负责，并立即作出处罚，直至取消经销权。

“风暴”的市场能在极其短暂的时间内全线飘红，与其责权明晰、快速反应的市场机制是分不开的。“风暴”的价格梯度设计十分科学合理，既极大地保证了经销商、零售商的利益，又严格控制了市场零售的最高限价。一旦出现经销商将产品以低于“风暴”规定的批发价供货，或者经销商所在市场零售价偏离“风暴”规定的零售价，“风暴”派驻各地的市场代表就会作出快速反应，进行价格处罚、责令经销商改正。

“风暴”规定了严格的货流政策。在销售过程中，经销商应登记每一次出货产品的编码，充分掌握货流方向。如果发现经销商将本地编码产品直接或间接销往其他城市，经销商除了要受到经济处罚外，还可能面临以零售价回购该批产品的处罚，甚至取消经销权。

由于严格的市场管理保证了价格和货流的正常控制，经销商的积极性和信心也十分充足地调动起来。本来按规定，在第一批产品到货后，经销商应在45日内铺到区域内70%的大商场和药店，但大部分经销商往往在一周之内就铺完货了。经销商还积极配合“风暴”市场人员开展终端促销和卖场展示活动，导致在“风暴”上市之初，许多地方出现脱销的现象。这在中国减肥市场上是前所未有的。

苹果iPod:“酷”营销火暴世界

在iPod出现之前，没有人会认识到一个小小的MP3会有这么大的影响力。

在美国人的生活中，iPod突然变得无所不在。当你身处麦迪逊大街，看到几乎每一个街区都有人戴着白色耳机；当你走进健身房，发现几乎每个人都戴着它；而当你坐在校园的长凳上，也会发出会心的微笑——学生们都在用iPod。iPod，已成为联结人们的纽带。

四分之三的名人口袋里都揣着iPod：威尔·史密斯、格温妮斯·帕尔特罗、贝克汉姆、卡尔·拉格菲尔德……影星威尔·史密斯在接受著名科技杂志《连线》采访时，“抱怨”说他已经迷上了这个小玩意，称之为“本世纪的发明大事”。

而“木讷古板、保守无趣”的上任美国总统小布什，也被时尚玩物iPod成功俘虏——他耳朵里经常插两根白线、蹬着一辆山地车在得州牧场进行户外运动。布什的这个iPod，是他那宝贝千金詹娜在2004年夏天作为生日礼物送给他的。让詹娜意外的是，一向挑剔的老爸竟然对iPod一见钟情。

不仅仅是美国，在欧洲、日本、中国、东南亚、南美等全球的每一个角落，都可以看到iPod的身影。连八十岁高龄的英国女王，也在2005年夏天选择了一款银色内存6G的迷你iPod。2006年12月，欧洲宇航员威廉·比尔·欧伊菲林的太空探索之旅就一直有iPod和好音乐的陪伴。

2007 年，美国销售的汽车中，有一半的汽车增加支持 iPod 音乐播放器的内置功能。2007 年，美国消费者在选购汽车时，也将汽车是否支持 iPod 作为选车的重要考虑因素之一。

iPod——这个酷劲十足的音乐随身听产品，以其超凡的魅力及卓越的市场营销策略，打造了一个市场传奇故事。

iPod 诞生，MP3 市场迎来明星产品

苹果公司的明星产品 iPod 自 2001 年上市销售以来已累计售出了近 7000 万个，其在数字音乐播放器市场的地位不可撼动。

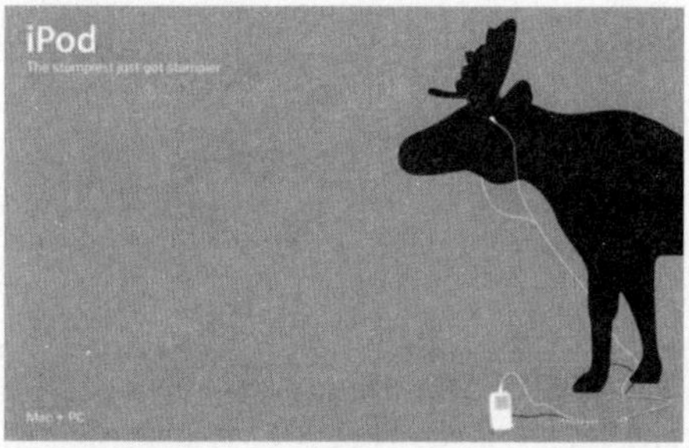

与 iPod 飞速发展相反的是，全球音乐播放器市场正进入停滞状态。根据世界著名市场调研公司世通咨询的调查数据，自从 2005 年下半年以来，全球的 MP3 市场正呈现明显的萎缩状态，销售量一路下跌，MP3 产品开始走向衰落。另外，由于市场竞争的过度激烈，加上替代性产品的竞争（如音乐手机），迫使部分厂商不得不开始退出 MP3 市场。

在这个制造能力越来越强大的时代，市场并不缺少产品：从需要精密技术的大型机械、高级电子产品，到需要漫长研发周期的药品，再到低技术的日常用品等，几乎每一个行业都有着无数同质化或类似同质化的产品在互相竞逐、比拼。而过剩的产品追逐有限的消费力、无序的竞争导致行业步入恶性循环，这正是导致许多行业发展陷入困境、企业欲振乏力的原因。

当苹果管理层思考如何延伸苹果公司出色的创新能力、创造出令世人瞩目的新产品时，音乐播放器进入了他们的视界之中。当时的 MP3 市场正处于迅速发展阶段，市场上同类产品五花八门，功能、设计都非常类似，企业之间往往通过恶拼价格战获得销售量。如何创造一款出色的 MP3 产品，摆脱同质化竞争，使企业获得持续增长的竞争力成为亟待解决的问题，关于明星产品的打造正是在这种背景下进入苹果决策者的思考范畴的。

2001 年 2 月，苹果公司的工程师被乔布斯要求去创造一件让人震撼的音乐播放器。乔布斯对这件东西的设想是：能快速和电脑连接并高速下载音乐；和 iTunes 软件高度一致并能够很容易地组织音乐，有容易操作的界面及能让人感到愉快。仅用了几个月时间，一个注定要重写苹果历史的新产品——iPod 问世了。

作为 MP3 市场上的明星产品，iPod 的面世不仅对于苹果公司，而且对于整个市场来说都具有巨大的意义。明星产品是具有高市场增长率、能够给企业创造高利润回报的产品。在一个买方势力越来越强大的市场中，明星产品的打造具有非常重要的意义，它可以让企业在短时间内创造出巨大的新消费需求，从而使企业在市场博弈中获得更多的话语权——苹果公司正是基于商业逻辑打造明星产品 iPod。

第一代 iPod 使用硬盘作为载体，容量为 5G，可以储存 1000 首歌曲。在不到两个月的时间里，iPod 一共售出 12.5 万台。在接下来的时间里，苹果又发布了 iPod mini，提供五种颜色，价格为 249 美元。iPod mini 有着更简单的操控方式与更优美的外观设计，产品一开始发售，就被抢购一空，iPod 的销售正式迈上了快车道。

为了迎合市场需求，苹果公司不断对 iPod 进行改造，从功能、设计、容量等各方面进行更新换代，力求走在时代潮流的最前沿。2001 年到 2005 年的短短五年时间里，iPod 在全球的销量超过 4200 万台，占据了 MP3 市场的半壁江山，iPod 在消费电子领域一时风头无二。

iPod：蓝海如何被创造出来

从产品的市场价值上分析，如果说一般产品是为了满足显性的消费功能，完成产品从生产价值到使用价值的过渡，那么明星产品除了满足显性的消费功能之外，还承担着以产品力去创造强大市场需求的职责：出色的明星产品可以使企业远离同质化竞争的泥潭，从红海市场驶向蓝海市场，为企业带来源源不断的利润。iPod 正是属于这种使企业远离同质化竞争，并创造出巨大市场需求的明星产品。

同样属于 MP3 产品，iPod 是如何从竞争对手的重重包围下脱颖而出，在市场角逐中找到自己的蓝海的？这其中很重要的原因之一就是 iPod 的设计美感胜过对手。

iPod 以设计和感受取胜，是苹果对“把技术简单到生活”的实践。“站在苹果的角度，我们面对每件事情时都会问：怎么做能使使用者感觉方便？”

要打造一款通行世界的产品，就必须打造一种能够通行世界的产品美感——将最优秀的工业设计融入产品之中，为产品添加跨越地域、跨越国家、跨越民族、通行世界的审美语言，这正是苹果公司将 iPod 打造成明星产品所致力的方向。

iPod 卓越的外观设计为其市场销售局面的打开立下了汗马功劳，在众多的 MP3 产品中，iPod 简洁的外形最容易吸引消费者的关注，优雅的品牌感觉在某种程度上降低了消费者对 iPod 相对昂贵的售价的敏感度。

同时，价格策略的巧妙运用也是其市场制胜的重要法则。

当 iPod 在市场上受到越来越多的关注之时，许多竞争对手迅速跟进。为了摆脱竞争品牌的威胁，苹果根据市场的变化，主动改变了定价方法，迅速将 iPod 高昂的定价拉低。

2005 年，苹果推出 iPod shuffle，这是一款大众化的产品，价格降低到 99 美元一台，在同类产品中非常有竞争力。之所以在这个时候推出大众化产品，一方面，市场容量已经很大，占据低端市场也能获得大量利润；另一方面，索尼等企业也推出了类似的产品，在竞争对手的产品竞争下，苹果急需推出低价格产品来抗衡，但是原来的高价格产品并没有退出市场，而是略微降低了价格而已，苹果公司在产品线的结构上形成“高低搭配”的良好结构，改变了原来只有高端产品的格局，从而保证了 iPod 强大的市场竞争力。

当然，真正令 iPod 在市场上所向无敌、获得无数消费者高度认知的，还是苹果公司卓越的市场营销策略。

“酷”营销成就市场霸主地位

在品牌宣传中，苹果公司不断突出 iPod 的酷、活力、时尚及与众不同的品牌理念，成功地塑造了iPod独一无二的品牌文化，吸引了一批忠诚的消费者。

在营销传播上，苹果公司最擅长以“酷”品牌文化来引导消费——一种创造性和叛逆性的品牌文化，在当家花旦iPod的推广上，当然也不例外——明亮的背景、动感的剪影、全世界都在流行的摇滚乐队U2，或鲜绿或魅紫的时尚色彩，还有永远成为画面视觉中心的无所不在的白色。

由于iPod定位相对高端，为了突出iPod的品牌地位，吸引特定消费者的关注，苹果公司制定了品牌联合营销（Co-brand）的策略，通过这种营销策略去建立市场影响力。

在iPod的促使下，为了配合iPod高昂的售价和高贵的品质，著名的奢侈品品牌Gucci也开始为iPod生产皮套。Gucci的品牌配上不惜成本的用料和精美的做工，售价也是可观的。这个皮套的售价为195美元，折合人民币大概相当于1600元！Gucci的出现，显示了iPod不只是一个科技产品，更演化成了一种时尚。

而更为绝妙的联合来自iPod和甲壳虫汽车，这是美国流行文化的两家代表性企业——苹果电脑公司和大众汽车公司。iPod和甲壳虫的结缘，恰恰显示出苹果公司对iPod所面对的细分市场的准确把握。

与著名品牌建立联系，通过品牌联合的方式去影响主流消费者，这正是iPod的市场影响力获得迅速扩大的关键之一。

短短数年内，iPod这个香烟盒大小的数码音乐播放器早已超越了其作为消费品本身的意义，成为偶像、宠物、身份的标志，演绎成一种新的文化象征，就像影响世界二十年之久的索尼Walkman那样。

大俗就是大雅：黄金酒的营销造势

2008年10月28日，史玉柱创办的巨人投资公司在北京人民大会堂宣布正式开辟继保健品、银行投资、网游之后的第四战场——保健酒市场，生产功能名酒五粮液黄金酒。巨人投资与酒业巨头五粮液签署了长达30年的战略合作协议，由巨人投资并担任黄金酒的全球总经销。就此，五粮液的这款保健酒正式披上了史玉柱牌子的黄金外衣。

由于史玉柱强大的市场造势能力，黄金酒一投放市场，就引起了社会各界的密切关注。

保健酒行业的市场机会

2001年，全国保健酒市场的销售总额仅8亿元，2005年实现了45亿元的规模，2007年达到了70亿元的规模，2008年保健酒市场总额突破百亿元。按照保健酒行业销售总额每年30%的速度增长，2009年的市场空间更加巨大。

国内经营保健酒的企业约有5000家，每年新增企业约200家。虽然市场竞争激烈，保健酒行业销售总额以年均30%的速度在高速增长，却仍然面临着"叫好不叫座"的尴尬——市场销售额才近百亿，与白酒市场1000亿元的市场容量差距巨大。保健酒、养生酒、营养酒的国际消费量占酒类消费总量的12%。但在国内，这个比例还不到1%。

所以，从市场容量和市场成长性分析，中国保健酒市场成长潜力巨大，而目前国内保健酒市场只有劲酒一枝独秀。巨大的市场、少而又少的竞争对手，对巨人来说是最大的商机。

在巨人集团看来，最好的营销老师是老百姓，老百姓需要什么，他们就提供什么——而未被充分满足的、中国巨大的保健酒需求正是巨人集团与五粮液共同看重的。

互补合作打响新战役

必须承认，五粮液的保健酒一直优势不突出。五粮液集团保健酒公司成立于2001年，旗下包括“雄酒”、“藏秘康佑”等不少高端保健酒品牌。几年下来，经营状况并不乐观。五粮液保健酒的年销售收入约为1亿元，这在五粮液集团250多亿元的年销售收入中，显得微不足道。市场营销是五粮液的弱项。

而对于史玉柱来说，10年来运作脑白金的累计销售额突破100亿元，但目前的保健品市场鱼龙混杂，市场不规范，呈现萎缩态势，且政府对保健品市场整治、监管力度逐步加大，市场洗牌也在所难免，他必须为下一步的发展找到新的方向与出路。

巨人投资在全国拥有14000人的销售队伍，其经销商覆盖了全国两三百个二三级城市和上千个县。这些渠道无疑能为新产品快速进入市场铺下路子。就合作而言，生产方与营销方各自利用优势合力推广，符合当今的“外包”趋势，专业化分工，进而降低推广成本。

所以，尽管巨人从未操作过酒类产品，但是凭着以往操作保健品的经验与能力，以及史玉柱个人丰富的市场经验，五粮液与巨人的合作还是被视为强强合作，能够将黄金酒一炮打响的黄金组合。

对于五粮液公司来说，借助巨人集团成熟的保健品营销思路和全国150多个销售分支机构及29万个销售点，未尝不是一个腾飞的机遇。

大俗就是大雅的造势策略

黄金酒面临的市场竞争情况并不乐观。作为最早切入国内保健酒礼盒装的椰岛鹿龟酒，早期通过“亲情诉求”成功上位，经过十多年的运作，无论是营销手段还是传播策略，椰岛鹿龟酒都积累了非常成熟的运作经验，也培养了相当数量的忠实消费者，牢牢占据着保健酒中高端礼品市场。

而保健酒老大劲酒也在2007年年底推出了终端售价75元左右的参茸劲酒。凭借在餐饮渠道的强势和成熟品牌的号召力，礼盒装参茸劲酒的势头也不可小觑，很可能成为劲酒打开中高端市场的尖兵。

黄金酒除了要避开椰岛鹿龟酒的成熟市场外，还要注意绕开杀入礼品装市场的参茸劲酒的锋芒。黄金酒的市场机会在哪里？

史玉柱深知，产品要成功，必须要有差异化的运作策略，而首先产品的命名就是关键之一。

很多企业在做新产品营销推广时，惯性思维就是产品命名一定不能低俗，一定要高雅一点才好。但是史玉柱却不这么认为。不管是其公司名称“巨人”，还是“脑白金”、“脑黄金”、“黄金酒”的产品命名，他追求的标准是消费者印象深刻、容易理解与记忆，而不是高雅。虽然巨人所推出的产品的命名备受诟病，但事实上在中国这么多年的品牌营销中，耳熟能详、妇孺皆知的却是这些产品。

为什么一个俗气的命名反而能够让大众都记住呢？因为除了大面积的传播和持续不断的推广外，史玉柱深谙“大俗即大雅”的道理。品牌推广一定不能脱离大多数人的认知范围，也就是说，在传播或推广过程中，要让大多数人认识并接受。

所以不管是黄金酒的推广还是脑白金的推广，都是围绕中国大众展开的，其使用的产品命名连文盲都能够理解——这个产品不错，脑白金像白金一样珍贵，黄金酒像黄金一样珍贵，从而通俗易懂地将产品的价值传递给消费者。所以它的传播从来不会浪费——这就是史玉柱坚持用“黄金酒”来命名这款保健酒的原因。

除了产品命名，史玉柱在其产品传播过程中，始终贯彻大俗即大雅的人性传播原则，不仅使年幼的儿童读来朗朗上口，一般的消费者更是能很好地认知。所以，不管是脑白金的“今年过节不收礼，收礼只收脑白金”，还是“黄金酒，送长辈”的广告语，都能够深入目标人群心里。

除此之外，这种大俗大雅策略的应用，还表现在对产品价值的深层次传递上。除了一个通俗的命名、一句通俗的广告语之外，史玉柱在营销推广中必然会在产品上传递一个实实在在的价值：脑白金年轻态，帮助缓解失眠等中老年人常见症状；黄金酒直指年青一代父母的健康饮酒问题，诉求“以五种粮食、六味中药为原料，遵循四百余年古法酿造，酒助药效，药添酒香，珍贵若黄金，故名黄金酒”。

这种大俗的命名加上直接的利益诉求，在最短的时间内使得消费者对产品价值有了最深刻的理解。同时，在整体市场推广上，史玉柱更将大俗发挥到极致。

在市场推广上，史玉柱的原则就是公关先行：利用软文、公关事件等手法，巧妙地启动传播。

脑黄金时期史玉柱就重视软性宣传，注重收集消费案例，脑黄金临床检测报告、典型病例及科普文章的宣传。为了配合宣传，《巨人报》印数达到了100万份，以夹报和直投方式广为散发，成为当时中国企业印数最大的“内刊”。

推出黄金酒时，史玉柱在北京人民大会堂以“世界第一瓶功能名酒”为噱头的事件营销拉开了黄金酒上市的帷幕，媒体大规模的报道为黄金酒推出市场打下了舆论基础。

黄金酒的上市极具史式风格，来势猛烈，其传播沟通也是延续脑白金的通俗、直接的路子，从中央台到地方台，从平面广告到网络软文，狂风骤雨般地上马轰炸，意在最短时间内让消费者迅速记住黄金酒的名字。

尽管黄金酒的广告诉求与脑白金一样，恶俗之风典型，也可能招致部分消费者的反感，但对于史玉柱来说，在注意力时代，不造势就是等死，宁可被骂也要被记住，这便是史氏的造势风格。

富亚涂料：反向造势一夜成名

富亚是北京的一家涂料及配套产品生产企业，初具规模，在行业内颇有名气，但是在大众消费者中间却鲜为人知。

在涂料行业摸爬滚打了十几年的总经理蒋和平也明白，造成这种局面的原因主要在市场环节——市场推广力度不足。由于富亚规模不大，自有资金有限，市场推广费用投入也有限，所以市场发展陷入了恶性循环：越打不起市场推广仗，越没有知名度，越没有消费者买企业的产品，企业与竞争对手的差距就越大，企业就越缺少市场营销费用，由此形成恶性循环。

2000 年，涂料行业正面临一个巨大的利好契机：北京正在紧锣密鼓地申奥。北京的城市基础建设、项目场馆等建设速度将空前加快，大街小巷外墙的粉刷，居民住宅内墙的装饰都离不开涂料，而且用量也是惊人的。

权威人士分析，中国涂料市场年需求总量应该不少于 370 亿元人民币，每年还以 15% 的速度增长。这可是个很大的蛋糕，蒋和平再也坐不住了，决心让富亚主动出击——通过公关策划的方式，以四两拨千斤的策略迅速撬动市场认知。

寻求反向策划思维

为追求轰动的一跳效应，促销富亚健康涂料，富亚企业内部和外聘的策划人员纷纷出谋划策。有人出主意说每天在中央电视台打悬念广告，请成龙、施瓦辛格爬上北京最高的楼粉刷富亚涂料；还有人提议免费送涂料，先让富亚“热身”，以后火暴市场。蒋和平听了以后只是摇头，前者是不现实的，一家中型的发展中企业，出不起那么高的价请大牌明星；至于后者，免费大赠送之类，也已经被人用滥了，缺乏新意，只好搁置一边了。

在蒋和平心中，出色的公关策划是“多快好省”的创意思想，而且能用超凡脱俗的创意来证明富亚涂料是无毒、安全型的环保涂料。

一轮又一轮的头脑风暴之后，富亚将思路放在“喝涂料”上——要证明富亚绿色、无毒、环保，最好的方式当然是把涂料喝下去。

这个极具创意但听起来可怕的想法可行吗?

“不喝就不能一夜成名。但喝下去，是否会太过吓人?”再三思考之后，富亚决定把“人喝涂料”改为“真猫真狗喝涂料”，人是动物，猫狗也是动物，让猫狗替代人，合法、合情、合理，并且公证处的人员也同意现场公证，给予大力支持。

到底富亚涂料能不能“喝”，其实富亚总经理蒋和平心里还是有数的。早在 1998 年，中国预防医学科学院就用小白鼠为富亚牌内墙乳胶涂料做过试验，结论是：实际无毒级。

当然，蒋和平也清楚，在爱护小动物氛围浓厚的北京，动物保护组织和环保人士怎么可能眼睁睁地让小动物去喝涂料呢？这个广告不过是虚晃一招，吸引消费者关注，但最终的轰动点还是要落在他自己身上——当猫狗喝涂料的行动被动物保护者阻挠时，他就必须将涂料喝下去以证明涂料的无毒。

为了富亚的一夜成名，蒋和平豁出去了。

巧妙策划引发广泛关注

为了让活动有最大的影响力，富亚先进行了广告的造势。

2000 年 10 月 8 日，猫狗喝涂料活动的主办方富亚公司在《北京晚报》百姓报道版刊登了题为“真猫真狗喝涂料——真不是跟您开玩笑，家装安全庄严大承诺”的广告。原文如下：

真猫真狗喝涂料

——真不是跟您开玩笑，家装安全庄严大承诺

让猫狗喝涂料是真的吗？绝非危言耸听，您不妨亲自走一遭，看一看，眼见为实。您一定会想，那猫喝了涂料后，岂不一命呜呼？告诉您吧，啥事儿也没有。正可谓：“众目睽睽，猫狗无恙；富亚涂料，当惊世界殊！”

富亚涂料不但安全可靠，还有上乘的质量，不起皮，不开裂，那附着力，那粘结度，保您个个入墙三分，踏踏实实，牢牢靠靠。俗话说，没有那金刚钻，就绝不揽这瓷器活儿。平心而论，要是没有这百分百的安全性，谁还真敢让这猫狗喝？您再想想，这猫狗喝了都没有事的富亚涂料，装修您家的墙壁，还能不安全？一句话，家装安全关人命，富亚给您定盘星！富亚涂料上市以来，安全性能、质量性能深得广大用户交口称赞，再配上填补国家空白的“壁得保”耐水柔韧腻子，不信就亲自到北京饭店、港澳中心瞧一眼，顿时让您如此感受，不愧是专家的选择，大饭店的气派、贵妇人的感觉。

咨询电话：62063979

时间：10月10日上午9：00～12：00

地点：中国建筑文化中心（北京市海淀区三里河路13号）

广告的传播效应是惊人的，更何况是发行量上百万份的《北京晚报》。广告刊登以后，富亚很快接到了许多动物保护主义者的“警告”电话：“如果你们不取消这次虐待小动物的活动，我们就到现场闹事，我们要抗议。”

2000年10月10日上午9时，位于北京三里河的北京建筑文化中心门前，已经高高挂起了“真猫真狗喝涂料　富亚涂料安全大检验”的横幅。在富亚公司的展台前，汇聚着关心此事的广告读者、过路的人群和闻讯赶来的新闻记者，其中还有一批特殊人士——动物保护协会成员。

果然，动物保护主义者说到做到，真的来到了现场，想要阻止活动，不让活动举行。

动物保护者还有组织地抗议，散发传单进行呼吁：动物是人类的朋友，人类不应该为了证明某项工业产品无毒就让动物食用，这是对动物的残害。

现场许多消费者都希望富亚取消此项活动，并劝告该公司如果执意用猫狗来充当证明涂料无毒的牺牲品，不仅不会促进涂料的销售，反而会在消费者心目中造成负面影响。

北京保护小动物协会的工作人员在现场举起了标语、漫画，抗议富亚公司的做法，他们高举着“请不要虐待动物，孩子们看了怎么想”的横幅，许多闻风而来的记者也四处采访，希望就此事做成一条轰动性的新闻。

人越聚越多，事情的发展也越来越出乎意料了。一位声称不喜欢动物、也从不养宠物的中年女士，也赶过来抗议。她振振有词地批评富亚的做法：“其实，证明涂料无毒的方法有很多。富亚公司完全可以运用高科技手段检验产品，用权威、翔实的数据说明问题，消费者同样会买它的产品。但是如果用动物做实验，令消费者反感，其效果也会适得其反。”

尽管有这么多人反对，但在现场的一个角落，富亚公司总经理蒋和平还是肯定地告诉围观者，不管怎样，活动要照常进行下去，不然报纸广告费就白花了，而且还会被人误认为是虚假广告。

活动拖延到上午9时20分左右，“真猫真狗喝涂料”活动在人们的抗议下仓促开始了。当涂料准备好，猫狗开始登台亮相之际，动物保护组织的人士不光动嘴了，他们开始群起而攻之，进行了强烈抗议，先是围上来抢狗抢猫，义正词严地警告富亚涂料公司的人：停止，停止，不要玩过火，不要走得太远。

在一片纷纷扰扰的争辩声中，富亚公司总经理蒋和平上台发言：“我是涂料的发明者，北京许多著名的建筑都用我的产品，我保证我的产品无毒。”

人群中有人高喊：“谁说涂料无毒谁来喝！”

还有人为了凑热闹，高声喊道：“有人喝，我现在就买！”

蒋和平望着喧嚣的人群，从容不迫地说：“我被你们保护动物的精神感动了，我今天若是让小猫小狗喝了涂料，就成了集体的罪人，我也是动物，那就让我来喝吧，今天这里来了这么多人，要是不喝也无法向大家作一个交代。”言毕，蒋和平舀起涂料倒进杯子，脖子一伸，足足喝了大半杯。

人群一时惊呆了！半晌才回过劲儿来的观众们简直不敢相信自己的眼睛。匆匆赶到现场的新华社记者惊讶地说：“不可思议。”

媒体沸点被引爆

在蒋和平喝下涂料的当天，新华社播发了一篇题为《为做无毒广告　经理喝涂料》的文章。

之后，各地报纸纷纷转载，北京的各大媒体，如《北京日报》、《北京晚报》、《北京晨报》、《北京青年报》、北京电视台更是竞相报道，从不同角度进行了全方位分析。

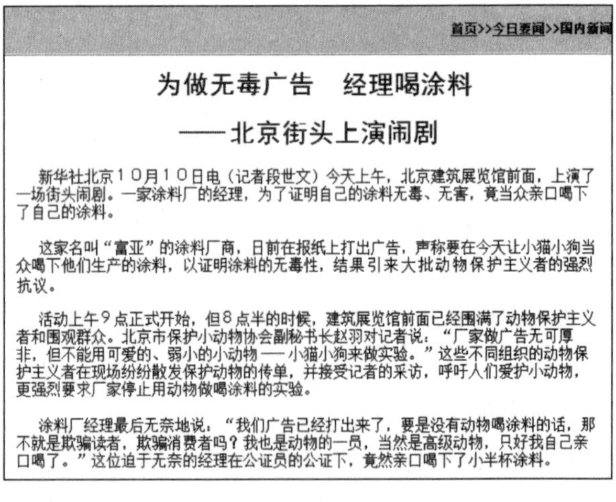

首页>>今日要闻>>国内新闻

为做无毒广告　经理喝涂料

——北京街头上演闹剧

新华社北京10月10日电（记者段世文）今天上午，北京建筑展览馆前面，上演了一场街头闹剧。一家涂料厂的经理，为了证明自己的涂料无毒、无害，竟当众亲口喝下了自己的涂料。

这家名叫“富亚”的涂料厂商，日前在报纸上打出广告，声称要在今天让小猫小狗当众喝下他们生产的涂料，以证明涂料的无毒性，结果引来大批动物保护主义者的强烈抗议。

活动上午9点正式开始，但8点半的时候，建筑展览馆前面已经围满了动物保护主义者和围观群众。北京市保护小动物协会副秘书长赵羽对记者说：“厂家做广告无可厚非，但不能用可爱的、弱小的小动物——小猫小狗来做实验。”这些不同组织的动物保护主义者在现场纷纷散发保护动物的传单，并接受记者的采访，呼吁人们爱护小动物，更强烈要求厂家停止用动物做喝涂料的实验。

涂料厂经理最后无奈地说：“我们广告已经打出来了，要是没有动物喝涂料的话，那不就是欺骗读者，欺骗消费者吗？我也是动物的一员，当然是高级动物，只好我自己亲口喝了。”这位迫于无奈的经理在公证员的公证下，竟然亲口喝下了小半杯涂料。

《中国经营报》记者在一篇揭示“喝涂料”内幕的文章中写道：人都可以喝下去的涂料，现在可以相信富亚的品质了。

《北京晚报》百姓热线栏目说，喝涂料事件发生次日，报社陆续接到读者的电话，对总经理喝涂料一事发表自己的看法。不少读者对总经理的身体表示担忧，同时也对他有勇有谋的做法深感钦佩。正如业内人士分析的那样，老蒋能够把涂料喝下去，就证明了他的敬业精神和对自己产品的信心。

最后，据统计，全国有200多家媒体报道或者转载了“喝涂料”事件。北京电视台评选2000年10月十大经济新闻，“喝涂料”赫然跻身其中，与“悉尼奥运会”等并列。

蒋和平“喝涂料”之前，在北京的涂料市场上，除了业内人士外，普通的消费者中很少有人知道富亚。一提起装饰涂料，人们马上想起的往往是电视广告上经常看到的“洋品牌”，许多人都是在“喝涂料”事件之后，才知道原来家门口就有这么一家价格低、质量好、绿色环保的富亚。

“喝涂料”的公关策划让富亚一夜成名，富亚得到了市场的广泛认可。近几年来，富亚涂料的使用范围包括北京钓鱼台、平安大街、中央电视台、国展中心、意大利等国驻华使馆等。多年的实践考验使业界逐渐认可了它，富亚品牌的美誉度不断上升。

华谊上市：中国娱乐第一股的公关造势

什么样的公司，能够使阿里巴巴集团董事局主席马云、分众传媒董事长江南春等明星CEO为之青睐，义无反顾成为其大股东？

什么样的公司，能够使冯小刚、张纪中、黄晓明、李冰冰等炙手可热的导演及演艺明星争先成为其股东？

被誉中国娱乐第一股的华谊兄弟，强大的实力与无数的光环使其成为2009年中国投资市场上最闪耀的名字。

作为国内影视娱乐上市公司第一股，华谊兄弟刚一启动创业板的上市机制，就闪耀在财经界与娱乐圈的聚光灯下。这家对美国华纳兄弟公司顶礼膜拜，视其为追随目标的娱乐公司，在2009年10月登录中国创业板之后，立刻引来投资者的追捧。

从构想、筹备、造势到上市，华谊兄弟整整走过了十年。这十年浓聚了一家中国民营企业所有奋斗的艰辛与荣耀，他们所遭遇的挫折与失败、他们克服障碍的勇气与毅力、企业上市时所策划的造势推广，都将成为中国娱乐业迈向发展新里程的最佳典范——在中国文化政策不断开放、中国娱乐业高速发展的当下，华谊兄弟的上市或许不只是一个传奇，而是隐喻着某种新的开端，更多的娱乐公司将吹响上市的集结号，将中国娱乐业推向新的发展高度。

星星之火，必成燎原之势。我们期望在对华谊兄弟深度解读的基础上，从公共关系的角度去揭示这家闪耀着无数光环的明星公司背后独特的营销策略思维，为更多期望奔向上市之路的中国娱乐企业提供有益启示。

“三枪”拍案惊奇：华谊的上市造势策略

作为中国顶尖的娱乐企业以及上市公司，华谊兄弟毫无疑问是独特的。

一方面，在投资者构成上，华谊兄弟是独一无二的，其涵括娱乐圈和企业家的“明星相”是其他创业板上市的公司所没有的；

另一方面，作为中国娱乐第一股，华谊兄弟的上市对中国其他文化产业的未来上市起到了极强的启示作用。

十年磨一剑，华谊兄弟的上市之路充满艰辛，但也绝对闪耀着智慧的光环。如果我们将华谊兄弟的上市造势之路进行条分缕析的话，就可以非常清晰地看到其整个上市的营销策略分为三条路线，三枪逐发，势不可挡。

第一枪　整合资源厚积薄发

资本困局一直是中国文化企业不可回避的问题。从华谊的发展路径看，其逐步完成了股权结构调整、业务整合、融资等一系列过程，才有了现在的规模、品牌和知名度，才能在上市征途中胜出。

华谊兄弟在电影、电视剧的制作、发行业务与艺人经纪业务三大业务板块取得了优秀的成绩。公司作品及演艺人才在华表奖、飞天奖、百花奖、香港金像奖、台湾金马奖等各大影视评奖中屡获殊荣。无论是《天下无贼》、《功夫之王》、《非诚勿扰》、《风声》，还是《士兵突击》、《鹿鼎记》、《我的团长我的团》，华谊兄弟的影视作品都得到了人们的称赞。冯小刚、张纪中、黄晓明、李冰冰、周迅、张涵予等富有竞争优势的导演和艺人队伍更是人们耳熟能详的。

作为中国首家在内地上市的文化企业，华谊兄弟在资本市场的突围之路成就了一段传奇。

第二枪 明星效应聚拢人心

有明星代言的产品，销量一般都能提升几倍，那么明星“代言”的股票会怎样？

股票炒作高手们在玩腻了各种题材之后，终于开发出了新的方向——明星，只要大股东的名单里出现几个让大家熟悉的名字，自然就会有人传播，因为大家都相信“明星的消息多，钱多，所以他们买的股票肯定都会涨”。一些股吧甚至出现“高价征集名字叫张艺谋、章子怡、马云的股票账户，同名同姓，年租金5万元，账户归我方操作，有意者请留下电话号码”诸如此类的帖子。显而易见，发帖者“用心良苦”，企图利用明星效应吸引股民的眼球。而在现实中，一听到“明星”二字便冲动买股票的大有人在。

华谊兄弟与其他创业板上市企业的最大不同，便是其“明星相”：既有冯小刚、黄晓明、李冰冰等娱乐圈明星，也有马云、江南春等大家耳熟能详的企业家明星。华谊兄弟将明星纳入其资本行列，发挥整体的品牌号召力，充分利用明星聚拢人心。许多报纸登载了股民或与明星一起当股东的文章，这对追星谜来说无疑是种诱惑。相比其他同批发行的创业板新股，华谊兄弟的股吧已经“爆棚”，留言者络绎不绝，看来公司的“粉丝”投资者不少。

凭借明星效应，华谊兄弟获得了免费的媒体报道和众人在茶余饭后的津津乐道。

第三枪 制造新闻诱降媒体

新闻稿是企业“潜在宣传”的利器，华谊兄弟挖掘了许多新闻点提供给媒体。

“明星持股排行榜”、“明星股东冯小刚净赚1亿”、“华谊兄弟创业板上市造福为什么没有周迅的份”、“李冰冰与周迅争一姐”等八卦消息成为炒股利器，因为这些都是能引起受众注意的，而受众是媒体的上帝，媒体当然会满足受众的要求。

同时，通过披露成长信息，也有助于华谊兄弟获得股东信任。公司高层对“华谊兄弟未来两年盈利增长不低于50%”的承诺和“华谊兄弟受190家基金公司追捧”等诸如此类对华谊兄弟有利的报道让投资者的士气更加高涨。

在媒体爆炒明星股东等“娱乐”氛围的烘托下，华谊传媒在上海和北京两地的现场推介会可以用盛况空前来形容。据报道，两地与会投资者总数超过400人次，上海推介会更因排队参会人数过多而被迫延迟。从IPO发行的历史来看，机构投资者的关注度和参与度实属罕见。

华谊兄弟借着媒体报道舆论的东风，实现了名利双收。

正是有了步步为营的营销造势“三枪”拍案，华谊兄弟终于走过漫长的筹备期，并在中国股市一鸣惊人。

“刺陵”之后必须重视的隐忧

2009年10月30日，创业板开市全线“开门红”，华谊兄弟成功“刺陵”——开盘领涨。华谊兄弟预计净利达8276万元，同比增21.6%。王中军兄弟、马云、冯小刚、黄晓明等大股东旋即成为身家过亿或千万级的富翁。

对于华谊兄弟来说，上市本身便是对自己的形象传播，知名度在既有程度上得到更大提高。明星效应有助于吸引更多投资者，甚至有追星族为了抓住免费见明星的机会而买股票。

但是，我们必须注意到，在华谊耀人光环背后同样潜伏着重重的阴影——从危机的角度，知名度越高所遭遇的危机几率也将越高。对于华谊兄弟及更多的上市公司来说，上市并不意味着坦途，风险也将如影随形。华谊兄弟在未来发展中有三大挑战必须去战胜：

挑战一：冯小刚风险

众所周知，有一个人在华谊兄弟的地位无人能撼动，他的离职、遭遇意外的可能甚至成为招股书中郑重提醒的风险。在招股书公布财报的报告期内，冯小刚工作室出品了《集结号》和《非诚勿扰》2 部影片，这 2 部影片累计实现票房分账收入近 1.9 亿元，是同期华谊兄弟电影业务收入的 40%、总营业收入的 18%。

有消息称英皇娱乐要出资 1 亿元挖走冯小刚。尽管此消息尚未证实，但是，我们仍然要看到，现实存在许多不可预料的因素。如《蜘蛛侠》里经典的台词所说：能力越大，责任就越大。如果有一天顶梁柱级人物病了，股价会不会大跌？

能否“稳住”冯导，或者在几年时间内再培养一个“冯导”可以说是华谊兄弟最大的挑战。

挑战二：明星效应过强

水能载舟，亦能覆舟。

华谊兄弟的影视娱乐行业特性注定它将是一支高调的股票，媒体曝光率高，透明度也就高。艺人经纪在华谊业务中占重要地位，而艺人流动性很高。华谊兄弟的许多核心艺人又是公司的持股大户，如果有人抛售股票跳槽，必然会对公司未来的盈利造成影响。

身兼艺人和公司股东两职于一身，艺人的一举一动，包括绯闻、跳槽传言及电影票房、电视剧收视率都势必影响到股票的走势。在一贯八卦的娱乐圈，如何处理好太多的谣言可能对公司造成的负面影响，对踏上资本路的华谊兄弟是个挑战。

挑战三：政策性影响

影视产品不同于一般的商品，具有一定的宣传教化作用。因此，国家广电总局等相关部门对影视文化产品设立了严格的审核与监管制度。这也使得目前我国每年都有一些国产和进口影片由于不能通过审核而无法在院线公映。虽然目前关于电影产业的相关政策正在逐渐放开，但很可能会有一个较长而复杂的过程。在这个过程中，由于政策变动而带给电影公司的风险，不可能不存在。

华谊如何进行危机应对的“士兵突击”

蝴蝶效应昭示我们，对一个坏的微小的机制（如危机事件、明星丑闻），如果不加以及时的引导、调节，就会形成一股强烈的负面舆论“龙卷风”，把企业引向“2012”。由此可见，预防在危机管理中需放在首位。上文提到的三个挑战对华谊兄弟以及其他上市公司的最大提醒便是提前做好危机应对工作。

危机突击一：与媒体打好交道

人与人之间的口口相传很难形成舆论，只有通过媒体的传播才能形成舆论。但媒体不仅是舆论传播的载体，也是舆论的制造者。大众传媒是公众的代言人，也是舆论的代表。而且新闻传播影响面广，时效性强，像是“扩音器”，尤其是在危机发生时，更要重视媒体的舆论导向作用。

在未来企业发展中，华谊兄弟必须重视公共关系应用，将媒体公关纳入企业发展战略之中，建立强大的媒体网络与稳固的媒体关系。当企业危机发展时，能够更好地赢得媒体的支持。

危机突击二：优化对明星资源的管理体制

“成也明星、败也明星”。为了减少明星流失和绯闻对股价走势的影响，企业应适当利用“明星效应”在吸引眼球、扩大知名度、推广产品、塑造品牌等方面的优势，同时减少其负面消息带来的不利影响。当然，降低负面消息带来的不利影响的最根本措施是优化对明星资源的管理体制。

如何从制度、文化、合作方式、激励机制等多个方面进行完善，更好地巩固旗下明星股东们对企业的忠诚度，这是华谊兄弟必须进行危机突击的重要工作之一。

危机突击三：善用游说，营造有利环境

文化产业受政策影响很大，因此如何营造对行业有利的政策环境是至关重要的，游说是实现此目的的比较流行的方式。

企业游说是指企业陈述自己的建议、主张，并被政府机构所采纳、实施。在中国游说的主要方式有下列四种：争取出席有关部门专门组织的立法或者行政政策意见听取的座谈会；针对决策者个人及其接近者的交往与意见表达活动；利用权威媒体与权威信息收集机构提供高层领导可以阅看的内参文件；利用知名专家与民意代表在两会或者其他场合发表个人意见，尤其借助于媒体压力引起决策部门注意。

华谊拥有一批顶尖的企业家股东及一流娱乐明星，在政府上层关系的构建方面有天然的优势。如何运用好企业现有的人脉与资源，并启动良好的政府公关策略，通过游说的方式为华谊未来发展创造良好的发展氛围，这是华谊着眼于长远未来必须重视的核心工作。

财经公关造势：赢取投资者信心

帕特罗公司（化名）是一家位于广州经济开发区的高科技企业，专门生产飞机引擎核心部件，公司于2000年在香港H股成功上市。由于在过去数年时间中，公司发展非常迅速，整体业务不断扩张与营业收入大幅度攀升，公司开始迈向多元化的经营。

在2008年的时候，由于市场竞争的不断加剧，帕特罗公司开始感到竞争的压力，公司董事会经过多次激烈的讨论，认为公司未来的发展应该坚守本业，以引擎部件制造为核心，把核心竞争优势继续做大做强，这样才更有利于公司长远的发展。基于这种思考，董事会决定对帕特罗进行分拆，将非核心业务剥离现在的经营框架之内。

对于一家上市公司而言，对公司业务进行分拆是一件大事，股东、投资者会如何看待这件事？他们是否会跟董事会一样，把这次分拆当成是帕特罗获得更强竞争力、获得更多发展契机的起点？还是恰恰相反？从公司的角度，要如何才能更好说服这些利益相关者呢？一纸公司的公告能够有效打动他们吗？

资本市场的风云变幻经常让人无法把握，企业层面的任何一点的表达失误或者战略被误解，都可能引起滔天巨浪——更强大的企业也无法抵挡投资者信心崩溃所带来的灾难性后果。无数的企业已经在这方面吃过巨亏。

在公布此消息的数个月前，帕特罗公司的高管们忐忑不安，内心充满紧张与焦虑。

谨慎考虑之后，帕特罗董事会决定放弃以往只用一纸公告宣布决定的做法，而延请一家专业财经公关公司，对利益相关者进行周全有效的公关，运用沟通战略去最大限度提升资本市场对业务分拆一事的正面看法。

财经公关：沟通创造价值

与其他的公关传播一样，财经公关的核心要点同样是明确企业所要沟通的对象——对于帕特罗公司来说，最关注公司业务架构变化的就是公司最大的机构投资者培辉基金，如果培辉基金不看好这次分拆，把股票大量抛出，那么将可能带动其他投资者的连锁反应，那么将使帕特罗公司的股价剧烈振荡，严重影响公司的未来发展。所以，说服培辉基金认可这种分拆是进行财经公关的第一步。

经过缜密的思考，财经公关公司为这次业务分拆提炼了三条坚实的沟通要点：

（1）核心竞争能力的强大比单纯追求企业规模更具可持续发展性。

（2）坚守核心业务将大幅提升公司的利润率，并取得有效的规模效应与品牌价值外溢效应。

（3）飞机引擎部件市场前景巨大，市场领导者将获得巨额利润回报。

在这三点沟通要点的指导下，帕特罗公司拟定公告内容、新闻稿，并准备好与培辉基金高级经理人会面的一切资料。

由于前期筹备的到位，帕特罗公司与培辉基金的沟通是非常积极而有效的，在公关公司的协助下，董事会不仅让培辉基金看好这次业务分拆，认定公司的发展将进入一个全新的发展时期，帕特罗不只是业务利润的创造者，而更可能成为行业的领导者——基金经理在会面之后，当即决定追加1000万的投资资金协助帕特罗尽快进行业务调整。

公关公司将这次会面的内容写进新闻稿之中，并且促使培辉基金与帕特罗公司联合发布一个声明，对这次分拆计划进行更加积极有效的说明。

当联合声明以及新闻稿铺天盖地成为新闻报道之后，投资者都对这次帕特罗公司业务分拆计划表现出极大的兴趣，培辉基金的支持使他们确信业务分拆将使帕特罗公司获得一次飞跃的机会，并将成为该行业强有力的领导者，于是许多投资者都加大投资吸纳帕特罗的股票。在短短两周时间内，由于资本市场的看好，帕罗特公司的股价上升超过了50%。

投资者关系的良好处理不仅使得帕特罗度过可能引致投资者信心溃退的危机，更使得公司发展更受看重，成为资本市场上的明星股。沟通创造了巨大价值。

向三一重工学习财经公关造势

如果说产品公关是为了迅速提高产品的知名度、使消费者更偏好产品，那么财经公关则是让投资者在更好理解企业意图的基础上，让他们获得对企业未来发展的信心。

所谓财经公关，是指企业（主要是指上市公司）为了寻求和维护其在资本市场投资者和那些对投资者有重要影响的人士心目中的特定形象和价值定位，而展开的一系列设计、展示、推介、解释和沟通等公关推广活动，从而增强投资者的持股信心，使其股票价格和上市公司真实价值相匹配。

随着中国资本市场的日益成熟，“财经公关”这一概念正在被越来越多的中国企业，尤其是创业板上市企业所接受。中国企业认识到，赢得资本市场的认可与赢得消费市场的认可有天壤之别——后者只需要将产品的性能、特点、价值差异点说清楚就可以，而前者却必须有更高超的沟通技巧与更周全的公关计划，任何一点的失误与信息的被误解都将给企业带来无法弥补的损失。

而在另一方面，在中国的上市企业中，许多处于普通投资者所熟悉的行业或容易理解的领域如有色金属、专业软件、重型机械等，如果企业缺乏有效沟通策略，那么必然难以让投资者清晰地理解企业的价值所在。所以，如何有效地与投资者沟通，突显企业的品牌价值，这是中国企业所需要但也是许多中国上市企业所缺乏的。当然，也有例外，比如三一重工。

作为中国第一家实施股权分置改革试点的企业，三一重工深明财经公关的重要性——三一重工的管理者不仅要让普通投资者理解、支持企业的股权分置计划，更要让资本市场看好三一重工未来的长远价值。早于2001年前，三一重工就开始在大众媒体，比如中央电视台、凤凰卫视及一些主流报纸进行品牌宣传，宣扬企业的理念与实力，在有效的公关传播策划下，三一重工拥有相当高的社会知名度，而有力的品牌和形象宣传为企业后来的上市做了良好的舆论铺垫。

而当2003年7月上市以后，三一重工就一直在思考着全流通的改革，提出试行股权分置改革，并得到了证监会的认同。但在股改的过程中，仅仅有监管机构的认同是不够的，方案还需要得到60%以上流通股东的赞成票——正是基于对流通股东的说服目的，三一重工开展了计划周密的财经公关造势：在财经公关公司协助下，大股东频繁对重要的流通股股东登门拜访，并通过公共传播不断将这些沟通信息发布出去。另外，三一重工组织了一系列有针对性的网络路演、媒体传播，以新闻传播、电话、邮件等形式与更多流通股东进行沟通。此外，他们又在沟通的基础上对出台的方案进行修改，并进行新一轮的传播，通过反复的公关和沟通，最终成功取得了大多数小股东的信任。

成功的财经公关造势为三一重工赢得了广泛的声誉，更重要的是使企业成为中国上市企业股改成功的形象代表，赢得资本市场与投资者的高度认可。

财经公关造势：赢取投资者信心

中国资本市场在经历了2008、2009年大起大落之后，2010年进入了一个更加理性的发展时期，这对于上市公司来说，既是机会也是挑战。要想办法建立系统有效的沟通体系，加强公司与投资者的有效沟通，增强公司与投资者之间的相互信任与支持、建立公司良好的市场形象，这对树立投资者对本企业的信心，谋求投资者对企业的长期支持起到决定性影响。

越来越多的上市企业也认识到出色的财经公关对于增强企业美誉度与品牌价值的作用，开始以各种方式去与利益相关者进行沟通，在财经公关造势的征途上开始迈开步伐。

中国的公关行业发展水平仍有提升，特别是在财经公关领域更是空白，能够提供专业财经公关服务的本土公关公司少之又少，这无论对于资本市场还是企业的财经公关的运作来说都不是好事，但是随着企业对财经公关需求的大量增长，中国公关行业也将迎来新一轮的转型与业务发展，而2010年或将成为财经公关在中国市场上高速的发展时期。

附录1：2007—2008年中国经典营销案例分析及点评

案例一

案例名称：创维和华帝：跨界营销实现1+1>2

案例精华：2007年的跨界营销让大家印象最深刻的就是创维和华帝。一个彩电品牌和一个厨卫品牌联手，共同投入巨资启动了“新农村影院工程”，双方的合作成功实现了1+1>2，最终入选2007年十大营销事件。

事件影响力：☆☆☆☆☆

案例描述：

在物质生活越来越丰富的今天，城乡消费差距有拉大的趋势。在农村，曾经作为老百姓主要娱乐方式之一的露天电影，这十几年来却几乎销声匿迹。甚至一些农村小孩竟然不知道“电影”为何物。面对动辄几十元甚至上百元的电影票，城里人看场电影还要“掂量掂量”，更何况生活在农村的居民？

早上听鸡叫，白天听鸟叫，晚上听狗叫——这就是当今很多农村居民生存状态的真实写照。看书难、看戏难、看电影难、看电视也难，1964年，全国文化艺术表演团体深入农村演出达82万场，到了2004年，却下降到只有23万场，只相当于20世纪60年代的1/4，而这40年间，农村人口却翻了至少一番。文化生活的贫乏滋生了农村打牌、赌博等不良风气，并成为中国农村一种特有而又普遍的畸形文化。

“建设社会主义新农村不能漠视农民的精神需求。”为了实现城市对农村的支援，创维集团从2004年起就斥巨资发起了一项名为“创维情·文化行”的文化三下乡活动，通过文艺演出的形式把精彩的节目带到了农民身边，受到农民朋友的极大欢迎。2006年，创维在筹备文化下乡活动时，将目光锁定在“下乡放电影”上。

2006年4月，创维集团首创“创维新农村影院工程”，首期投入资金300万元，动员了全国100多个电影放映机构，覆盖了江苏、广东、湖北、四川、安徽、陕西、河南、河北、山东、辽宁等10个省所辖的110个县市，1600个乡镇，所放映的500部电影是从上万部影片中挑选出来的、具有不同主题和风格的优秀影片。

通过电影放映活动，创维还把产品营销和服务带到了农村。创维采取了“四特”措施，即“特殊产品、特殊价格、特殊政策、特殊服务”，给当地群众送去了最实在的服务。

“创维新农村影院工程”首战告捷，好评如潮，这使得一些家电企业也争相想加入到这个活动中来。2007年，创维联手华帝共同开启“创维—华帝新农村影院工程”，新农村影院工程进入第二期，第二期比第一期的投入力度更大，场次也增加了40%。

在开展送电影下乡活动的同时，创维等企业还开展了各式各样的公益捐助和扶贫送温暖活动。例如，创维、华帝每到一个省市，便开展一场捐赠中小学生活动，捐赠书本、文具、手机、电视机等物品，并为贫困学生提供助学基金，为贫困家庭送去电饭煲、太阳能热水器等。据不完全统计，创维、华帝共为25所中小学校送去了价值近百万的物品。

“新农村影院工程”分赴全国600个县4000个乡，为八千多万到一亿农村居民放映电影，为创维和华帝在三四级市场奠定了品牌基础。此外，借两大品牌合作的机会，创维和华帝还进行了营销渠道的创新，开始试行渠道共用。目前，在山西、广西等地的华帝专营店，已经有创维彩电的展示和销售，创维的渠道也开始销售华帝的产品，双方还联手在这些城市展开团购等活动。

巨大的社会影响和由此催生的惊人的销售业绩，使“创维—华帝新农村影院工程”入选“2007年度中国十大营销事件”。将文化下乡公益活动和营销战略进行了完美结合，创新了家电行业营销模式，也为创维、华帝赢得了社会各界的一致赞誉，极大地提升了品牌影响力。同时，创维、华帝首创联合营销的新模式，相互借势，共创双赢，成功实现了1+1>2。

案例二

案例名称：全球最大 Vista 广告震撼现身

案例精华：微软推出的 Vista 广告，在设计与投放上都做到了极致，使产品广告最终演变成为一次营销事件，引发媒体的疯狂报道。

事件影响力：☆☆☆

案例描述：

2007 年 2 月 2 日，伴随着微软五年磨一剑的全新操作平台 Vista 的面世，Vista 超大广告也现身中国上海，超大广告投放使得微软在很短时间内获得了市场占有率，高屋建瓴的市场规划成为中国企业学习的榜样。

楼高 420 米的上海金茂大厦投射出的“Windows Vista”，是目前微软在全球最大的一个 Vista 户外广告。除了上海，在北京、广州的繁华地段和机场均能见到 Vista 户外广告的身影，操作系统极少出现在平面和户外广告中，而微软却愿大手笔为 Vista 支付营销费用，显然对之寄予厚望，希望能够重现 Windows 95 的辉煌。

微软表示这次营销更看重广大消费者的支持，而营销只是产品成功的一部分，要靠把握市场的脉搏，在设计、生产、研发和销售上都适合市场的行为，才能成为真正营销成功的活动。

案例三

案例名称：吉利汽车：融入电视剧大做品牌推广

案例精华：将企业的发展、品牌理念融入电影之中，借助电影的生动化描述去传播企业的精神，吉利汽车在电影营销方面走出了创新式的一步。

事件影响力：☆☆☆☆

案例描述：

2007年，庆祝香港回归十周年的大戏《岁月风云》在央视播出后引发观众热捧，在Google热播电视剧集最流行榜中排名第四，开播一周时间便超越《越狱》、《新结婚时代》等热播剧集，《岁月风云》受欢迎的程度可见一斑。

《岁月风云》的企业原型吉利和剧中汽车原型吉利远景也引发了新一轮点击热潮，与之相关的网页在Google搜索中分别达到74300项和11700项，数以万计的电视观众通过《岁月风云》看到了一个真实的吉利。

《岁月风云》是香港无线电视台（TVB）和中央电视台首度联手拍摄的大型电视连续剧，该剧讲述了时代背景下华夏子孙振兴民族工业的“岁月风云”，完整地“再现”了吉利的造车历史及所取得的成绩。而“美人豹”、“自由舰”和“远景”等产品的名称直接出现在电视剧中，显然对那些不太关注汽车行业但每天都看电视剧的人来说，是一个绝佳的接触和了解吉利汽车的“通道”。

《岁月风云》这部以民族汽车工业为主干的大型电视连续剧讲述了一个家族四个家庭两代人的恩怨情仇，最终通过发展民族汽车工业走到一起，齐心协力将中国汽车工业发扬光大并屹立于世界之林的故事。

吉利汽车近十年的发展历程所凝聚的艰辛、拼搏、崛起是对中国民族精神最真实的写照。该剧主创表示吉利的发展过程正是中国汽车工业尤其是自主汽车工业正式起步、觉醒到有所成就的过程，吉利的发展经历非常符合剧中华氏汽车发展的轨迹。

吉利所倡导的“造老百姓买得起的好车，让吉利汽车走遍全世界”理念，也正是剧组想要向所有电视观众传达的理念。这部电视剧既在讲述一个家族历经聚散、共同奋斗创业，最后实现梦想的故事，也在讲述吉利发展的故事，这是我们中国汽车自主品牌自强不息的一个缩影。

《岁月风云》既表现了吉利汽车取得的成绩，更是对自主品牌的一个传播。对吉利汽车扩大全球市场影响来说，这无疑是一个极好的平台。

案例四

案例名称：PPG：服装业的“戴尔”突破传统

案例精华：这家服装行业的戴尔式企业，一改衬衣销售模式，将主要成本由库存成本转为广告费用，每月广告投入过千万元，通过分析销售数据和消费者购买偏好，PPG 可以选用更好的材料和更好的设计制造衬衣，也能够以更低的价格销售给客户。在成立两年时间内，PPG 竟然将销售业绩做到了衬衫单品排名前列，达到了日均销售衬衫 1 万件。

事件影响力：☆☆☆☆

案例描述：

上海郊外的徐泾蟠中路，空旷的草坪上矗立着几栋白色的小矮楼，其中 3 栋楼的外墙上，蓝色的 PPG 标识在白墙的衬映下赫然在目。这就是批批吉服饰（上海）有限公司（简称 PPG）。

如果你去国内衬衫市场的龙头老大雅戈尔参观过，就会知道服装企业的“身躯”要有多么庞大。要知道雅戈尔在纺织板块和分销零售网络上分别投资 10 多亿元，它甚至拥有占地 500 亩的纺织工业城，用于面料生产和纺织印染环节。

相比之下，专注于男式衬衫生意的 PPG 简直是在挑战轻资产运营的极限：员工总数不到 500 人，其中还包括 206 席呼叫中心的工作人员；看不见厂房和流水线；只有 3 个小仓库；在商场里也没见过它的门脸。可以说，这家公司几乎就浓缩在这么一个小院子中。

但是 2005 年才成立的 PPG 正在振动着整个行业：仅仅凭呼叫中心和互联网，它每天能卖掉 1 万件左右男式衬衫，而国内市场占有率第一的雅戈尔 2007 年在国内平均每天销售衬衫的数字也不过是 1.3 万件，但是雅戈尔目前拥有零售网点 1500 多个，在渠道上的投入是 3500 万元，而 PPG 没有一家实体店却已经迅速跻身国内衬衫市场前三甲。

PPG 在 2005 年 10 月成立的时候，并没有像其他服装品牌一样，在准备了样品以后忙着开订货会、找代理商、在全国到处选址成立终端零售店铺等，PPG 一开始就将自己的营销模式定位为类似戴尔的直销模式。就是因为在营销模式上寻求了差异化，在男装行业已经高手如林的衬衫领域，一个创业仅仅两年的年轻的服装企业，竟然将销售业绩做到了衬衫单品排名前列，达到了日均销售衬衫 1 万件。

此时的 PPG 避开了服装品牌企业的常规做法，采用服装品牌企业还没有涉入的营销模式，即通过将现代电子商务与传统零售业进行创新性融合，以现代网络平台和呼叫中心为服务核心，以先进的直复营销理念，建立了一条强大的服装品牌企业供应及物流配送系统，为消费者提供高品质的 PPG 产品与服务保障。

PPG 没有一个实体店铺，他们只做一件事情，就是将产品搬到了自己的企业网站，并在自己的企业网站开设了网络购物系统，这个网站就是 PPG 展现在消费者眼前的唯一产品形象旗舰店，也是购物广场，消费者只有通过这里才能买到优质的 PPG 衬衫及其他系列产品。

PPG 没有任何的分销系统，也就是说，PPG 的所有产品都没有中间商，PPG 将产品研发好后投入生产，从生产线出来后不经过任何的中间商（不管是批发商、代理商还是终端商），而是由公司直接销售。在传统的服装品牌企业中，如果企业自己做直营店铺，还需要经过零售店铺这个环节，但 PPG 的模式是既没有中间环节，也不需要实体店铺。

PPG 模式有点像前几年风行的“邮购”，但它又区别于邮购模式，PPG 让消费者知道它的方法也是采用大量的广告，比如杂志、电视媒体、户外广告等，从这些媒体上都可以找到 PPG 的呼叫中心电话及网站地址，PPG 的网站就是一个交易中心，可以在线销售，在网站里有很全面的东西，如最新产品、最新的活动、如何获取产品目录等。

可以看出，PPG 的营销模式是运用网络平台进行直销，PPG 的核心是做品牌，为了体现核心价值，PPG 建立了一套诚信的服务体系，它们始终秉承着“消费者利益至上”的理念。PPG 重视每个消费者的消费体验，因此，

PPG 建立了大规模的呼叫中心，每天 8：00～23：00 为消费者提供全面而完善的服务。并推出了"90 天退换货"的售后服务承诺，这种举措在目前的服装企业里是首屈一指的。PPG 这样做的目的是为了体现网络在线销售的诚信，让消费者放心，培养消费者对网络购物的认同。

没有什么传统是不能突破的，即便是在最传统的服装行业。PPG 衬衣一改传统的衬衣销售模式，将主要成本由库存成本转为广告费用，每月广告投入过千万元，通过分析销售数据和消费者购买偏好，PPG 可以选用更好的材料和更好的设计制造衬衣，也能够以更低的价格销售给客户。PPG 首席营销官赵奕松曾将 PPG 模式概括为"我们是服装行业的戴尔，平面广告就是我们的店"。

案例五

案例名称：双喜：奥运平台营销"欢喜"理念

案例精华：随着禁烟令在全国轰轰烈烈地开展，香烟企业的营销宣传受到越来越多的限制。而双喜巧妙地借助奥运氛围，以"欢喜文化"为切入点，策划了一场备受瞩目的世纪婚礼，有力提升了企业知名度与美誉度。

事件影响力：☆☆☆

案例描述：

2007 年 11 月 12 日，"同乐五洲，世界此刻同喜悦"——广东双喜世纪婚礼庆典在北京圆满结束。来自全球五大洲和全国各地的 50 对世纪婚礼新人代表在"体验 2008 喜悦专线"中度过自己人生中最喜悦的时光，通过游历香港、北京、青岛、秦皇岛四个 2008 年奥运会赛事举办地，亲身参与广东双喜策划的"为了明天——喜愿基金"各项公益活动，共同分享个人、家庭、国家的喜悦。

从借势青藏铁路开通的 2006 双喜世纪婚礼之后，2007 年，双喜又借势 2008 奥运，继续策划双喜世纪婚礼，并成为 2007 年声势最大的借势奥运传播事件之一，双喜这个来自广东的著名烟草品牌知名度急剧上升。

对于中国消费者来说，喜文化和福文化一样，有着巨大的市场号召力和消费者认同感，随着奥运会的临近，中华文化也将复兴，双喜正是利用其得天独厚的喜文化资源与现代的奥运文明做了嫁接，通过各种渠道传播品牌的核心价值观，抢占了传统文化的心智资源。

双喜世纪婚礼很好地阐释和传播了喜文化。这次活动是广东双喜对其一贯秉承的“真心传递喜悦”理念传播的大型推广活动。它对喜文化进行了一次集中的阐释和传扬，特别是其展示的喜超越了婚庆之喜、节日之喜、富人之喜，颂扬了平淡之喜、日常之喜、大众之喜，并通过一个个细小的生活场景阐释和发掘了喜文化的广泛基础。

例如，活动中讲述了一对藏族再婚夫妇的生活：他们原是叔嫂，兄陨而叔继，这是藏文化传统，两个家庭共有九个孩子，在生活重负下，他们乐天而知命，通过真心共对，产生淳朴而坚固的爱情，在城市人难以体会的生活压力下展开了充满喜悦的人生。

此外，作为“喜愿基金”的系列活动，双喜世纪婚礼的 39 对新人把自己的喜悦、自己的蜜月旅程化为一次爱心旅程，将爱心传递给最需要关怀和照顾的沿线小朋友，关爱青少年的健康成长。探望福利院、资助贫困小学建造图书馆、与盲童学校的孩子们联欢……这些活动是婚庆之喜的“核心主题”，但其传扬的却是双喜品牌追求“以天下之乐为乐，以天下之喜为喜”的精神品格和文化内涵。这种喜悦博大而无私，并非独立个体所能承载；这种喜悦充满人性关怀，并通过爱心传递给更多的人群。世纪婚礼始自爱心，终于喜悦，感动了亿万民众。

从品牌理念的传播上，双喜世纪婚礼很好地表达和倡导了“喜悦就在真心传递之间发生”的价值观念。通过参与者的亲历表达了“真心才能永久”的价值观念，阐释了“幸福源于坚守”的本质内涵。

从企业社会责任宣扬上，世纪婚礼既是喜悦之旅、真情之旅，更是环保之旅、公益之旅。世纪婚礼以婚礼为主题，但是环保和教育等公益内容是其不可分割的核心部分。例如，藏羚羊已成为中国环保之痛，其强烈的符号意义可以说震撼人心。世纪婚礼选择一对新人与藏羚羊亲密接触，把当前倡导、颂扬的公共环保理念表现得淋漓尽致。新人和藏羚羊之间亲切、和谐的场景让旁观者与之同喜。可以说，这次活动大大提升了双喜在企业社会责任方面的美誉度。

案例六

案例名称：王老吉：中国文化亮相哈德逊河

案例精华：哈德逊河上游弋的那艘载着巨大王老吉红罐的船在告诉世人：许多年前屹立在上海外滩的巨型可口可乐广告牌和今天这一次热邀海外友人访华看奥运的举动，两者相同的是一个品牌对于自己市场疆域延伸的欲望，不同的是，前者只是纯粹的商业展示，后者则以商业的力量在进行一次中国式礼仪之邦的文化微笑。

事件影响力：☆☆☆☆

案例描述：

2008 年月 7 月 7 日，中国知名凉茶品牌王老吉现身美国纽约哈德逊河，载有“ 2008，Welcome to Beijing，China”巨大背景板和横幅的游船游弋在自由女神像海域，邀请国外友人光临北京参加举世瞩目的盛事，并了解中国的当代生活、文化和社会发展，在现场还向美国当地民众派发了精心准备的北京旅游指南。

借助举世瞩目的北京奥运即将举行之机，王老吉选择在这个时候举行海外迎宾活动，可谓是一次绝妙的文化营销。当商业化炒作在市场营销中甚嚣尘上、让人觉得心生厌烦时，根植于传播文化土壤的文化营销反倒成为吸引消费者眼球的有效方式。美国动画片《功夫熊猫》在中国大受欢迎，正好印证了文化营销在占领消费者心智与刺激商业成功方面的惊人功效。

在受到“二乐”强大压迫、本土化品牌层出不穷的中国饮料市场上，王老吉用独特的文化输出方式，不仅使自己成为草根饮料文化的代表，更成为中国饮料品牌的领军者。软文化打造出了硬实力，王老吉开始踏上中国饮料第一罐的征程。

越来越多的中国企业在世界范围内进行推广时，开始加入中国文化的元素，并取得了不俗的业绩：吉利汽车在法兰克福车展上用原汁原味的京剧脸谱做表演，吸引了大量参观者驻足；李宁运动鞋从赵州桥设计上获取灵感，将中华民族的历史文化和现代科技成功融合到产品设计中，受到了许多消费者的欢迎；王老吉在自由女神像之下用中国式的“红”，邀请世界人民光临北京奥运会，吸引了诸多美国人的关注。

当中国崛起成为世界瞩目的焦点时，融有深厚中国传统文化的中国元素便成为企业进行营销推广、吸引世人关注的有效手段。

作为一种传统的中国饮料，王老吉是继承了千年中国传统养生精华的集大成者，也是人们生活中极为常见和普通的一种饮料，是社会生活的一部分。王老吉作为中国传统文化的商业代表，以中国日常消费流行文化的面貌出现在美国纽约邀请海外友人到北京旅游、观光、看奥运，当外国民众关注北京奥运、对中国文化感兴趣时，自然而然会将注意力延伸到将中国文化输出作为自己营销推广主轴的王老吉身上，这无疑是中国企业在海外推广的绝妙的文化营销方式。

可以说，当一个行业、一个品牌深深地印上某种文化的烙印时，品牌的影响力就会与文化的生命力一样具有极强的扩张力。对传统文化的汲取、融合、创新，将商业元素与文化元素进行有机融合，通过规模化的运作提升行业竞争力，从而实现文化传承下的产业复兴，这正是王老吉在短短数年内迅速崛起的深层原因。

在文化传承的背景下，融入新的商业元素，从而实现品牌内涵的创新，同时整合行业的力量，实现规模化生产，提升全体民众对行业的有效认知，这是许多中国企业异军突起的重要原因。在传统文化传承下进行现代营销推广，这正是王老吉在新市场环境下迅速崛起的强大动力。

最近几年，国学兴起和汉服复出引发学术界、舆论及普通民众的关注和热议，甚至有不少狂热的拥趸提出要复兴传统农历节日。近年来，中国对于非物质文化遗产的保护及重塑运动将这种趋势提升到了空前的高度，官方的鼎力支持态度也使得沉沦了一个多世纪的中华文化首次迎来新的发展契机。作为凉茶行业的领军者，180 年的经营历程使王老吉意识到，物质实体的生命力是有限的，而文化的生命力才是无限的。

王老吉抓住凉茶成为“非物质文化遗产”的机会，整合行业力量，通过赞助世界杯转播、开办论坛、与其他行业结盟等方式，大力宣传凉茶的独特功效，将作为饮料的凉茶与文化的饮料成功地融合，从而在推广消费者认知上取得了重大的成功。2003 年，红罐王老吉销售额为 6 亿元，2005 年销售额超过 25 亿元，2007 年更是达到 70 亿元，几何级的增长体现了王老吉在业内的龙头地位，王老吉已迅速跃升为中国饮料行业销售额最高、品牌影响力最大的品牌。中国式文化营销加上出色的商业化运作，促使王老吉取得了巨大的成功。

如果说联想、海尔向世界输出了中国制造力，华为、中兴代表着中国的技术创造力，有着 180 多年历史的王老吉则向外输出了中国最本土、最传统、最有文化沉淀的饮料文化。

同样是在中国市场卖饮料，饮料巨头可口可乐的“健康工坊”却在意犹未尽的落寞声中败走麦城。可口可乐这个全球最大的饮料生产商，一直以来，在全世界出售的不只是一罐小小的饮料，更是一种美式的消费文化和生活方式。然而，可口可乐横扫全世界的文化基因在中国却遭遇了王老吉这罐从概念到包装，从配方到卖点完全中国式的凉茶的狙击，其“防上火”的诉求点在外国人看来甚至是无法理解的。然而，正是他们无法理解的诉求和一个并不怎么现代的红色罐子的来势之猛烈，发展之迅速，完全超出了这个跨国饮料生产商对中国市场的想象力。

在凉茶这个特殊的市场领域，有着比资金更重要的因素：那就是中华文化的精髓——既有中国人生活习惯的诉求，也有中华民族的养生理念，更凝聚了前人代代相传的努力。与其说凉茶是一个市场，不如说它是一种文化。所以，王老吉在中国市场上能够战胜品牌、资金实力远胜于己的可口可乐，其背后其实是文化的推动力而非商业推动力。

案例七

案例名称：长安铃木的色彩营销

案例精华：在汽车外形日益趋同的今天，颜色已成为区别汽车造型的关键要素之一，同品牌同型号的汽车可能会因车身颜色差异而受到不同程度的关注，销量也会不同。因此，色彩营销成为一种新的营销“风向”。长安铃木把握并引导色彩趋势，为产品增加新的卖点。

事件影响力：☆☆☆

案例描述：

当缺乏新车引进市场时，企业需要用何种营销方式才能让旧的产品给消费者以新鲜之感并保证销量增长？长安铃木的色彩营销给了我们答案。

从传统意义上看，色彩营销并非其首创，而且其遵循的还是这样的原则：消费者在选择商品的时间方面存在一个“五秒定律”，也就是说，面对众多的选择，消费者往往能在五秒的时间内确定对一个商品的喜恶。而在各种感观影响因素中，色彩的影响比例占到 65%。但是，长安铃木的色彩营销却别具一格。

2008 年春，长安铃木春季时尚个性车型粉红版雨燕正式上市，它是国内首款时尚浪漫的粉红色量产版个性小车，属于长安铃木在色彩营销上的又一次尝试。推出两周后，500 辆粉燕儿销售一空。

7 月，夏季水蓝色特别版“雨燕·晴蓝”上市，全国限量发售 400 台。9 月，金橘色彩的秋季版“雨燕·劲乐”上市，全国限量发售 1000 台。12 月，冬季巧克力色彩的“雨燕·冬恋”上市，全国限量发售 400 台。

表面上看，以个性化的色彩，就四季的不同风尚，雨燕推出限量特别款型，似乎不能对雨燕销售有太多的直接推动作用，但实际上却为普通色彩的雨燕销售起到了强劲的推动作用。在新车层出不穷的中国车市，“老”车雨燕还能够一直处于人们的谈论之中，这确实是营销上的胜利。

在汽车需求高度发达的欧洲、北美和日本，汽车颜色也是最重要的营销手段之一，车身颜色在整车研发中起着至关重要的作用，汽车颜色的最后定型往往需要复杂的调制流程；而定型之后的选择则需要调研公司做大量的顾

客喜好调查才可以确定；最为直观的还是命名部分，汽车企业往往费尽心机来给各个颜色制定一些能引起人们共鸣的名字，如地中海蓝、苏格兰红、泰晤士绿、威尔士金等。

汽车色彩的推出绝不是根据设计者的喜好，而是有他们各自的色彩方案。有调查显示，奥迪公司就委托英国的环球色彩公司来做汽车产品整体设计。其选好准备新推出的汽车款式，由专业公司提供10~20种颜色，奥迪公司会根据提供的颜色来确定设计不同颜色的汽车。另外一类是汽车的涂料公司，他们会了解不同国家汽车市场的色彩倾向，然后把这些情报整理出来，做出一些产品的色彩方案，提供给厂家。

在长安铃木看来，要想用色彩抓住消费者，就必须准确把握色彩流行趋势，汽车色彩的设计要与产品定位相一致。比如天语两厢的火艳橘，就很好地体现了产品的独特定位和主张。

企业要真正做好色彩营销，就必须跟上流行色彩的步伐，并完善其色彩管理，在企业内部推行色彩设计、贯彻色彩理念，鼓励员工进行色彩培训，组织新色彩产品对外发布，与消费者真正展开互动。

案例八

案例名称：好运北京，好运斯柯达

案例精华：汽车品牌如何实现品质和品牌齐头并进，从而实现销量的腾飞？上海大众作为北京奥运会的两个汽车主赞助商之一，自然把目光投向了体育营销。

事件影响力：☆☆☆☆

案例描述：

上海大众成立于1985年3月，是中国改革开放后第一家轿车合资企业，自诞生之日起便一直积极推动着中国轿车工业的发展，曾经创造了中国汽车发展历史上的众多丰功伟绩。自成立至 2004 年的近 20 年间一直稳坐国内汽车市场产值与销量冠军的宝座。2005 年，斯柯达正式落户上海大众，2006 年上海大众斯柯达正式启动，2007 年 6 月，斯柯达首款国产车型——Octavia 明锐上市。

由于斯柯达在中国消费者心目中的品牌形象相对较弱，因而，如何实现品质和品牌齐头并进，从而实现销量的腾飞成为斯柯达亟待解决的问题。上海大众作为北京奥运会的两个汽车主赞助商之一，自然把目光投向了体育营销。

一般在奥运会（残奥会）前，在赛时正式使用的各场馆都要举办一场体育赛事，以对场馆进行测试和检验。中国奥委会为此在奥运会前举办“好运北京”测试赛。上海大众成为“好运北京”的主赞助商，旗下斯柯达品牌首款国产车明锐则成为该赛事的官方唯一指定用车。

8 月 15 日，上海大众汽车与“好运北京”组委会在北京菖蒲河公园举行了隆重的交车仪式。“好运北京，好运斯柯达”活动也拉开序幕。

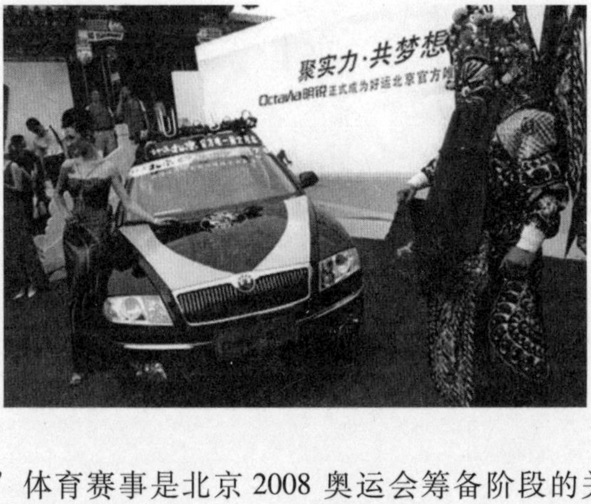

“好运北京”体育赛事是北京 2008 奥运会筹备阶段的关键环节，作为“好运北京”系列测试赛的主赞助商，斯柯达明锐“好运”连连——不仅不断提升了品牌在消费者当中的知名度和美誉度，而且在上市短短 4 个月内，在生产产能还没有完全释放的情况下，明锐的市场总销量已超过两万辆，月

平均销量增长超过35%。斯柯达明锐3个排量车型的日均销量也已经突破200台/天，迅速成为中国汽车市场上最受青睐的新产品之一。

而在奥运火炬传递的过程中，斯柯达旗下车型不断露面，取得了极好的眼球效应，为斯柯达后续大规模上市奠定了舆论基础。

附录2：2009年十大创意营销案例盘点分析

一名消费者每天都会接触到电视、报纸、网络、户外广告等诸多媒体，浩如烟海的产品信息可能让他眼花缭乱。作为信息传播者，如何让消费者关注到我们的品牌信息？当我们处在某个竞争异常激烈的行业之中，各种各样的产品以不同的营销诉求试图打动消费者，我们该如何在重重包围之下使消费者对我们的品牌和产品更感兴趣？

答案就是：用创意营销理念购买他的时间！

在无孔不入的信息轰炸环境之中，如果企业在营销推广中不能通过内容创新、沟通方式的创新、品牌体验的创新有效吸引消费者，必然难以成功征服市场。有消费研究表明，消费者对任何一种商业信息传播的关注兴趣取决于五秒钟的时间（无论是电视广告、报纸新闻还是网络信息），如果不能在五秒钟的时间之内让消费者对你的信息产生兴趣，消费者的下一个关注点可能就会落在你的竞争对手身上。

这就是竞争的残酷性，也是营销传播的困境：如何最大限度地拥有消费者的时间，让消费者关注我们的品牌及产品信息的时间远多于竞争对手？

在一个全新的营销环境之中，营销制胜的关键就在于以有效的创新去慑服消费者，让消费者主动投入时间与品牌进行互动联系，在让消费者获得良好品牌体验的同时，最终潜移默化地将品牌或产品的价值点植入其心中。

如何去竞争受众的时间，引发受众的兴趣，使受众对我们而不是对竞争对手的信息更加关注，这是决定市场成败的非常关键的因素，我们将这样一个营销时代称为“创意营销传播时代”。

2009年是营销业高速发展并收获颇丰的一年，而其背后的推动力则是企业营销理念的变化，是来自营销竞争的压力。我们梳理2009年十大创意营销传播案例，目的就在于通过案例解读的方式剖析企业营销发展的策略路径，从中探寻在新的消费环境中，企业营销传播的最佳策略路径何在。

作为公共关系的研究者，我们试图在浩如烟海、错综复杂的企业发展格局中，用相对简易的分析报告梳理出中国企业在危机防范及营销攻略两个层面上的策略思路，从而为企业管理者们提供一些有益的思路。

□ 事件一：昆士兰旅游局：世界上最好的工作

澳大利亚大堡礁久负盛名，但随着海洋升温及游客增多，大堡礁的珊瑚虫一度濒临灭绝，经过一段时间的休养生息，大堡礁生态环境得到了恢复，知名度却已大不如前。尤其是拥有“大堡礁之星”美誉的哈密尔顿岛，由于受到金融危机的冲击，旅客量大减。于是，昆士兰旅游局策划了一次网络营销活动来重振其旅游业。

2009 年 1 月 9 日，昆士兰旅游局网站面向全球发布招聘通告，并为此专门开设了一个名为“世界上最好的工作”的招聘网站（www. islandreefjob. com），招聘大堡礁看护员。网站提供了多个国家的语言版本，短短几天内，网站吸引了超过 30 万人的访问，导致网站瘫痪，官方不得不增加数十台服务器。

“世界上最好的工作”共吸引来自全球 200 个国家和地区的近 3. 5 万人竞聘。据昆士兰旅游局称，整个活动的公关价值已经超过了 7000 万美元。

从营销的角度看，这次营销推广的成功之处有以下四个方面：

- 概念造势极其成功

昆士兰旅游局成功地将推广的主体——大堡礁，延伸到大堡礁看护员身上，再将看护工作塑造成“世界上最好的工作”这一个概念，这一概念在吸引受众眼球方面是无与伦比的——这正是归纲式营销造势的成功所在。

● 逆势策划吸引眼球

在金融风暴席卷全球、大量工厂裁员、工人失业这样一个人心惶惶的时刻，澳大利亚昆士兰旅游局恰逢其时地推出以惬意的工作环境和工作内容，每小时1400美金的超高待遇招聘所谓的“大堡礁看护员”，吸引了全球无数人的眼球，媒体更是为之疯狂激动，不惜用大量的版面进行免费的报道。

● 网络营销造势凌厉

“世界上最好的工作”的所有关键环节都在网上展开，昆士兰旅游局从一开始就建立了活动网站。旅游局在全球各个办公室的员工则纷纷登陆各自国家的论坛、社区发帖，让消息在网友中像病毒般迅速扩散。

此次活动的参赛规则是全世界任何人都可通过官方网站报名，申请者必须制作一个英文求职视频，介绍自己为何是该职位的最佳人选，内容不可超过60秒，并将视频和一份需简单填写的申请表上传至活动官方网站。这种几乎没有门槛，但又自娱自乐的方式吸引了许多人参与。

活动官方网站的合作伙伴是Youtube，借助Youtube在全球的巨大影响，活动本身又得到了进一步的口碑和病毒般迅速传播。

● 互动式营销高潮迭起

主办方充分利用了网络的交互性使活动的影响力不断延伸。

为了进行充分的网络造势，主办方设计了经网络投票决出“外卡选手”环节，入选50强的选手会不断拉票，而关注活动的人也会为心仪的选手投票。在投票过程上，投票者要先输入邮箱地址，然后查收一封来自昆士兰旅游局的确认邮件，确认后再行使投票权。在通过确认的过程中，参与投票的网民都会好好浏览一下这个做得很漂亮，实质上是旅游网站的照片网站，大堡礁的旖旎风光、万种风情马上让人心旷神怡。更重要的是，投票者的邮箱未来会不定期收到来自大堡礁的问候。

□ 事件二：借势造势的“悦活果汁”

为推广旗下新产品“悦活果汁”，中粮创新食品有限公司（以下简称中

粮创新）与开心网合作，将悦活果汁的品牌推广植入到用户游戏的过程中，举办线上的种植大赛吸引用户参与。“线上种植、虚拟榨果汁”这种新奇的玩法在白领阶层掀起了一股狂热。

从2009年5月16日开始的仅半个月的时间里，参与活动的人数超过50万，虚拟榨果汁次数8300多万，送好友果汁超过6000万。开心网上的虚拟果汁受追捧，带动了线下真实产品的热销，尽管一瓶280毫升的悦活果汁标价5.8元，但仍有大批消费者追捧，中粮旗下的悦活果汁在一个月内销售业绩提升了30%。

我们不禁要思考，在果饮市场竞争激烈的今天，悦活作为一瓶净含量更小、价格更贵的果蔬汁，它是凭借什么让顾客买单呢？

● 锁定乐活一族

悦活一词来源于“Lohas”。Lohas意为健康、可持续的生活，在中国则将之称为“乐活”。由此，中粮创新将产品定名为悦活，而都市白领则成为其目标消费群：他们向往乐活生活，年龄在25～40岁，受教育程度高，偏年轻，对生活追求健康，对产品要求自然。

中粮创新认为乐活式的生活将成为白领人群最向往的生活方式，于是将乐活主义贯彻到悦活的产品和文化理念中。所以，悦活的定位是引领生活态度和生活方式的果汁。

● 选准营销平台

为了做到精准营销，中粮创新研究了目标消费群的生活习惯：城市白领每天接触时间最多的媒体就是网络。在办公室颇有人气的开心网，符合“悦活”的消费者定位，且用户黏性强，其插件几乎是为悦活量身订制的：用户亲自种地，体验收获乐趣；亲自榨汁，灌输无添加物的理念；游戏道具场景卡又让网民了解悦活的天然产地。

营销平台基调与产品理念契合一致，用精准的营销方式将效果最大化，是“悦活”与开心网合作成功的重要因素。

- 注重网络互动

网络媒体的传播方式是用户主动参与，这与“悦活”的品牌主张不谋而合。

活动一上线就受到大批用户追捧。新建的悦活粉丝群仅一天半就超过 10 万用户，大家都在讨论如何收获最快，如何得到实际赠送的果汁等，与活动相关的各种话题受到追捧。

- 线上线下结合

开心网上的虚拟果汁受追捧，带动了线下真实产品的热销。

据了解，此次活动分三个阶段进行，5 月 16 日到 5 月 26 日为第一阶段，主要是提高知名度、传达品牌主张，到 6 月 25 日活动全部结束，线下赠送悦活礼盒达 5000 多套。

很多消费者在购买果汁时就能说出产地，这得益于游戏中的小细节。让消费者了解悦活果汁原料产地是此次推广的目的之一，了解中粮创新供应商甚至可以追溯到田间。通过三方多次协商，中粮创新选择将 4 个产地绘成场景卡来做游戏背景。不同的场景卡能让游戏中的果实提前成熟，也令用户加深了印象。

在本次活动期间，几乎每位玩家的农场角上都竖立着“悦活”的标志，玩家们在自己农地上竞相种植悦活果种，酿造蜂蜜，都极大程度地提升了“悦活”这一品牌的知名度。

□ 事件三：让大学生不再宅的麦当劳“见面吧”暑期活动

暑假来临，全球知名的连锁快餐企业麦当劳自然不会放过这一长达两个月的抓住年轻人、提升店面销量的最重要时间段。

2009 年 6 月 14 日，麦当劳公司首次采取和 SNS 网络合作的方式，携手中国最大的实名制网络互动沟通平台——校内网（后改名为人人网），启动为期三个月的全国“见面吧”主题推广活动。配合“见面吧”主题，麦当劳提供了多种有趣又有意义的线上线下互动活动，给这个夏天的朋友欢聚时刻增添

了轻松乐趣和缤纷滋味。

麦当劳“见面吧”暑期活动的营销创意主要表现在以下三个方面：

- *精准定位于大学生群体*

年轻人喜欢网络社交带来的便捷和娱乐，又渴望面对面交流的真实和亲密。麦当劳希望通过“见面吧”主题活动，借助人人网这一广受大学生欢迎的互动沟通平台，在夏天这个社交时间比较充裕的季节，提供多种有趣又有意义的见面理由，用麦当劳清新可口的夏日特饮美食加味，让大家这个夏天“别宅了，见面吧”，在麦当劳和朋友开心聚会，共同品尝友情的真滋味。

- *充分利用人人网 SNS 的优势，注重分享与互动*

“宅”是大学生群体里流行的词汇，许多大学生成为宅男、宅女。同时，大学生有很强烈的交友、分享和娱乐需求，而 SNS（社交网站）对人际交往进行高度的拟真，是一个非常便捷的平台。

人人网凭借其在国内年轻人群体中的绝对垄断地位、专业强大的 SNS 优势和实名制特点，成为麦当劳暑期“见面吧”活动的最佳营销平台。

在整个活动期间，麦当劳在人人网征集“101 个见面的理由”，如果你的理由赢得最多网友赞同，就可以获得麦当劳颁出的特别奖项，有机会免费邀请朋友来麦当劳见面。这既符合年轻人喜欢分享的特点，也激励每一个参与者成为传播源，扩大影响范围。

- *线上线下齐动员*

若是在网络上获得了一定的影响力，线下却没有相应的结合，那么这种影响力就会逐渐消散。为中国消费者带来优质美味的食品选择和心动价格，麦当劳主题推广活动“见面吧”包含多款夏日优惠美食及礼品，本身即是诱真人见面的理由。

第一阶段是6月17日到7月21日期间推出的“老朋友见面吧”。在校内网参与真朋友大测试，召集真朋友在麦当劳见面，即有机会赢取麦当劳总计6万元的“见面礼”；第二阶段是7月22日到8月25日期间推出的“再远也要见面吧”。趁着暑期邀请远方的朋友见面，体验家乡美，将有机会赢取麦当劳支持见面路费；第三阶段是8月26日到9月22日期间推出的“甜蜜一刻见面吧”。选出你在校内网最知心的网上密友，分享和朋友在麦当劳的甜蜜时刻，上传照片并分享见面故事，获最多朋友投票的，即有机会赢取价值1万元的九寨沟双人旅游奖金。这一系列有趣而又实惠的活动吸引了大量消费者。

□ 事件四：诺基亚《北京街头法拉利拉黑活》视频营销

2009年6月1日，一个名为《北京街头法拉利拉黑活》的视频几乎同一时间占据了土豆、优酷等各大视频网站的显著位置。视频中一男子将极其拉风的法拉利座驾停在路旁，引来一年轻小伙儿想与这世界级名车拍照合影，不可思议的是，驾驶法拉利的男子居然是公开拉黑活的：“地铁口20”，价格几乎和普通出租车一样，让广大网友哭笑不得！

正在此视频引发网友无限猜测时，6月4日又一则名为《真相大揭秘：北京街头法拉利拉黑活》的视频在结尾处的一段话“法拉利不该在这里”为我们揭开了这个视频的真正用意。原来该视频是诺基亚为宣传N－Gage游戏服务平台，以及基于N－Gage平台的最新游戏《极品飞车之无间风云》而制作的营销视频。

在土豆网和优酷网上，《北京街头法拉利拉黑活》的播放量均达到了百万次，在网络上的所有播放量和传播量更是超过千万次。

诺基亚为宣传新产品的营销成功之处在于以下三个方面：

- 视频广告使网民更容易接受

截至2009年6月底，在3.38亿中国网民中，网络视频用户已达2.22亿。相对于文字性的信息传播，很多网民更愿意点击网络视频广告，视频网站的媒体潜力被广为看好。将视频情节与广告结合在一起，在用户浏览视频时能巧妙地达成宣传效果。

- 病毒式传播扩大广告效果

视频营销具有病毒式传播的特质，在网民中再传播的几率很大，使得信息以病毒式扩散方式蔓延、重复扩散。而且网络视频的表现形式丰富多样，使得网民的关注时间会更久。

- 视频营销成本低，效果可监测

一段视频广告的制作成本可能仅需几万甚至几千元，不到同类电视广告的1/10，但传播效果并不逊色。诺基亚在短短一周左右的时间里就成功地利用视频营销达到了洪水般的宣传效果，而且成本要远远低于常规宣传手段。

视频营销多采用CPM（千人曝光成本）计费形式，效果可监测和评估。

□ 事件五：就要中国味儿，看国产老牌重生

“回力”作为中国历史最悠久的轮胎品牌，无疑是老牌国货的一面旗帜，该商标于1935年4月4日作为运动鞋的品牌被注册。而近年来在阿迪达斯、耐克等品牌效应日益明显，以及鞋类行业竞争日益激烈的情况下，消费者对国有老品牌审美疲劳，“回力”品牌近乎被遗忘，其市场份额也被

挤压。

为“卷土重来”，“回力”与业界著名互动传媒机构奥迈思（AMg Labs）合作，通过“再生再来”计划唤醒国产老品牌。“再生再来”计划不仅保留了老品牌原有的真实、中国味儿的品牌精髓，还灌注活力、创造等新元素，双管齐下重塑经典。

“回忆回力”活动从2008年12月开始到2009年3月结束。此举在中国及国际上都赢得了广博而深远的关注。“回忆回力”的所有媒体发布价值，迄今已超过700万人民币。

“回忆回力”活动的成功为国产老品牌的复兴提供了以下启示：

- 借力怀旧情结，体现中国元素

奥迈思对品牌精髓进行了深度挖掘和创新，包括产品创意表现、形象和包装。无论是产品设计还是新品发布，“回忆回力”活动以庆祝“回力”独特的文化历史的方式来唤起消费者对“回力”的回忆，其营销策略就是通过独特的中国设计和回顾回力文化历史的角度来展开的。

在基本设计上，回力产品的颜色调整为以鞋的红色胶底为主，中国红、龙图腾文化以及中国独有的方块字，红黄相间的设计更是迎合了百年奥运的主题。而且，“回忆回力”标志会出现在鞋舌头背面，附加了金属鞋扣设计。具有时代感、生命力的设计也吸引了不少年轻人。

- 吸引意见领袖，展开口碑营销

“回忆回力”计划以设计师作品展览发布会和公关策略来吸引一些意见领袖，并把他们与“回忆回力”的原创精神相联结，同时激发那些喜欢街头运动的文化人们来参与讨论；通过15位创意大师的精心诠释和3位摄影师富有张力的视觉表现，带出了“新回力”的灵魂所在：与“老回力”一脉相承又紧扣时代脉搏，作品一面世就受到消费者的追捧，更有大批“回力迷”们在网上发帖盛赞。

遍布全球的千余位创意设计师展示了他们对这非同一般的鞋款的共同热爱，激发了中国原创精神，已成为国际创意界的新亮点。

● 博客营销显优势

博客营销越来越成为极具互动价值的手段，在这一背景下，双语博客应运而生。回力在博客中激起运动鞋的狂热者去互相分享和讨论回力的新品牌信息，品牌身份和产品故事，由此让更多的人来重复发现这个品牌的崭新形象。

据统计，每位浏览者平均花费了5分钟的时间在回忆回力博客上，在过去的三个月内，重复来访的浏览者增加了8倍之多。

● 媒体报道加快传播速度

大众媒体是创立品牌知名度和兴奋的“再生再来”计划的关键媒介。

中央电视台体育频道的一个纪实节目，以重塑“回忆回力”的内容进行了5分钟的专题报道；在中国首位在线电视频道——搜狐网的文化专栏中进行了时长8分钟的关于品牌和“再生再来”计划的报道。除了国内电视台、电台、杂志和报纸的报道以外，“再生再来”计划也吸引了百余个国际性创意文化类网站的关注和曝光。

□ 事件六：通用雪佛兰：追击米勒、决战澳门

“智战赛道、追击米勒、决战澳门”，上海通用汽车雪佛兰于9月初在澳门启动“雪佛兰科鲁兹——澳门追缉令”活动，在历经两个月的初赛选拔及三天的特训淘汰后，令人期待的完结篇在澳门上演。《越狱》主角米勒亲临澳门WTCC赛场。这次活动吸引了世界各地及国内数万名赛车爱好者前往观赛，为雪佛兰克鲁兹带来了社会影响和经济收益的“双丰收”。

在营销策略中启用名人是常事，而雪佛兰与米勒的合作存在以下与众不同的创意之处：

- 事件营销“四两拨千斤”

事件营销被看作是四两拨千斤的品牌营销利器，因为其集新闻效应、广告效应、公共关系、形象传播、客户关系于一体，在新产品推介、品牌展示创造机会、建立品牌识别和品牌定位方面有独特的优势，是一种快速提升品牌知名度与美誉度的高效率的营销手段。

澳门塔的高塔蹦极、寻找神秘替身、米勒在澳门的藏身地点线路图和越狱情节模仿等精彩的活动设计及米勒的现身将活动推向了高潮，极大地提升了雪佛兰科鲁兹的名气和公司形象。

- 明星形象与品牌形象的高度契合

美剧《越狱》在中国大热，男主角 Michael Scofield 的扮演者温特沃斯·米勒（Wentworth Miller）凭借在《越狱》中发挥到极致的机智、冷静、勇敢、正直、重情重义的个人魅力，成为粉丝们追逐的“万人迷”。

通用雪佛兰选择米勒担当代言人，是出于米勒超高的人气及其散发出来的特质和科鲁兹这个产品形象之间存在很大的契合度。此次活动的社会影响和经济效益的“双丰收”也证实了这种契合度的重要性。

□ 事件七：中国球迷与 NBA 巨星科比的亲密接触

截至 2009 年 6 月底，中国网民规模达到 3.38 亿人，其中 10～29 岁的青年群体占了 62.8%。如何策划让年轻群体感兴趣的话题、热点事件和活动，找到具有话题性的偶像及更多的参与性，是能否带来营销效果的关键。新浪对 NBA 巨星科比的整合营销传播是定位于年轻群体的经典营销案例。

通过对科比中文官网的打造和宣传，在年轻群体中极大提升了科比中文官网的品牌知名度，有效吸引了更多的年轻人群选择新浪。通过为科比与中国球迷

搭建跨越时空的交流平台，让中国球迷能够真正与偶像“亲密接触”，有效提升了新浪品牌的美誉度，特别是在大学生群体中效果更加显著，进而获得更多的年轻用户，进一步巩固了新浪体育的行业龙头地位。

新浪网科比整合营销的成功离不开以下三方面营销策略：

- 偶像效应，势不可挡

根据NBA中国公司提供的数据，全球篮球人口超过了3亿，其中15~24岁的年轻人中有83%是NBA球迷，而且其中有1/5来自中国。由此可见，NBA在中国年轻人中的影响力非常大，而科比无疑是在中国最受欢迎的现役NBA球员。特别是在北京奥运会上，科比在中国受欢迎的程度，连美国人都非常吃惊。选定科比这个今日NBA第一人，强化了新浪体育营销平台的资源优势和明星效应。

- 话题营销，推波助澜

2009年2月27日，一个名叫安安的“无腿男孩”在新浪“绿丝带”论坛发表了《科比叔叔，我爱你》的帖子，得到网友的强烈关注。帖子中，安安对科比叔叔倾诉了自己对篮球的热爱和对科比的崇拜之情，以及“考上好大学，成为一名真正的男子汉，成为对社会有用的人”的坚强心声。一场帮助双腿截肢的孩子找到NBA巨星科比的网络行动迅速展开。很快，安安如愿以偿地得到了科比的签名篮球和海报，还收到了科比的亲笔回信和勉励。这表明了网络穿越时空的强大优势。而热点话题本身更是为新浪的科比策划案起到了推波助澜的作用。

- 线上线下活动相结合

（1）线上。整合博客、论坛、手机等互动平台，多角度策划，持续引发网友狂潮。在科比博客上，科比的立体呈现无限缩小了球迷与巨星的距离，全面带动了官网、论坛流量持续走高。从1月开始的短短5个月内，科比中文官网到访人次累计超过5800万，创造了体育明星中文官网的最好成绩。新浪设计的一组凝聚科比精神的Widget插件和科比博客模板，供网友添加到个人博客上，截至6月底，Widget插件已被添加1.4万次。

（2）线下。通过“科比大弟子—葱动篮球争霸赛”等线下活动与目标大学生群体近距离沟通，让“科比精神”深入人心。全国11个城市的44所高校，在限制报名数量的前提下仍有3369支队伍、13500多人报名参赛，直接参与人数超过6万，直接影响人数则超过60万。

□ 事件八：中国平安“电视+搜索”的跨媒体整合营销

百度与中国平安近期达成了品牌合作。中国平安在中央电视台1套、2套、3套、8套强势频道的黄金时段播出“平安一账通”电视广告片，在15秒电视广告的最后一秒，百度的搜索框出现在电视里。这是中国平安首次在电视广告片中植入百度搜索框。

中国平安与百度合作的跨媒体整合营销策略可以归纳为以下三个方面：

- 传统与搜索强强联合、优势互补

电视广告的优势是众所周知的，其普及率高、深入家庭，更直接、更具有强制性，且易与收视者建立亲密感情。

搜索引擎营销相比其他渠道的营销推广，其最大优势在于用户主动搜索到某信息，处于潜在购买状态，而不像其他展示性广告那样将信息推送到用户面前，让用户被动接受，从而造成转化率不高的局面。

电视广告通过电视观众对搜索框的短时关键字记忆，将其引导到互联网上进行品牌搜索，进而再产生消费行为的转变。

- 实现对潜在用户的精准定位

百度通过电视广告中关键词搜索的植入，潜在地培养了受众的搜索习惯。在瞬时的搜索框视觉传达中，潜在消费者即会主动通过百度搜索中国平安的相关品牌信息，此时借助百度庞大的数据资源帮助广告主深入分析潜在用户特征和搜索行为，可实现对潜在用户的精准锁定和进一步的广告展示。

• *产品推广与品牌传播一箭双雕*

此次百度与中国平安的合作，无疑通过知名企业的电视媒体传播渠道的力量，宣传了百度的品牌。“送人玫瑰，手有余香。”在百度里面输入相关关键词，就可以看到中国平安的品牌广告位。

中国平安的搜索引擎营销策略注重标题和描述广告词中融合品牌宣传和权威形象宣传的做法，很好地利用了竞价广告在展示环节传递品牌信息的作用，这一做法的巧妙之处，除了吸引潜在客户直接点击广告外，也给用户留下了对中国平安品牌的印象，可谓一箭双雕。

□ 事件九：雀巢咖啡玩上“饮”，漫画总动员

2009 年 8 月 13 日至 2009 年 10 月 8 日，雀巢发起“咖啡玩上‘饮’，漫画总动员”活动，倡导消费者创作雀巢咖啡即饮饮料和自己的趣味故事，并奉上众多时尚大奖，借雀巢咖啡即饮饮料更换新包装之机，以网络为平台掀起新一轮品牌推广。

此次营销活动值得我们借鉴的地方有：

• *引发以大学生及年轻白领为主的目标人群的自发传播*

雀巢咖啡即饮饮料的目标消费群以 18 ~ 35 岁的大学生和年轻白领为主。而要吸引这群追求创意、极具个性、喜欢网络分享的年轻人，必须创作具有创意与趣味的话题，以引发他们的自发传播，扩大影响力。

雀巢通过自主开发的四格漫画在线创作程序，利用雀巢卡通素材创作漫画，进行网络评选。无论是网站设计的风格，还是各种活泼生动的卡通人物题材，都展现出符合年轻人口味的时尚酷感和原创性。

比赛机制中人气和累计积分的进阶标准使得用户更多地邀请朋友加入，

既确保了参与用户的黏度，又能拉动更多网友参与，引发口碑传播。

- 准确传递品牌形象

在比赛中，创作的漫画必须包含场景、咖啡产品、品牌 LOGO 三种元素，融入品牌形象。这样便使得雀巢咖啡即饮饮料“无论到哪里，和你在一起”的产品特性深入人心，可以提升品牌好感度。

- 品牌形象植入网络炒作与广告投放

本次活动是以活动网站为平台的一次全方位的互动营销。除了在知名图片分享社区 POCO 和第一娱乐门户猫扑进行广告投放，吸引 POCO 庞大的年轻用户参与外，还与最具人气的新浪博客上的草根名博进行合作，利用意见领袖的影响力进一步制造活动热度；与知名漫画形象“刀刀”合作，创作加入刀刀角色的雀巢系列漫画及视频，用于活动专区展示及网络 BBS、视频网站传播，提高网络关注度。

在分享社区、主流 BBS 论坛、视频网站、SNS 网站、知名博客、QQ 群等传播渠道上的网络炒作与广告投放，都有助于让消费者记住产品品牌信息，是非常成功的营销手段。

□ 事件十：魔兽世界：“贾君鹏，你妈妈喊你回家吃饭”

2009 年 7 月 16 日上午，百度贴吧魔兽世界吧中一个 IP 为“222. 94. 255. ＊”的匿名用户随意发了一个题为“贾君鹏，你妈妈喊你回家吃饭”的帖子，而帖子中并无内容，只有“rt”两个字母，意为“如题”。

本来这在魔兽世界吧中是一件再普通不过的事情，类似内容的帖子在该吧中并不鲜见。作为百度贴吧中影响力最大的贴吧，魔兽世界吧虽然是一个游戏主题的贴吧，但贴吧中的内容绝大多数都与魔兽世界游戏无关。贴吧中充斥着各种无厘头的恶搞甚至诸如“瞎我狗眼”之类的自嘲，而各种队形（指在一个帖子中回帖网民模仿发帖者的句式和句意来进行回复或者直接复制发帖的内容进行回复）、刷帖盖楼（回同一个主题帖，以使该帖获得非常高的回复数）在吧民中也是一种流行文化。但是恐怕发帖者也没有想到，接下来他将创造一个网络奇迹。

火遍各大论坛的“贾君鹏，你妈妈喊你回家吃饭”的帖子是一场高明的策划。策划的目的就在于提升已经沉寂多日的百度魔兽世界贴吧的人气。

自从第九城市结束对“魔兽世界”（以下简称魔兽）4 年的代理运营后，“魔兽世界”代理权被网易抢到了。让网易措手不及的是，国家新闻出版总署等重新对魔兽进行审批，导致网易一直无法开服务器。于是，魔兽在中国的百万玩家们（关于玩家的人数，第九城市及网易都未提供翔实的数字，根据网络统计，玩家在 100 万至 400 万之间）只好在各个论坛上漫无目的地闲逛，然后抱怨。为了减轻魔兽玩家的无聊感，策划者决定制造一个热点讨论事件，引发玩家的关注热情。然而，谁也没有预料到，一次无心的炒作，引爆了网络沉寂的激情，贾君鹏事件成为 2009 年中国互联网的一道奇观。

“贾君鹏，你妈妈喊你回家吃饭”这个空帖的流行与它所遭到的热捧，引起了虚拟和现实世界的广泛关注，因为其中包含了游戏、恶搞、谎言、炒作、回忆、温暖、寂寞、空洞、有闲、草根、狂欢及包容等诸多含义。

纵观“贾君鹏帖”事件，由一句近乎无聊的调侃，最终引出了数十万人关注的火暴局面，这一奇特现象也反映出了网络时代网民特有的文化心理：恶搞、盖楼、抢楼、PS、人肉搜索等，这是一场期待已久的网络文化狂欢，而事件策划者正是深刻地把握住了网络时代的这一特点。

网民们在种种看似无聊的网络行为中寻找自己的欢乐，折射出了诸多网民精神文化的空虚状态。也许正如现在流行的说法：我们盖的不是楼，我们盖的只是寂寞。

创意营销的制胜之道

创意传播不仅是一种营销的策略，也是一种做品牌传播的方法，更是一种思想的改变。在一个信息泛滥、竞争白热化的时代，能把握创意传播、运用创意传播就是营销制胜的关键所在。

由于技术的发展，我们的时代正在迎来一场前所未有的震荡与变革，社会的发展方向、人们的生活方式、企业的运营方式都发生了改变。市场营销的改变更是巨大：媒体的传播方式更加立体化，消费者对信息的控制与过滤能力更加强大，而企业在进行信息传播时，其所能运用的手段则更为多元化。在这种多方面的博弈之中，品牌的传播模式已经发生了深刻的改变，企业只有把握住这种改变的趋势，洞察改变背后所带来的机会与挑战，才能在新营销时代中赢得优势地位。

附录3：书评两则

书评一：营销造势的术与道

雷启良

菲利普·科特勒在《营销管理》中说过“营销是一门艺术”，但一直以来，提到营销，大家首先想到的是4P、4C或4R理论，艺术光环始终闪耀不足。随着网络新经济的强势崛起及营销转型的全面启动，营销与艺术才更加天衣无缝地耦合在一起，我们可以通过一些经典实例来解读。

2009年3月，澳大利亚昆士兰州旅游局策划的“看护员”招聘活动吸引了全球近3.5万人应聘，花170万澳元让全世界迷上了大堡礁。

2008年11月4日，美国民主党总统候选人奥巴马在芝加哥宣布大选获胜，当选美国新一届总统，其获胜的经历也给我们上了一堂精彩的“You”时代营销课。

2008年8月，富士康通过网络传播，只用了六天时间就使其策划的“中国最美打工妹”的笑容火遍全球。

2008年4月，联想公司策划了网络事件“7天7夜不吃不喝网络追踪红本女事件”，在不到两周的时间里，仅搜狐论坛就有223万网民关注了这位让人怦然心动的“红本女”。

……

如果你是有心人，相信一定对这些事情记忆犹新，这些既是营销的经典范例，也是艺术的完美诠释，还是《营销造势》一书中所列举的部分案例。

谁都无法否认，当前我们奋力厮杀的商业战场上正发生着翻天覆地的变化，传统的营销、公关沟通方式早已被颠覆。因此，“世界整合营销之父”唐·舒尔茨教授2008年来华时表示：营销界需要一个根本性的改变，互动体验式的在线营销将是整合营销行业的发展趋势。在这种大趋势之下，不管你身处哪个行业，都必须学会营销造势！

何谓势？孙子兵法曰："激水之疾，至于漂不者，势也。"湍急的流水飞快地奔流，以致能冲走巨石，这就是势的力量。企业在市场竞争的商战中，只有占有优势，才可先声夺人。

在《营销造势》一书中，国内公关营销领域的权威人士何五元先生和林景新先生列举了大量最新实例，总结出多种实效方法，由浅入深地剖析了营销造势的三种境界：

第一种境界是"术"，就是技能、方法论层面，讲的是各路武功招式。武功招式是江湖中每个武林高手必学的基本功，是临敌制胜的关键和保障。在《营销造势》一书中，作者罗列出了十大营销传播新技术，其中，SNS、IM、手机、视频、Twitter等最新的网络传播手段全部囊括其中。这部分还强调了寻找营销支点的重要性和方法，教你如何活用这些武功招数，做到临机制胜。

第二种境界是"道"，即策略思路层面，要讲内功心法。江湖中的武林高手达一定的境界后，注重的不再是华丽的招式，而是内功的修炼。招式可以复制，而内功心法是无法模仿的。

《营销造势》一书从策略准备、新闻策划及传播法则三个方面谈如何提炼精准有效的策略，如何包装策略到如何把策略落实执行，而且每个部分都还详细给出了若干案例和方法论，如在网络传播一章，书中就概括性地总结了反向法则、邀约法则、激怒法则、娱乐法则等八大法则，基本涵盖了目前的网络传播手法。

第三种境界是"势"，这是最高境界，强调对意境的领悟。江湖中真正的高手在领悟大"道"之后，便能融会贯通、运用自如，可无招胜有招，摘叶飞花，皆能制敌，信手拈来，俱显威力。

在《营销造势》一书中，作者从竞争对决、形象打造及上市推广三大板块，分别用讲述实例的方式阐述了企业无势者需造势，无力造势者需借势，有势者需用势，语言生动，用词精练，有理有据，并独家讲述了移动VS联通、华帝火炬营销、iPod“酷”营销等将营销造势发挥得淋漓尽致的故事，真实的案例分享可让你受益匪浅。

仁者见仁，智者见智！由于大家具有不同的从业经验和知识体系背景，从中得到的收获也会各不相同。如果你能学会和领悟到第一境界，则混迹公关、广告界皆无惧，落草企业事有成；如果你熟稔第二境界，那么无论在甲方还是乙方，皆可独当一面，所向披靡，偶出妙手；如果你更厉害，能有幸登堂入室，步入第三种境界，那么恭喜你，你可以自立门户，成一代宗师，缔造新的传奇。

书评二：营销造势，造就善战者

李智平

笔者很荣幸拜读了国内公关营销领域权威人士——何五元和林景新先生的最新力作《营销造势》。该书系统地提出了营销造势理论，并采用了最新鲜、最具代表性的案例来进行总结分析，具有强烈的时代感，素材充沛，论据充足，语言精练，可读性强。不得不为作者花费大量精力搜集如此全面、独到的案例而叹服，不得不为作者的理论创新、切合实际的分析、圆润畅快的笔调而喝彩。

所谓营销造势，我从书中得到的启发是，这是基于企业价值链整合的全方位品牌营销传播创新思维模式。该书分别从营销技术、造势思路、实战攻略三方面作了深入探讨，从道到术，都给予了通俗易懂、充满营销思维颠覆性思考的启发，并对企业的品牌营销推广提出了系统性的“造势”建议。

那么，究竟什么是“势”呢？《孙子·势篇》曰：“故善战人之势，如转圆石于千仞之山者，势也。”孙子所说的势，是如今物理学上所说的势能，而势能包括重力势能和弹性势能，重力势能是由于物体被举高而具有的能，弹性势能是由于物体发生弹性形变而具有的能。营销造势，从“势能”理论中得到的启发是，重力势能之于品牌推广，必须高屋建瓴，站在品牌发展战略的高度运筹帷幄；弹性势能之于消费者，需要更强大的劲度系数，即通过不断地对消费者“做功”（如新闻公关、促销活动等），促使其消费行为发生弹性形变，从而一举获得更广泛的忠诚客户。《营销造势》一书正是站在品牌战略的高度，指导读者如何全方位地把握消费者行为，进而借助新闻公关、形象打造、促销活动等策略来论证如何造势、借势、用势。

本人从事房地产营销策划及商业地产招商管理多年，确实在营销造势方面存在诸多欠缺。近日拿到《营销造势》，如获至宝，欣然读来，给了我从战略到战术两个层面的全新思路，激发了我对房地产项目操作的灵感。

房地产项目的操作涉及资金巨大，操作上可谓如履薄冰，操作思路上若稍有不慎，将可能导致全盘皆输。如今的房地产市场，是最需要“营销造势”理论来指导的行业。

这是一个房地产行业营销造势理论极为匮乏的年代，也是一个旧“营销造势思路”需要全盘颠覆的年代。

中国的房地产市场，可谓最大的山寨市场。巨头开发商之间互相山寨，中小开发商又向这些巨头抄袭，最常见的就是大家都来做星河湾的山寨版，美国WY（设计公司）则成了房地产山寨版的技术供应商。产品、技术、营销缺乏创新，却总是借助某些山寨概念进行空泛的炒作，把“造势”误以为是“新闻炒作”、“活动炒作”、“广告轰炸”，可谓“不识庐山真面目，只缘身在此山中”，胡乱拼凑，不得其法，这是没有全面、系统地理解营销造势理论的表现。

经济危机当头，消费者普遍持币观望，竞争压力空前，整个行业正处于激烈的洗牌期，优质资源正在向大品牌开发商靠拢。对于中小开发商，欲立于不败之地，必须借助“营销造势”理论，迅速建立起竞争力强大的品牌价值体系。

造势，必须在整个品牌价值体系中进行把握，因此，造势需要寻找一个精准的突破口。于是，《营销造势》第三章就论述了如何借势的问题，即如何寻找到一个可以四两拨千斤的营销支点。其中解读了一个房地产项目运作案例，讲述如何通过寻找造势的支点来盘活滞销项目，并获得巨大成功。案例中说到该开发商是潮汕人，因本人亦系潮汕籍，故有更深刻的体会，潮汕地区历来以喜欢造势闻名，如婚礼、葬礼、入伙等红白事，都喜欢大排场，吸引更多的眼球来达到炫耀的目的。但是最不懂得造势的亦是潮汕人，因为潮汕人缺乏营销理论，通常把造势理解为炒作、排场热闹，导致成本大而收效微。在该案例中，通过一步步解剖一个滞销项目存在的问题，严密论证了营销造势的运作思路，并从实战的角度，提出从发展战略定位、营销执行策略到消费者文化习俗把握等立体式的策划方案，以此迅速打开旺销局面。在房地产项目普遍滞销的当前，笔者从中得到了项目操作思路的深刻启发。

关于营销造势的重要价值，也许书中“黄金酒”案例中的一句话最为贴